성경 익스프레스

Originally published under the title of

THE OLD TESTAMENT EXPRESS & THE NEW TESTAMENT EXPRESS

Published by Media Ministries®,
Wheaton, Illinois 60187, U.S.A.

성경 익스프레스

BIBLE EXPRESS

테리 홀 지음 ● 배응준 옮김

규장

성경의 큰 그림을 보면서 신구약의 세계를 고속으로 관통하라!

서울에 대해 아무것도 모른 채 서울을 처음 방문한다고 가정해보자. 그렇다면 당신에게는 두 가지 선택이 있을 것이다. 첫 번째는 서울 도시를 계속 탐방하는 것이고, 두 번째는 서울에서 제일 높은 서울 타워에 올라가서 서울시 전체를 둘러보기 시작하는 것이다. 첫 번째 선택은 매우 재미있어 보인다. 더 많은 시간을 서울 관광에 쏟을 수 있을 테니 말이다. 하지만 두 번째 선택은 첫 번째 선택보다 훨씬 유익하고 즐겁다. 서울의 심장에 있는 남산 꼭대기 서울 타워에서 당신은 해발 480미터의 높이에서 도시 전체를 내려다보는 장관을 목격하게 될 것이다. 그러면 서울 주변까지도 당신 아래 미니어처처럼 펼쳐지게 될 것이다.

큰 그림으로부터 시작하는 것은 참으로 재밌다. 그러고 나서 서울 타워와 같이 높은 위치에서 편안한 마음으로 세밀한 부분을 쌍안경으로 들여다보는 것이다. 서울 타워 관망대에 표시되어 있는 방위 표시와 주요 관광지 소개는 서울시 전체를 이해하는 데 큰 도움을 준다.

그 다음부터 당신이 서울시를 관광하는 동안, 처음 서울 타워에서 보았던 서울시의 파노라마적인 관점이 각각의 관광지에서 서울에 대한 일관된 관점을 유지하는 데 도움을 줄 것이다. 당신이 바라보는 서울의 작은 조각들이 서울시라는 큰 그림에 어떻게 연관되어 있는지를 생각할 수 있기 때문에 당신이 바라보는 모든 것들에 더욱 의미를 부여해줄 것이다. 당신이 서울시 어디에 있든지 눈을 들어 서울 타워를 바라볼 수 있기 때문에 당신의 손에 들려 있는 관광 지도와 가이드북을 참조하는 데에도 일관성을 제공해줄 것이다.

크리스천이 된 이후 몇 년 동안 나는 십대 청소년으로서 하나님의 말씀이라는 성경을 탐방했다. 나는 지속적으로 성경을 읽었지만 그것은 성경 속의 이야기 또는 설교를 수집하는 것에 불과했다. 심지어 나는 몇 년 동안 성경을 읽었지만, 구약성경에서 다윗을 뒤쫓았던 사울이 신약성경에서 다메섹에서 주님을 만나 회심한 사울과 같은 사람이 아니라는 것조차 알지 못했다.

지난 50여 년간 나는 주변 분들 덕분에 성경을 큰 그림으로 보게 되었다. 때문에 설교를 듣거나 매일 성경을 읽으면서 성경의 한 부분을 깊이 파고드는 것이 의미가 있다. 왜냐하면 그것을 성경이라는 큰 숲의 한 나무로 바라볼 수 있게 되었기 때문이다. 나는 한국의 독자들도 성경을 높은 마천루에서 내려다볼 기회를 얻게 되기를 기도한다.

이 책《성경 익스프레스》가 한국어판으로 출판된다는 사실에 감사를 드린다. 이를 위하여 규장 출판사의 헌신적이고 창조적인 일꾼들이 기울여준 노력에 특별히 감사한다. 한국인들은 정말 대단하다. 만 팔천여 명의 한국인 선교사들이 전 세계에서 복음을 증거하고 있고 한국의 수많은 성도들이 매일 아침 학교나 일터에 가기 전에 새벽 기도회에 참석한다. 한국인들의 전도 방법은 매우 은혜롭고 효과적이다. 한국인들의 구제는 타인을 향한 참된 사랑의 본보기다.

그러기에 이 책이 한국에서 출판된다는 사실에 나는 매우 감사하지 않을 수 없다. 내가 성경에 대한 큰 그림을 가지고 성경의 각 부분을 들여다보는 데 도움을 얻었듯이, 성경이라는 거대한 숲을 여행하고자 하는 한국 독자들에게도 나의 책이 미력이나마 도움이 되기를 바란다.

하나님께서는 세상을 향해 자신의 계획을 가지고 계신다. 하나님께서는 또한 세상 안에 있는 우리 각자에게도 자신만의 계획을 가지고 계신다. 요한복음 3장 16절 말씀에 당신의 이름을 넣어 읽어보라. 하나님은 우리가 상상하는 것 이상으로 우리를 사랑하신다.

테리 홀

Terry Hall

신나는 성경 익스프레스 호에 모두 탑승하라!

우리 속담에 "모로 가도 서울만 가면 된다"라는 말이 있다. 그러나 서울을 에둘러 가게 되면 안 해도 될 고생을 하게 된다. 정확한 지도를 들고 가장 빠른 길을 찾아서 가는 것이 현명한 처신이다. 왜 사서 고생하는가?

과거에는 교회에서 성경을 무조건 읽으라고만 했다. 읽는 방법을 알려주지도 않고 무조건 읽고 많이 읽으면 저절로 깨친다고 했다. 그러나 이렇게 해서 성경을 깨치는 사람은 희소하다. 깨친다 하더라도 엄청난 시간 투자가 요청된다. 성경이라는 거대한 숲을 우왕좌왕할 것이 아니라, 성경의 대로(大路)와 샛길까지 보여주는 정확한 지도를 들고 탐사한다면 성경의 지름길을 관통하게 될 것이다. 이 책은 성경의 정글을 통과할 때 당신이 손에 쥐어야 할 지도이다. 또 흥미진진한 바이블 월드 어드벤처에 나서는 당신에게 보물 지도 역할도 훌륭히 해줄 것이다.

저자 테리 홀은 이 책의 원서 제목을 《The Old & New Testament Express》라고 지었다. 즉, '구약과 신약을 고속으로 관통하는 급행열차'라는 것이다. 우리 식으로 말한다면 '성경 KTX'라고나 할까? 신구약을 고속으로 관통하게 하는 책, 즉 성경 전체의 윤곽과 각 권의 스케치를 단숨에, 알기 쉽게 보여주는 책이라는 뜻이다.

그러면 이 책은 이미 출간된 저자의 다른 책인 《성경 파노라마》와 어떻게 다른가? 이 책은 《성경 파노라마》의 심화 편이다. 전작의 기반 위에서(중복된 자료도 있다) 좀 더 심화된 성경 개요와 성경 각 권의 설명이 따른다.

특히 각 성경 시대의 지도 위에 사건들을 표시해두어 성경 기사를 입체적으로 파악하도록 했고, 해당 성경의 내용들을 그림으로 기억하도록 한 것은 테리 홀만의 독특한 감각이자 큰 장점이다. 그 외에 다채로운 그림과 도표들을 곁들여 성경 흐름의 줄기를 쉽게 파악할 수 있게 만들었다. 《성경 파노라마》를 본 독자들이 이 책을 후속편으로 읽어 전작의 내용을 보충해도 좋으며, 《성경 파노라마》를 보지 못한 독자는 이 책만을 읽더라도 전작의 내용을 커버할 수 있다.

학생의 복(福)은 좋은 선생을 만나는 것이다. 선생 잘 만나면, 범재(凡才)가 천재(天才) 되며, 선생 잘못 만나면 천재가 범재 되고 만다. 수학에 취미가 없던 아이도 선생 잘 만나면 밤을 새워 수학 공부하는 아이로 변한다. 요령 있게 잘 가르치는 선생은 아이에게 없던 학습 탐구욕도 새롭게 끄집어낸다. 그러나 그렇지 못한 선생은 학생에게 있던 학습욕마저 고갈시키고 만다. 이런 점에서 본다면, 이 책의 저자인 테리 홀은 탁월한 성경 교사이다. 성경은 딱딱하고 재미없다는 인식을 불식시키고, 성경에 대한 탐구욕을 고취시키며 성경 탐구가 정말 흥미로운 작업임을 실증해준다.

성경을 통독해나가다가 레위기에서 좌절하고, 마태복음의 족보에서 좌절한 사람도, 구약의 소선지서와 신약의 로마서 이후를 찾으려면 반드시 성경 목록을 뒤져봐야 찾을 수 있던 사람도 테리 홀의 안내를 받으며 성경 탐사를 떠나게 되면 성경에 대한 재미와 탐구욕을 회복할 것이다.

그가 펼쳐 보이는 성경의 숲과 나무를 보여주는 작업은 머리에 쏙쏙 들어온다. 그는 성경을 총천연색 와이드 스크린으로 보여준다. 성경 66권의 계시 역사의 큰 물줄기가 어떻게 흘러가며, 그것이 성경 지리(地理)의 어디에서, 언제 펼쳐지는지 입체적으로 확인할 수 있게 한다. 여기에 성경 각 권의 중심 주제와 사건과 인물들을 연상법으로 재미있게 기억하도록 하는 것은 그만의 달란트이다. 그의 안내를 따라 이 책을 독파하면 성경 66권의 큰 흐름을 일목요연하게 붙잡게 될 것이다. 명실공히 성경을 익스프레스로 관통하게 될 것이다.

이 책을 내비게이션 삼아 성경 66권을 관통하는 흥미 만점의 바이블 어드벤처에 나서라!

규장 편집국장 김응국 목사

한눈에 보는 **성경 익스프레스**

5
야영 시대
민수기
6
언약 시대
신명기
7
정복 시대
여호수아서
8
순환 시대
삿/룻/삼상
9
왕관 시대
삼상/삼하/왕상/대상
대하/시/잠/전/아
10
분열 시대
왕상/왕하/대하/옵
욜/욘/암/호/미/사
11
포로 시대
왕하/대하/나/습
렘/합/단/겔/애
12
건축 시대
스/느/에/학/슥/말
도착
20
전도여행 시대
행/살전/살후
21
3차 전도여행 시대
행/고전/고후/롬
22
옥중 시대
행/엡/골/몬/빌
딤전/딤후/딛
23
마감기자 시대
히/벧전/벧후/요일
요이/요삼/유
24
완성 시대
요한계시록

CONTENTS

차례

PART 3 신구약 중간기 익스프레스

PART 4 신약성경 익스프레스

BIBLE EXPRESS
BIBLE EXPRESS

PART 1

성경 익스프레스

당신은 성경의 주요 메시지를 얼마나 잘 알고 있는가? 총 66권, 1,189장으로 구성된 성경의 취지가 무엇인가? 구원에 관한 성경의 가르침을 한 문장으로 요약하라고 한다면 당신은 뭐라고 말하겠는가? 당신은 이 책을 통해 신구약에서 수집한 각각의 성경 퍼즐 조각들을 서로 연결하여 성경의 전체 그림을 보는 큰 유익을 얻을 것이다.

신구약의 광활한 대륙을 고속으로 관통하다 | 성경의 전체 그림

01

CHAPTER

신구약의 광활한 대륙을 고속으로 관통하다

성경의 전체 그림

The Bible Puzzle

완성된 전체 그림을 보지 않고 퍼즐 맞추기를 해본 적이 있는가? 지도나 안내자 없이 낯선 곳을 여행해본 적이 있는가? 선생님이 요지도 설명하지 않고 곧바로 본론으로 들어간 탓에 강의 내용이 알쏭달쏭한 수수께끼처럼 느껴진 적이 있는가?

'큰 그림'을 볼 수 있을 때 우리 삶의 많은 것들이 더 중요한 의미를 갖게 된다. 성경도 예외가 아니다. 오늘날 많은 크리스천들이 성경을 '거대한 퍼즐 맞추기'로 느끼고 있다. 주일학교, 설교, 성경공부 등을 통해 수많은 조각들을 수집하지만 완성된 전체 그림을 보지 못하여 그 많은 조각들을 제대로 끼워 맞추지 못하고 있기 때문이다. 수많은 조각들을 올바로 연결하지 못하면 성경은 정말 복잡하고 난해한 퍼즐이 되고 만다. 사실 나는 중학교 3학년 때까지만 해도 구약(Old Testament)은 신앙생활을 오래 한 그리스도인들을 위한 책이고, 신약(New Testament)은 그리스도를 이제 막 영접한 초신자들을 위한 책이라고 생각했다.

당신은 이 책을 통해 신구약에서 수집한 각각의 퍼즐 조각들을 서로 연결하여 성경의 전체 그림을 볼 수 있다. 당신은 이 공부를 통해 다음과 같은 유익을 얻을 것이다.

- ✓ 66권 1,189장으로 구성된 신구약의 방대한 도서관에서 안방에 있는 것 같은 편안함을 느낄 수 있다.
- ✓ 성경의 주된 메시지를 깨달을 수 있다.
- ✓ 하나님 말씀을 일상에 적용하는 법을 배울 것이다.

- ✓ 모든 성경이 예수 그리스도와 관련된다는 사실을 발견한다.
- ✓ 성경 66권을 주제별로 세 갈래로 나누어볼 수 있다.
- ✓ 성경의 요점들을 간추린 지도를 그려볼 수 있다.
- ✓ 신구약 각 권의 주제들을 간략한 단어로 정리해볼 수 있다.

1 성경 성경 기초 상식

신구약 성경이 몇 권으로 구성되어 있는지 기억하기 쉬운 방법을 알려주겠다. 성도들 가운데 성경이 구약(Old Testament)과 신약(New Testament)으로 이루어져 있으며, 그 기준점이 그리스도의 탄생이라는 것을 모르는 사람은 아마 없을 것이다. 'Testament'라는 단어는 "유언" 또는 "뜻"이라는 의미를 갖는다. 그러므로 성경은 예수님이 오시기 전과 오신 후에 우리를 향한 하나님의 뜻을 나타낸다.

먼저 '구약'(Old Testament)의 '구'(Old)에 해당하는 영문 글자 수와 '약'(Testament)에 해당하는 글자 수를 헤아려보자. 각각 '3'과 '9'가 나올 것이다. 이 둘을 나란히 놓은 수 '39'가 구약성경을 구성하는 책의 권수(卷數)이다. 또한 이 두 숫자를 더하면 '12'가 되는데 이는 이스라엘 열두 지파를 기억하는 데 도움이 된다.

신약(New Testament)의 영문 글자 수도 각각 '3'과 '9'이다. 이번엔 두 숫자를 곱해보자. 그래서 나온 수 '27'이 신약성경을 구성하는 책의 권수이다. 이 두 숫자를 더하면 역시 '12'가 되는데 이는 예수님이 지상 사역을 확장하기 위해 택하신 제자의 수가 열두 명이었다는 사실을 기억하는 데 도움이 된다.

그 다음엔 이 두 가지 경우에서 각각 '9'에서 '3'을 빼라. 그래서 나온 숫자 '6' 두 개를 나란히 놓으면 '66'이 되는데, 이것이 바로 성경 신구약을 구성하는 책의 총 권수가 된다('3×9=27'이라는 구구단을 떠올려서 '39(구약)+27(신약)=66(성경 총 권수)'이라고 생각하면 기억하기 쉬울 것이다 - 역자 주).

2 성경 주제별로 나눈 성경

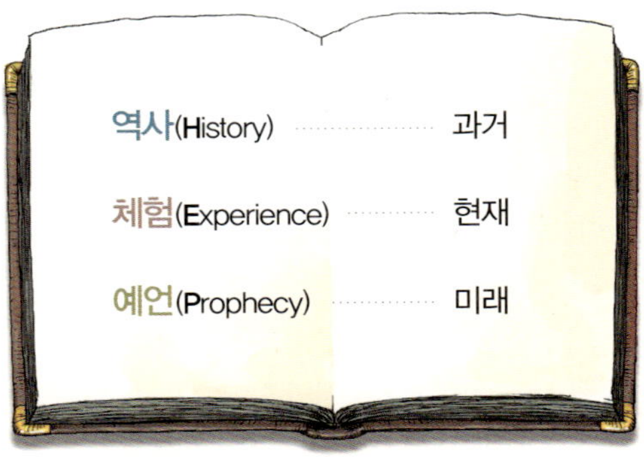

성경 66권은 주제별로 역사, 체험, 예언 세 범주로 나뉜다. 이 세 범주의 영문 첫 철자를 합치면 'HEP!'("하나 둘, 하나 둘"의 뜻)이 된다. 군대에서 부사관들이 행진할 때 종종 붙이는 이 구령을 상기하면 우리가 신구약의 세계를 행진할 때에도 도움이 된다.

주제별로 본 신구약 성경

역사

- 창세기
- 출애굽기
- 레위기
- 민수기
- 신명기
- 여호수아서
- 사사기
- 룻기
- 사무엘상
- 사무엘하
- 열왕기상
- 열왕기하
- 역대상
- 역대하
- 에스라서
- 느헤미야서
- 에스더서

17권

- 마태복음
- 마가복음
- 누가복음
- 요한복음
- 사도행전

5권

체험

- 욥기
- 시편
- 잠언
- 전도서
- 아가서

5권

- 로마서
- 고린도전서
- 고린도후서
- 갈라디아서
- 에베소서
- 빌립보서
- 골로새서
- 데살로니가전서
- 데살로니가후서
- 디모데전서
- 디모데후서
- 디도서
- 빌레몬서
- 히브리서
- 야고보서
- 베드로전서
- 베드로후서
- 요한일서
- 요한이서
- 요한삼서
- 유다서

21권

예언

- 이사야서
- 예레미야서
- 예레미야애가
- 에스겔서
- 다니엘서
- 호세아서
- 요엘서
- 아모스서
- 오바댜서
- 요나서
- 미가서
- 나훔서
- 하박국서
- 스바냐서
- 학개서
- 스가랴서
- 말라기서

17권

- 요한계시록

1권

신구약 성경 각각은 하나님께서 자신이 창조하신 세상에서 자신이 창조하신 사람들을 통해 어떻게 역사하셨는지 설명하는 역사서들로 시작된다. 역사(history)는 '하나님의 이야기'(His story)이다. 빠른 발걸음으로 사건들을 진행시키는 이 역사서들은 성경의 줄거리를 이룬다.

구약과 신약 둘 다 역사서 다음에는 체험서가 이어진다. 이 책들은 하나님께서 현재 우리 삶에서 어떻게 역사하기를 원하시는가에 대해 주로 다룬다. 더불어 하나님과 더욱 가까이서 동행하기를 바라는 사람들의 꿈과 소망에 대해 기술한다.

신구약은 둘 다 예언서로 끝난다. 예언서는 하나님께서 장래에 하시고자 하는 것들에 대한 기록이다. 예언서들은 기대와 희망으로 가득하다.

그러므로 성경은 하나님께서 이미 하신 일과 현재 하고 계신 일과 앞으로 하실 일에 대한 기록이다. 신구약 성경 66권을 '3'(세 범주)으로 나누면 '22'가 나오는데 이 숫자가 바로 신구약 성경 역사책의 권수이다. 따라서 성경 전체 분량의 3분의 1인 역사서만 읽으면 성경의 큰 줄기를 이해할 수 있다. 구약성경의 처음 17권과 신약성경의 처음 5권만 읽으면 '사건의 진행'이라는 측면에서 성경의 전체적인 줄거리를 파악할 수 있는 셈이다.

구약의 '에스더서'(Esther) 이후에 구약의 줄거리가 계속될 것이라 기대하지 말라. 대신 에스더서의 첫 철자 'E'를 구약 역사서의 '끝'(end)으로 생각하라. 창세기(Genesis)의 영문 첫 두 글자 'G'와 'E'를 떠올리면, 구약의 역사가 창세기(Genesis)에서 시작되어 에스더서(Esther)에서 끝난다는 점을 기억하는 데 도움이 될 것이다.

역사서들은 연대순으로 배열되어 있으며 기본적으로 하나의 연속적인 이야기에 포함되어 있다. 반면 체험서와 예언서는 내용별로 묶여 있으며 이미 완료된 역사 이야기에 다양한 부가 정보를 덧붙인다. 구약 역사서의 마지막 책인 에스더서와 신약 역사서의 첫 번째 책인 마태복음 사이에 있는 22권의 책(체험서와 예언서)들은 창세기에서 에스더서 사이에 묘사된 다양한 시기들에 대해 상세하게 보충 설명한다.

나중에 신약성경을 공부할 때, 마태복음(Matthew)의 영문 첫 두 글자 'M'과 'A'를 떠올리면 신약의 역사 이야기가 마태복음에서 시작되어 신약의 다섯 번째 책인 사도행전(Acts)에서 끝난다는 점을 기억하는 데 도움이 될 것이다.

도표 '주제별로 본 신구약 성경'은 성경 66권을 각각 역사서, 체험서, 예언서로 분류한 것이다. 구약과 신약 모두 역사서를 보충하는 책들이 각각 22권씩 있다는 점(구약의 체험서와 예언서도 22권, 신약의 체험서와 예언서도 22권)이 특이하다.

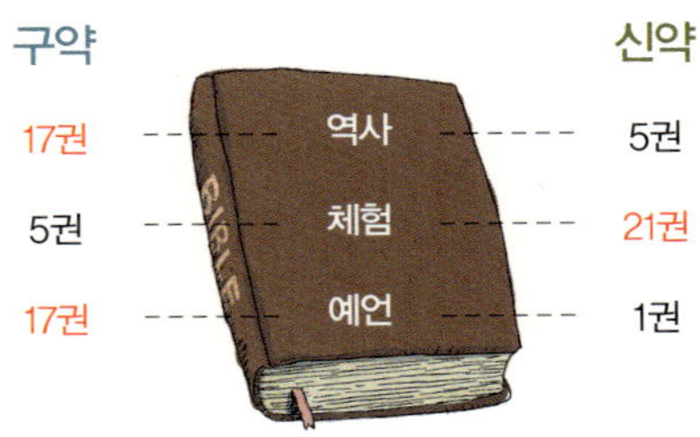

신구약 성경의 역사서와 체험서와 예언서를 비교해보면, 하나님께서 구약에서 과거(역사서)와 미래(예언서)를 강조하신 반면 신약에 들어와서는 성도의 현재의 체험(체험서)을 강조하신다는 점을 한눈에 알 수 있다.

3 성경 | 성경 줄거리 압축하기

구약의 역사를 요약해보면 다음과 같다.

하나님께서 천지를 창조하신 후에 인간은 뻔뻔스럽게 타락하고 말았다. 이에 하나님께서는 엄청난 홍수를 일으켜 인간의 죄를 심판하셨고, 교만한 마음으로 바벨탑을 쌓던 인간들을 온 땅에 흩으셨다.

이후에 아브라함과 이삭과 야곱과 요셉은 히브리 민족의 선조가 되었다. 기근을 피해 애굽으로 내려간 야곱의 식구들은 수백 년에 걸쳐 큰 민족을 이루었다. 결국 그들은 애굽의 노예가 되었고, 이에 모세가 그들을 이끌고 애굽을 빠져나왔다(출애굽). 그들은 40년 동안 광야를 유랑하며 배우고 시험을 치르고 징계를 당하고 다시 배우다가 여호수아의 인도로 마침내 약속의 땅에 들어갔다. 약속의 땅에 들어간 그들은 14명의 사사(士師)들에게 통치를 받다가 하나님을 버리고 인간 왕을 요구했다. 사울, 다윗, 솔로몬이 차례로 히브리 민족을 다스리다가 솔로몬이 죽은 뒤 히브리 왕국은 남유다 왕국과 북이스라엘 왕국으로 분열되고 말았다. 북이스라엘은 19명의 사악한 왕들의 통치를 받은 뒤에 북쪽 앗수르(아시리아)에 의해 멸망당하여(BC 722년) 백성들이 뿔뿔이 흩어졌으며, 남유다는 20명의 왕에게 통치를 받은 뒤에 바벨론에 의해 멸망당하여(BC 586년) 수많은 백성들이 바벨론 땅에 포로로 끌려갔다. 그런데 나중에 바사(페르시아)가 바벨론을 정복하면서 남유다 백성들은 70년 동안의 포로생활을 마감하고 고향으로 돌아오게 되었다. 이 때 에스라와 느헤미야가 백성들을 이끌고 귀환했으며, 바사의 왕비였던 에스더는 적의 위협으로부터 자기 민족을 구했다. 그리고 이때부터 신약의 시작 때까지 '침묵기'(신구약 중간기)라 불리는 400년의 세월이 흐른다.

그러면 이제 신약의 역사를 요약해보자.

400년의 '침묵기'가 흐른 뒤, 세례 요한과 예수님의 탄생과 더불어 성경의 줄거리가 다시 이어진다. 세례 요한은 서른 살 즈음, 유대 민족을 향해 회개를 촉구했다. 하나님의 아들로서 육신을 입고 이 땅에 오신 예수 그리스도는 약 3년 동안 지상 사역을 하면서 하나님이 어떤 분이신지 사람들에게 보여주셨고 또 하나님의 길을 가르치셨다. 예수님은 열두 제자들을 선발하여 그들로 하여금 세상에서 자신의 일을 지속하도록 준비시키셨다. 그런 다음 온 인류의 죄 때문에 자발적으로 십자가에서 죽으셨고, 죽은 자들 가운데서 부활하셔서 하늘로 올라가셨다.

이후에 제자들은 오순절 성령강림 사건을 통해 성령의 권능을 힘입어 예수님의 구원에 관한 복된 소식을 전파했다. 제자들이 주로 유대인들에게 복음을 전한 반면, 사도 바울은 광범위한 전도여행을 전개하면서 이방인들에게도 복음을 전했으며 신약의 서신들 가운데 최소 13편을 기록했다. 사도 요한은 서신 3편과 종말 때까지 세상을 향한 하나님의 계획을 내다보는 책인 요한계시록을 기록했다.

성경은 시작할 때와 똑같이 끝난다. 태초에 하나님께서 어떤 사악한 세력의 저항도 받지 않고 세상을 창조하신 것처럼 세상의 종말 때에도 새 하늘과 새 땅을 완벽하게 창조하실 것이다.

▲세계지도

▲성경의 세계에 위치한 현대 국가들

4 성경
성경의 세계 직접 그려보기

그렇다면 이 모든 일들이 지구 어디에서 일어난 것일까? 구불구불한 선을 그릴 능력만 있다면 위에서 언급한 구약과 신약의 역사 이야기가 발생한 지역을 지도에 간략히 표시할 수 있다. 옆에 제시한 '세계지도'와 '성경의 세계에 위치한 현대 국가들'을 참조하여 성경의 이야기가 오늘날 어느 지역에서 발생한 것인지 확인해보기 바란다.

시시해 보이는 문장 하나를 외우면, 성경 이야기의 배경이 된 지역에 있는 강과 바다의 이름과 위치를 쉽게 기억할 수 있다. 그 문장은 바로, "E.T가 붉은 타일이 깔린 지중해 지역에서 그르렁거리고 있어요!"(E.T purrs in the red tile med)이다. 이 문장을 염두에 두고 다음 페이지의 지도 '성경의 배경이 된 지역의 강과 바다'를 잘 살펴보기 바란다. 우측 상단부터 시계 방향으로 살펴보겠다. 우측 상단에는 티그리스(Tigris)강이 있고 그 밑에는 유프라테스(Euphrates)강이 있다(E.T). 그 아래 타원 모양으로 페르시아(Persian, "그르렁거리다"라는 뜻을 가진 'purrs in'과 발음이 유사함)만이 있고, 왼쪽으로 토끼 귀 모양의 홍해(Red Sea)가 있다. 그 왼쪽에 나일(Nile, 'tile'과 운이 비슷함)강이 있고, 그 위쪽으로 지중해(Mediterranean Sea)가 있다. 유프라테스강과 티그리스강을 구별하기는 어렵지 않다. 티그리스(Tigris)강이 상단(top)에 있으므로 알파벳 't'를 연상하면 쉽게 암기할 수 있기 때문이다. 지중해 동쪽으로는 갈릴리 바다가 보이고 거기서 요단강이 사해로 흘러 들어간다.

이 지역의 강과 바다의 위치를 확인했으니 이제 직접 그려보기로 하자. 이번에도 이야기 한 토막이 당신이 지도를 그리는 데 도움을 줄 것이다. 잠시 후에 우리는 신구약 성경 이야기를 이 지도 위에 간략히 표시해볼 것이다.

우선 당신이 낚싯배의 뱃머리를 보고 있다고 상상해보라.**1** 어떤 사람이 뱃머리에서 낚싯줄을 드리우고 있는데 그게 모두 엉켜 있다.**2** 그런데 그 사람이 뱃머리에서 떨어져서 호수에 빠지고 말았다. 그 사람은 얕은 호수 바닥에 서 있다. 우리가 볼 수 있는 것이라고는 배 밑바닥 근처까지 뻗어 있는 그 사람의 삐쩍 마른 손가락 두 개뿐이다.**3** 그 사람은 호수에 빠질 것을 대비했기 때문에 풍선에 줄을 매달아 수면 위로 올려 보낸다.**4**,**5** 그리고 풍선이 너무 빨리 부상하지 못하도록 줄 끝에 벙어리장갑을 매단다.**6** 호수 오른편에는 물벌레 한 마리가 있다. 우측 하단에 벌레의 머리 부분이 보인다.**7** 물벌레는 왼쪽에서 일어나는 일을 피해 안전하게 지나가기 위해 더듬이 두 개를 쭉 뻗고 있다.**8**,**9**

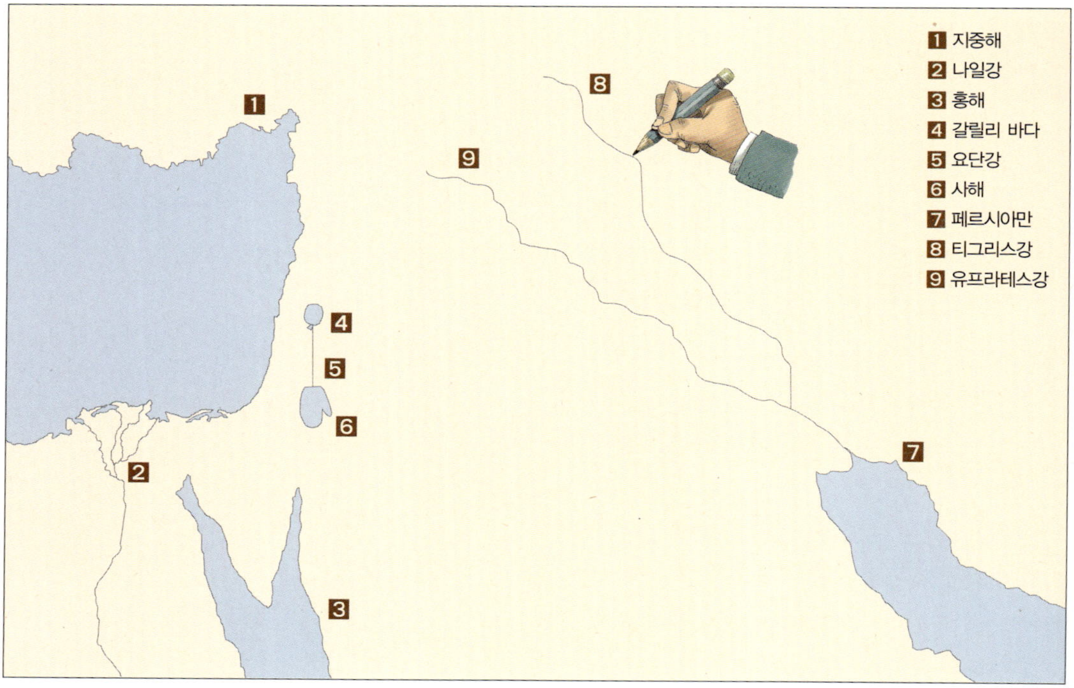

▲성경의 배경이 된 지역의 강과 바다

이 간단한 이야기를 다시 한 번 읽으면서 손가락이나 연필로 위에 제시한 지도의 윤곽선을 따라 서너 차례 그려보라. 그런 다음 책을 덮고 허공에 손가락으로 지도를 그려보라. 기억을 더듬으면서 강과 바다의 이름과 위치를 숙지하라.

5 성경 지도 위에 성경 역사의 흐름 그려보기

이제 우리가 대략 그린 이 지도 위에 신구약 성경 이야기를 요약하여 표시해보기로 하겠다. 다음 지도 '선으로 나타낸 신구약 역사의 흐름'을 보고 알파벳 대문자와 굵은 선을 따라가면서 이 내용을 읽기 바란다.

하나님께서는 천지를 창조하신 다음, 아담과 하와를 에덴동산에 두어 살게 하셨다(A - 창세기 2장 14절은 티그리스와 유프라테스, 이 두 강이 에덴동산을 지나 흘렀다고 기록하고 있다). 노아의 방주와 바벨탑 등 성경 이야기 초기의 사건들 대부분이 이 지역에서 발생했다. 하나님께서는 아브라함과 그의 아내 사라를 우르B에서 불러 약속의 땅 가나안C으로 인도하셨다. 하나님께서는 이 부부를 최초의 히브리인으로 삼으셨다. 성경 66권 거의 대부분이 히브리인에 의해 기록되었고 예수님도 히브리인(유대인)이셨다. 창세기 나머지 부분은 아브라함과 이삭과 야곱과 요셉의 생애에 대

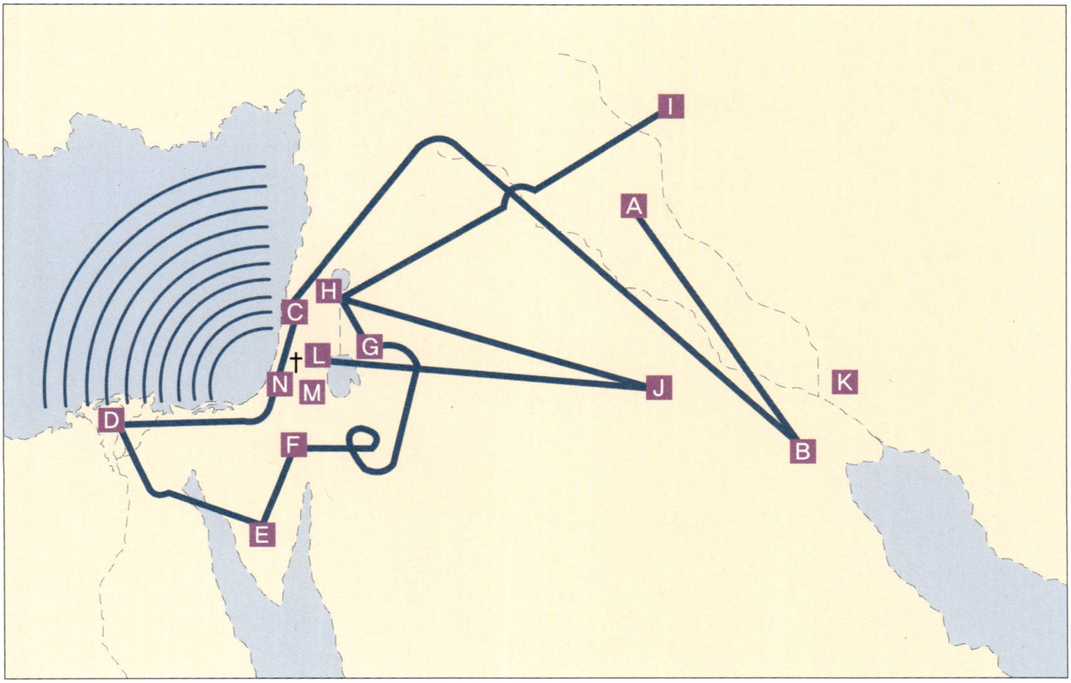

▲선으로 나타낸 신구약 역사의 흐름

해 기록한다. 그들은 생애 대부분을 가나안에서 보냈는데 나중에 요셉이 애굽으로 팔려가고, 가나안 땅에 기근이 들면서 야곱이 식구들을 거느리고 애굽D으로 내려갔다.

히브리인들은 애굽에서 강대한 민족으로 성장했으나 그 땅의 노예가 되었다. 이에 하나님께서는 모세를 세우시고 애굽에 열 가지 재앙을 내리심으로써 그들을 해방시키셨다. 애굽을 빠져나온 그들은 홍해를 건너 시내산E에 도달했다. 그들은 광야F에서 훈련과 가르침을 받다가 요단강G을 건너 마침내 가나안 땅H에 들어갔다. 모세의 후계자 여호수아 장군이 여리고 성에서부터 시작하여 가나안의 주요 성읍들을 차례로 정벌했고, 이후 기드온, 삼손, 사무엘 같은 영웅들을 포함하는 사사 시대가 전개되다가 사울, 다윗, 솔로몬으로 이어지는 왕정(王政) 시대가 시작되었다. 히브리 민족은 약속의 땅 가나안에서 약 800년 동안 살았다.

솔로몬이 죽은 뒤에 히브리인들의 통일왕국은 둘로 분열되었다. 북이스라엘 왕국은 앗수르(I, 그들의 수도 니느웨는 티그리스강에 인접해 있었다)에게 정복되어 백성들이 뿔뿔이 흩어졌고, 남유다 왕국은 바벨론(J, 유프라테스강 근처)에 정복되어 수많은 사람들이 포로로 끌려갔다. 그리고 그로부터 70년 뒤, 페르시아K가 바벨론을 정복하면서 포로로 잡혀갔던 남유다 백성들이 다시 고향L으로 돌아오게 되었다.

그로부터 400년 후에 하나님이신 예수님이 이 땅에 오셔서 인간들의 죄를 대신하여 십자가에서 죽으셨고M, 죽은 자들 가운데서 부활하시어 다시 하늘로 올라가셨다. 예수님의 제자들(나중에 임명된 사도 바울을 포함하여)은 주로 이스라엘 북서쪽 지역에 복음을 전파했다(N, 예루살렘에서부터 온 유대와 사마리아와 땅끝까지 방사형으로 퍼지는 반원 형태의 도식을 주목하라). 지금도 이 시대의 제자들이 전한 복음이 전 세계로 확산되고 있다.

낚싯배 이야기를 떠올리며 그린 지도 위에 이처럼 성경 이야기를 간략한 선으로 표시하는 연습을 반복하면서 신구약 역사의 큰 흐름을 파악하도록 하자.

6 성경 성경을 얼마나 잘 아는가?

당신은 성경의 주요 메시지를 얼마나 잘 알고 있다고 생각하는가? 총 66권, 1,189장으로 구성된 성경의 취지가 무엇인가? "하나님과 하나님의 구원의 길을 제시하기 위함이다"라는 것이 한 가지 타당한 대답일 것이다.

구원에 관한 성경의 가르침을 한 문장으로 요약하라고 한다면 당신은 뭐라고 말하겠는가? 사람들이 당연하게 여기는 생각들, 이를테면 선행을 베풀어야 한다든지 십계명이나 황금률을 지켜야 한다든지 하는 생각들은 성경의 가르침과 거리가 멀다. 성경의 주요 메시지는 하나님께서 자기 힘으로는 도무지 구원받을 수 없는 모든 인간에게 값없이 구원을 선물로 베푸신다는 것이다!

구약은 이 세상이 예수님의 초림(初臨)에 적절히 반응하도록 준비시켰다. 신약은 예수께서 자신의 재림(再臨) 전까지 우리를 위해 어떤 일을 하실 수 있는지에 관한 것이다. 구약성경 전체가 신약의 주요 메시지를 향해 전개되고 있으므로, 우리는 본격적으로 구약성경을 공부하기에 앞서 신약의 주요 메시지를 이해하는 것이 매우 중요하다. 신약의 주요 메시지는 바로 이것이다.

"하나님이 세상을 이처럼 사랑하사 독생자를 주셨으니 이는 저를 믿는 자마다 멸망치 않고 영생을 얻게 하려 하심이니라 … 오직 이것을 기록함은 너희로 예수께서 하나님의 아들 그리스도이심을 믿게 하려 함이요 또 너희로 믿고 그 이름을 힘입어 생명을 얻게 하려 함이니라"(요 3:16, 20:1).

그렇다면 예수님을 믿는다는 것이 무슨 의미인가? 성경을 아무리 잘 아는 사람도 머리와 가슴(마음)의 짧은 거리 때문에 영생과 천국을 안타깝게 놓칠 수 있다. 예수님이 우리 죄 때문에 십자가에서 돌아가셨다는 사실을 아는 것만으로는 충분하지 못하다는 말이다. 우리는 예수님이 세상의 구세주로서 우리 죄를 용서하신다는 것을 믿고 오직 그분만을 의지해야 한다. 공항 대합실에 서서 어떤 비행기와 어떤 조종사를 확실히 믿는다고 하루 종일 외치는 것과 그 비행기에 직접 탑승하여 그 조종사에게 자신의 목숨을 맡기는 것은 명백히 다르다. 예수 그리스도를 믿는다는 것은, 우리 힘으로는 도저히 할 수 없는 일 곧 우리 죄를 용서하시고 영원한 생명을 주시는 것을 예수님이 우리를 위해 해주실 것이라고 확실히 믿는 것이다.

당신은 천국에 대한 소망을 당신 자신에게 두고 있는가? 아니면 예수께 두고 있는가? 당신 자신에게 두었던 천국에 대한 소망을 구세주께로 옮긴 적이 있는가? 나는 중학교 1학년 때 예수님이 나를 사랑하신다는 기쁜 소식을 처음 들었다. 그리고 이 세상에 구세주가 필요한 죄인이 오직 나 하나뿐이라 하더라도 그분께서 '오직 나 한 사람을 위해' 기꺼이 십자가에서 죽을 만큼 나를 지극히 사랑하신다는 사실을 깨닫게 되었다. 그러나 예수님은 용서의 선물을 받으라고 강요하지 않으시고 이 귀한 선물을 택할 선택권을 주셨다. 그래서 나는 이 선물을 받기로 결단

했다. 당시 나는 성경에 대해 많이 알지는 못했지만 조금 알고 있는 그대로 준행했다. 나는 하나님 앞에서 죄인임을 고백했고, 그분을 나의 주님으로 의지하기 시작했다. 그것은 영원토록 이어질 새 생명의 시작이었다.

당신은 지금 누구를 의지하고 있는가? 무엇을 의지하고 있는가?

이 특별한 책인 성경에 자신을 계시하신 하나님께 감사하라. 우리 죄를 대신해 십자가에서 돌아가신 예수께 감사하라. 그리고 그분을 당신의 구세주(Savior)와 주님(Lord)으로 믿으라. 하나님의 말씀에 근거해서 당신에게 보장할 수 있다. 지금 그렇게 하기만 한다면 당신은 영원한 생명을 누리게 될 것이다.

BIBLE EXPRESS
BIBLE EXPRESS

PART 2

구약성경 익스프레스

바이블 특급열차를 타고 구약의 세계로 들어가다 | 구약의 열두 시대

태초에 하나님이 인간을 위해 세상을 시작하시다 | 창조 시대

네 사람을 불러서 하나님에 대한 믿음을 가르치시다 | 씨족 시대

노예 된 애굽에서 하나님을 따라 대대적으로 탈출하다 | 노예 시대

하나님은 인생의 행복을 위해 구체적으로 명령하신다 | 계명 시대

무엇보다 먼저 하나님을 사랑하는 최종 시험에 임하라 | 야영 시대와 언약 시대

하나님의 명령에 일보 전진을 위한 이보 후퇴란 없다 | 정복 시대

과거의 잘못과 실패를 통해서 하나님의 길을 배운다 | 순환 시대

어리석은 자는 하나님이 아니라 인간을 선택한다 | 왕관 시대

분열된 두 왕국 모두 하나님을 거역하는 길을 걷다 | 분열 시대

하나님의 것을 도둑질한 대가를 철저히 치르다 | 포로 시대

한 손에 연장을, 다른 한 손에 성경을 들다 | 건축 시대

02

CHAPTER

바이블 특급열차를 타고 구약의 세계로 들어가다

구약의 열두 시대

A Satellite View

성경을 두 개의 대륙으로 이루어진 행성에 비유한다면 구약은 다른 대륙(신약)보다 더 크고 컴컴하고 사람들 발길도 닿지 않은 무지(無知)의 땅이라 할 수 있다. 따라서 지도 없이 구약의 내륙 깊숙이 들어갔다가는 길을 잃기 십상이다. 우리는 구약의 숲에 들어가 세 그루의 나무(역사서, 체험서, 예언서)를 연구하며 한 시간 정도 끙끙거리다가 구조되어 숲에서 빠져나온다. 그러나 일주일 정도 지나서 숲의 다른 지점에 들어가도 혼란스럽기는 마찬가지다. 이런 대책 없는 접근 방법은 식물학자에게는 대단한 일이 될지 몰라도 성경을 공부하는 우리에게는 여간 당혹스러운 일이 아니다.

이번 장에서는 성경의 4분의 3 분량을 차지하는 구약(구약이 신약의 세 배 분량임)을 인공위성에서 사진을 찍는 것처럼 조망해볼 것이다. 구약 전반을 개괄하는 이런 과정을 통해 머릿속에 지도를 저장해두면 우리가 구약의 숲을 다시 방문할 때 길을 잃지 않을 것이다.

1 구약성경 최고의 책, 최고의 북 디자이너

구약의 처음 17권(역사서)은 히브리 민족의 과거 역사에 초점을 맞추고 있고, 그 다음 5권(체험서)은 개인의 현재 체험에 초점을 맞추고 있으며, 그 다음에 나오는 17권(예언서)은 미래에 대한 예언에 초점을 맞추는 동시에 우리를 다시 민족적 영역으로 데려간다(선지자들의 예언 대부분이 히브리 민족과 관련되어 있기 때문에).

물론 여기서 말하는 과거, 현재, 미래의 시간은 상대적 개념이다. 구약성경 전체가 오늘을 살

주제별로 본 구약성경

역사	체험	예언
과거 — 민족적	현재 — 개인적	미래 — 민족적

오경	시가서	대선지서
창세기	욥기	이사야서
출애굽기	시편	예레미야서
레위기	잠언	예레미야애가
민수기	전도서	에스겔서
신명기	아가서	다니엘서

역사서		소선지서
여호수아서	바벨론 포로 이전	호세아서
사사기		요엘서
룻기		아모스서
사무엘상		오바다서
사무엘하		요나서
열왕기상		미가서
열왕기하		나훔서
역대상		하박국서
역대하		스바냐서
에스라서	바벨론 포로 이후	학개서
느헤미야서		스가랴서
에스더서		말라기서

아가는 우리의 유익을 위해 하나님의 영감(靈感)을 받아 기록되었기 때문이다.

구약의 역사서 17권 중에서도 처음에 나오는 5권은 독특한 부분으로 간주되어 '모세의 율법', '토라'(Torah, "율법"이란 뜻의 히브리어), '모세오경'(Pentateuch, "다섯 개의 두루마리"라는 뜻의 헬라어) 혹은 '모세의 책'이라 불린다. 창세기에서 신명기까지 이 5권의 책들을 '모세'라는 이름과 관련지어 일컫는 까닭은, 모세가 하나님의 영감을 받아 이 책들을 기록했기 때문이다. 때로 이 책들은 '처음 다섯 권'이라 불리기도 한다.

이 5권의 책과 그 다음에 이어지는 12권의 책(여호수아서에서 에스더서까지)이 구약의 역사서를 구성한다. 하지만 '모세의 율법'에도 역사적인 내용이 상당 부분 포함되어 있으며 나머지 역사서들에도 율법적인 내용이 많이 포함되어 있다. 이런 구분은 관점의 문제라고 할 수 있다.

예언서 또한 두 그룹으로 나눌 수 있는데, 처음에 나오는 5권(이사야서-다니엘서)을 '대선지서'라 일컫고 그 다음에 나오는 12권(호세아서-말라기서)을 '소선지서'라 일컫는다. '대선지서' 5권이 '소선지서' 12권보다 더 중요하거나 강력한 영감을 받았기 때문에 '큰 대(大)' 자가 붙은 것일까?

절대 그렇지 않다. 여기서 대소(大小)의 구분은 단지 책의 분량을 기준으로 나눈 것이다. 일례로 예레미야서 한 권의 분량이 소선지서 12권의 분량을 합친 것보다 더 길며, 이사야서와 에스겔서

각각의 분량 역시 소선지서 12권의 분량을 합친 것과 거의 비슷하다.

앞의 도표 '주제별로 본 구약성경'을 보면, 구약성경이 5권씩 세 그룹(율법서 5권, 체험서 5권, 대선지서 5권)과 12권씩 두 그룹(나머지 역사서 12권, 소선지서 12권)으로 배열되어 있다는 점을 한눈에 알 수 있다.

역사서 중에서 모세오경 뒤에 이어지는 9권의 책들과 소선지서 가운데 처음 9권은 바벨론 포로 이전의 시기에 해당된다. 이 18권의 책들을 합쳐서 'B.B.C.'(Before Babylonian Captivity, 바벨론 포로 이전의 책)라 일컬으며, 나머지 역사서 3권과 예언서 3권을 합하여 'A.B.C.'(After Babylonian Captivity, 바벨론 포로 이후의 책)라 일컫는다.

우리가 가진 구약성경이 이처럼 완벽한 대칭 구조를 이루며 배열되었다는 점을 주목하기 바란다. 물론 이런 배열 순서는 히브리인들이 원래 가졌던 구약성경의 순서와 일치하지 않지만, 우리는 여기서 하늘에 계신 뛰어난 '북 디자이너'(Book designer)의 정연한 손길을 목도할 수 있다.

우리가 지금 갖고 있는 구약성경의 순서는 BC

성경 목록가

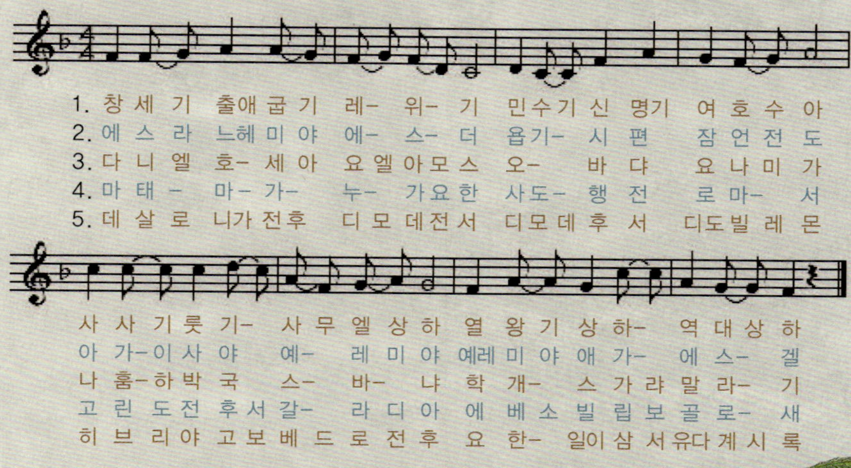

'성경목록가'는 우리의 신앙 선배들이 널리 알려진 곡조에 가사를 붙여서 성경 66권 목록을 쉽게 외울 수 있게 한 것이다. – 한국어판 편집자

250년경에 완성된 '70인역 성경'(Septuagint, 히브리어로 된 구약성경을 헬라어로 번역한 성경)의 순서에서 유래된 것이다.

2 성경 목록 외우기

구약성경

구약성경 39권의 이름을 차례대로 말할 수 있는가? 그렇다면 당신은 평소에 성경을 가까이하는 훌륭한 성도일 것이다. 그러나 그렇지 못하다면 이번 장에서 기초 지식을 획득할 수 있을 테니 주목하기 바란다.

사실 나는 신학교 졸업반 때까지도 성경 66권의 목록을 암기하지 못했다. 그런데 그때 사역자의 자질을 평가하는 시험에서 이 문제가 출제될 수도 있다는 말을 듣게 되었다. 더욱이 신학석사 학위를 받을 사람이 성경 66권의 순서조차 외우지 못한다는 생각을 하니 당혹스럽기 짝이 없었다. 그래서 열심히 외우고 또 외웠다. 물론 아쉽게도 그런 문제를 내는 출제 위원은 없었지만 말이다.

위에 제시한 악보를 참조하기 바란다. 성경 66권의 목록을 곡조에 맞추어 암기하기 위한 것인데 곡조가 매우 단순하므로 몇 차례만 반복해서 부르면 금세 익힐 수 있을 것이다.

물론 성경책 맨 앞에 목차도 있고, 성경의 옆

면을 옴폭 파서 해당 성경을 쉽게 찾을 수 있게 도와주는 색인도 있다. 하지만 성경 목록을 암기하면 원하는 성경을 좀 더 빨리 찾을 수 있고 더 많은 것을 배울 수 있을 것이다.

3 구약성경 열두 가지 상징으로 구약성경 요약하기

이 책에는 '12'라는 숫자가 자주 등장한다. '구약성경'(Old Testament)이라는 단어의 영문 글자 수도 열둘이며 이스라엘의 지파 수도 열둘이다.

이제 열두 가지의 상징을 이용해 구약의 역사책 17권의 이야기를 간략히 요약하는 작업을 시도해보겠다. 이 열두 개의 상징이 구약 역사서의 뼈대를 이루고 있으며, 그 각각은 구약의 특정 시대와 긴밀히 연관되어 있다.

예민한 독자라면 이 시대들이 모두 영어 알파벳 'C'로 시작된다는 점을 알아차릴 수 있을 것이다. 다음 페이지에 제시한 '열두 가지 상징으로 보는 구약성경'을 참조하여 다음 내용을 읽기 바란다.

창조 Creation(창 1–11장)

하나님께서는 엿새 동안의 창조 사역을 마치신 후에 세상을 하나의 단일체로 다루셨다. 아담과 아벨과 노아가 바벨탑 사건 이전의 주요 인물이었다.

씨족 Clan(창 12–50장)

하나님께서는 아브라함을 택하여 히브리 민족의 역사를 시작하셨다. 하나님께서는 아브라함을 가나안으로 이주시키셨고, 그의 자손인 이삭과 야곱과 요셉과 더불어 교제를 지속하셨다.

노예 Confinement(출 1–19장)

히브리 민족은 애굽 땅에서 인구가 크게 불어났고 바로 왕의 속박에서 기적적으로 구출되어 시내산에 당도했다.

계명 Commandments(출 20장–레 27장)

하나님께서는 택하신 백성의 번영을 위해 십계명 이외에 603개 조항의 율법을 주셨다.

야영 Camping(민수기)

히브리 민족은 불신앙 때문에 40년 동안 광야에서 방황해야 했다.

언약 Covenant(신명기)

출애굽 한 당시 20세 이상의 장년 세대가 광야에서 모두 죽고 난 뒤에 히브리 민족의 신세대는 오직 하나님만을 사랑하고 하나님의 명령을 따를 것을 약속했다.

정복 Conquest (여호수아서)

히브리 민족이 가나안 땅을 정복하고 열두 지파별로 땅을 나누어 가졌다.

순환 Cycles (삿 1장-삼상 8장)

히브리 민족이 죄와 회개의 악순환을 반복하는 동안 14명의 사사들이 일어나 백성들을 구하고 다스렸다.

왕관 Crowns (삼상 9장-왕상 11장 ; 대상 1장-대하 9장)

사울, 다윗, 솔로몬 세 명의 왕이 히브리 민족의 통일왕국을 통치했다.

분열 Chasm (왕상 12장-왕하 16장 ; 대하 10-28장)

여러 왕들이 경쟁적으로 남과 북으로 분열된 히브리 왕국을 통치했다.

포로 Captivities (왕하 17-25장 ; 대하 29-36장)

북이스라엘 백성들은 앗수르에게 멸망당해 뿔뿔이 흩어졌고, 남유다 백성들은 바벨론에게 멸망당해 포로로 끌려갔다.

건축 Construction (에스라서-에스더서)

남유다 백성들이 다시 고향으로 돌아와 예루살렘 성벽과 성전을 재건했다.

구약을 공부하다보면, 이처럼 구약 이야기를 열두 가지 상징으로 요약하여 기억하는 것이 매우 유용하다는 사실을 깨닫게 된다. 이를 위한 한 가지 좋은 방법은 다음 지도 '열두 가지 상징으로 보는 구약성경'에 표시된 상징들을 손가락으로 짚어가면서 구약의 열두 시대 이름을 암기하는 것이다. 앞 장에서 직접 그려본 지도 위에 이 상징들을 그려 넣어보라. 그림을 잘 그리느냐 그렇지 못하느냐는 중요하지 않다. 그것들을 기억하는 것이 중요하다.

구약의 열두 시대를 나타내는 상징들을 통해 구약 이야기를 다시 한 번 살펴보자. '열두 가지 상징으로 보는 구약성경'과 '구약의 열두 시대와 열두 상징' (38페이지 참조)을 참조하면 좋겠다.

하나님께서는 우주를 창조하신 뒤에 아담과 하와를 완벽한 세상에서 살게 하셨다. **1** 그러나 인류는 계속 죄를 범함으로써 세 가지 중대한 심판(에덴에서의 추방, 홍수 심판, 바벨탑 사건)을 받게 되었다. 바벨탑 사건 이후에 세상의 여러 족속들이 번성하는 동안, 하나님께서는 아브라함을 택하여 '히브리인'이라는 새로운 씨족의 선조로 삼

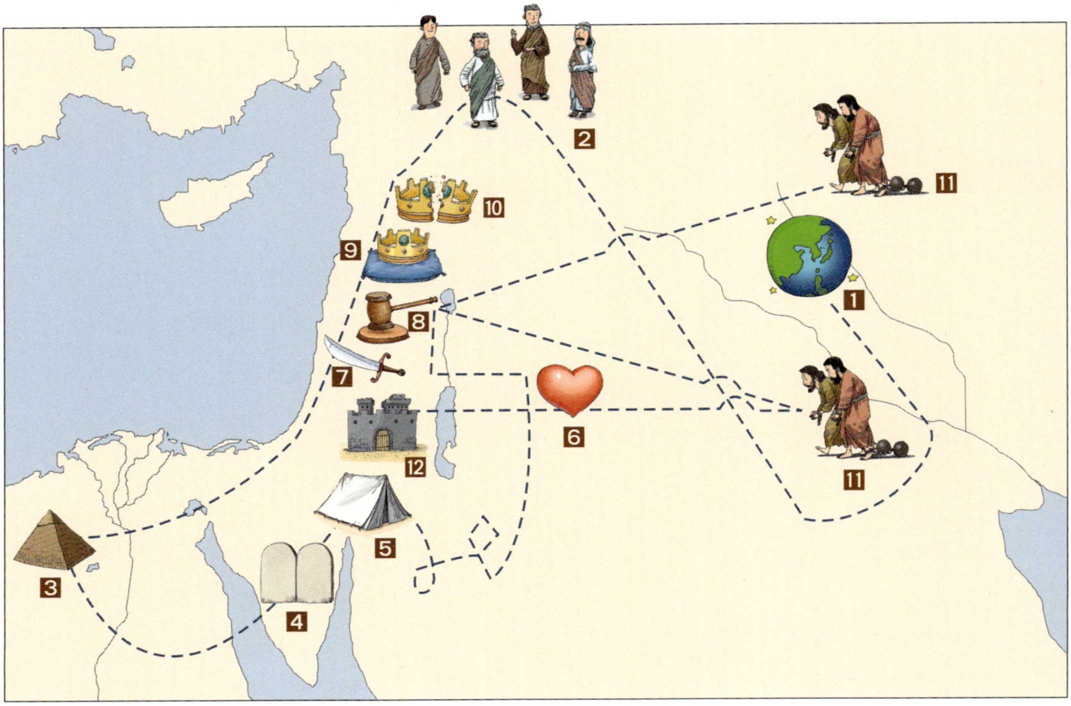

▲열두 가지 상징으로 보는 구약성경

으셨다.2 아브라함의 후손들은 가나안에서 살다가 기근을 피해 애굽으로 내려갔다.

히브리인들은 인구가 급속히 증가했지만 애굽에 속박되어 400년간 노예의 신분으로 살았다.3 이에 하나님께서 바로에게 10가지 재앙을 내리셨고, 모세가 이스라엘 백성들을 이끌고 홍해를 건너 시내산에 당도했다. 그리고 거기서 하나님께서 백성들에게 계명을 주셨다.4 히브리 민족은 불신앙 때문에 한 세대(40년) 동안 광야에서 유랑한 뒤에5 요단강 근처에서 하나님과 언약을 맺었다.6

이후에 여호수아가 백성을 이끌고 가나안을 정복했으며7 마침내 그들은 약속의 땅에 정착했다. 그러나 그들은 '죄 → 압제를 당함 → 하나님께서 사사를 세워 구원해주심 → 망각함 → 다시 죄를 지음'으로 이어지는 악순환을 되풀이했다.8

사사 시대가 지난 다음에는 사울, 다윗, 솔로몬 세 사람이 차례로 이스라엘 통일왕국의 왕이 되었다.9 그러나 네 번째 왕인 르호보암 때에 그들의 통일왕국은 분열되었고10, 북이스라엘과 남유다 백성들은 외적의 포로가 되었다.11

북이스라엘 백성들은 주변 국가로 뿔뿔이 흩어져 버렸고, 남유다 백성들만 다시 고향으로 돌

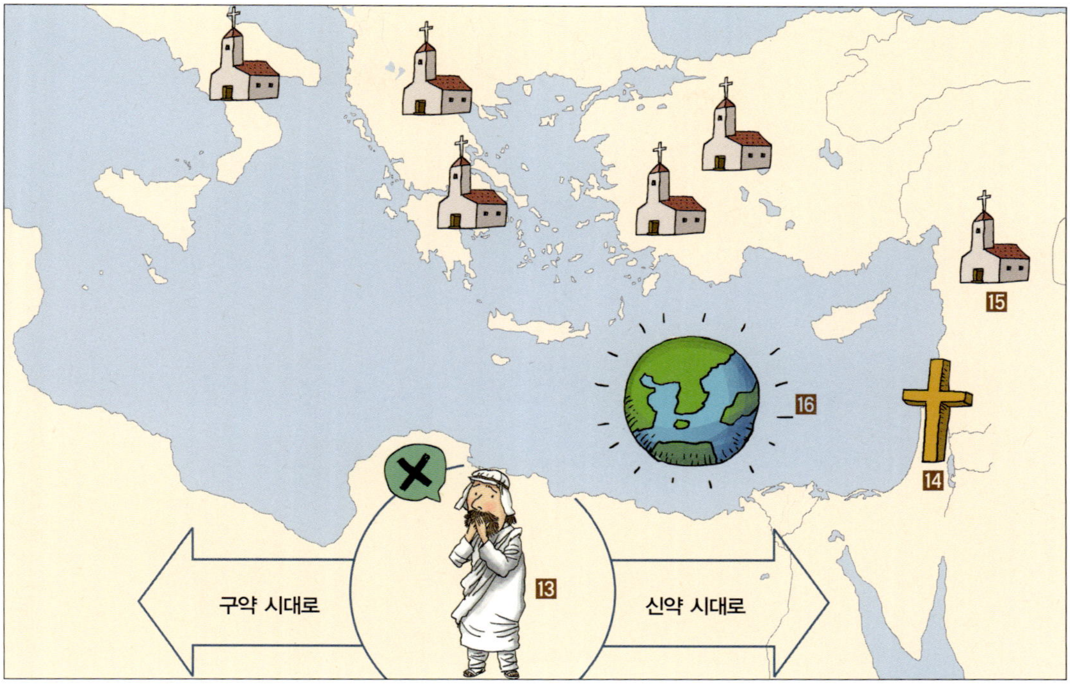

▲네 가지 상징으로 보는 중간기와 신약성경

아와 예루살렘 성벽과 성전을 재건했다.12 이때부터 하나님께서 히브리 민족과 다시 교통하시기까지(신약 시대가 열리기 전까지) 400년이라는 침묵의 시간이 흐른다.

이 책에서 차차 알아보겠지만, 구약의 나머지 22권(욥기-말라기서)의 시대적 위치에 대해 궁금한 독자들은 '구약의 열두 시대와 열두 상징'의 괄호 내용을 참조하기 바란다.

4 구약성경 계속되는 이야기

그러나 성경의 전체 그림을 완성하려면 아직 네 가지 상징(시대)을 더 첨가해야 한다. 신구약 중간기 400년과 신약의 각 시대에 대해서는 이 책 14~26장에서 자세히 살펴볼 테지만, 위에 제시한 '네 가지 상징으로 보는 중간기와 신약성경'을 참조하며 이야기를 더 진행해보도록 하자.

종결 Closed

구약과 신약의 중간기 400년 동안에는 선지자를 통한 하나님의 직접적인 계시가 없었다.13

그리스도 Christ(마 1장–행 1장)

하나님이신 예수 그리스도께서 인간으로 세상에 오셨고 인간의 죄 때문에 십자가에서 죽으셨

구약의 열두 시대와 열두 상징

1 창조(Creation)

2천 년 이상
창 1–11장

2 씨족(Clan)

350년
창 12–50장(+ 욥기)

3 노예(Confinement)

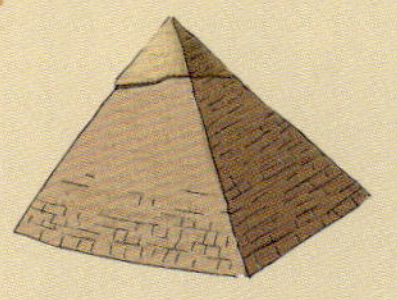

400년
출 1–19장

4 계명(Commandments)

2년
출 20장–레 27장

5 야영(Camping)

40년
민수기

6 언약(Covenant)

1개월
신명기

7 정복(Conquest)

14년
여호수아서

8 순환(Cycles)

350년
삿 1장–삼상 8장

9 왕관(Crowns)

120년
삼상 9장–왕상 11장
(+ 대상 1장–대하 9장 ; 시편–아가서)

10 분열(Chasm)

200년
왕상 12장–왕하 16장
(+ 대하 10–28장 ; 이사야서 ; 호세아서–미가서)

11 포로(Captivities)

200년
왕하 17–25장(+ 대하 29–36장 ;
예레미야서–다니엘서 ; 나훔서–스바냐서)

12 건축(Construction)

120년
에스라서–에스더서(+ 학개서–말라기서)

다가 다시 살아나 하늘로 올라가셨다.14

교회 Church(행 2장-계 3장)
사도들의 전도여행과 서신을 통해 복음이 널리 전파되었다.15

완성 Culmination(계 4-22장)
그리스도께서 재림하셔서 하나님나라를 완성시킬 것이다.16

5 구약성경 의미 있는 성경 읽기

구약성경을 사건 순서대로 읽으면 성경 읽기에 의미 있는 변화를 모색할 수 있다. 여기에는 두 가지 방법이 있는데, '구약의 열두 시대와 열두 상징'을 참조하며 각 시대에 해당되는 책들(괄호 안에 있는 체험서와 예언서까지)을 다 읽은 뒤에 다음 시대로 넘어가는 방법이 있다. 또는 역사서 17권(창세기-에스더서)을 먼저 읽음으로써 전체적인 그림을 파악한 뒤에 괄호 안에 표기된 책들을 읽으며 보완하는 방법도 있다.

또한 성경을 읽으면서 각 장마다 제목을 붙이면 성경을 개괄적으로 이해하기가 훨씬 더 수월해진다. 각 장의 제목은 신문 기사 제목처럼 네 단어 이내로 하는 것이 좋다. 예를 들어, 창세기 1장은 '엿새 동안의 창조', 2장은 '아담과 하와의 동산', 3장은 '뱀과 죄와 형벌'로 제목을 붙여 볼 수 있을 것이다. 이는 결코 어려운 일이 아니다. 이렇게 하다보면 성경 읽기를 통해 많은 것을 깨닫게 될 것이다.

성경 각 장에 제목을 붙이면 방대한 분량의 내용도 오래 기억할 수 있다. 이 작업을 통해 우리의 기억이 찰흙처럼 단단하게 굳어지는 현상을 막을 수 있기 때문이다(성경을 읽었어도 무엇을 읽었는지 기억나지 않을 때의 아픔을 잘 알 것이다). 또한 이 작업을 통해 성경 각 장의 숲에서 개별적인 구절이나 단락의 나무를 살펴보다가 길을 잃는 대신 각 장의 대의(大意)를 파악하는 유익을 얻을 수 있다.

6 구약성경 성경 각 권의 주제 기억하기

어떤 장이 너무 길어서 제목을 붙이기가 어려울 때는 어떻게 해야 할까? 이런 경우에는 각 단락마다 제목을 붙이고, 각 단락의 제목들로부터 장 제목을 이끌어내면 된다.

한층 더 흥미로운 방법은 각 장의 제목 첫 글자를 짜 맞추어 각 권의 주제와 어울리는 문장을 만드는 것이다. 이를 '이합체'(離合體, acrostic) 형식이라고 하는데, 이 작업을 수행하려면 먼저 읽

룻기

룻 이 모압 신을 버리고 이스라엘 하나님을 선택함(1장)
의 로운 사람 보아스가 친절을 베풂(2장)
결 혼하기까지 하나님의 뜻을 기다리는 룻과 나오미(3장)
심 사숙고한 보아스와 결혼하게 됨(4장)

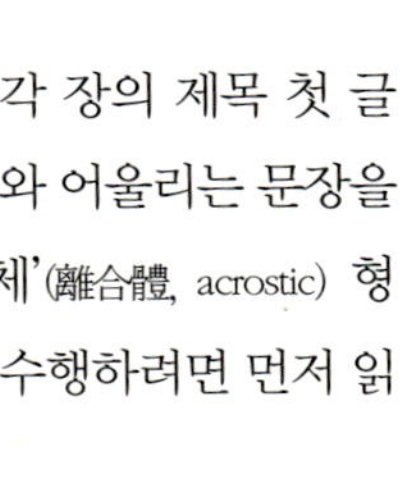

고자 하는 책이 총 몇 장으로 구성되어 있는지 조사한 다음 그 숫자에 맞는 글자 수로 책의 주제를 정하고 각 장에 배당된 글자로 그 장의 주제를 시작하면 된다. 이처럼 각 권의 주제를 정하고, 각 장에 배당된 글자로 제목을 붙이면서 장 주제를 상기하는 것은 기억력을 향상시키는 데 좋은 훈련이 된다.

예를 들어, '룻기'로 이합체 문장을 만든다고 해보자. 룻기가 총 4장으로 구성되어 있으므로 먼저 '룻의 결심'이나 '이삭줍기'나 '다윗 계보'처럼 네 글자로 이루어진 주제를 정한 다음, 각 장에 해당하는 첫 글자로 장의 주제를 시작하면 된다. 룻기의 주제를 '룻의 결심'이라 정했을 경우, 앞의 표와 같은 이합체 문장을 만들어볼 수 있을 것이다.

사사기처럼 룻기보다 더 긴 책들도 이합체 문장으로 요약할 수 있다. 다음에 제시한 사사기 이합체 문장의 예는 배리 허들스턴(Barry Huddlestone)이라는 사람이 작성한 것이다. 그는 십대 시절부터 성경 66권 전체를 이런 식으로 요약하여 《이합체 성경》이라는 제목의 책을 펴내기도 했다.

사사기의 장별 제목

1장 **T**erritories Israel left unconquered 이스라엘이 정복하지 않은 땅
2장 **H**ow God tested Israel 하나님께서 이스라엘을 평가하심(책망하심)
3장 **E**hud slays Moab's king 에훗이 모압 왕을 죽임

4장 **J**abin overcome by Deborah 드보라가 야빈을 무찌름
5장 **U**plifting song of Deborah 드보라의 승리의 노래
6장 **D**etermination via Gideon's fleece 기드온이 양털을 통해 결단함
7장 **G**ideon's army routs Midianites 기드온의 군대가 미디안을 무찌름
8장 **E**phod causes Gideon's downfall 에봇이 기드온에게 올무가 됨
9장 **S**hechemites make Abimelech king 세겜 사람들이 아비멜렉을 왕으로 삼음

10장 **O**ppression by the Ammonites 암몬 족속이 압제함
11장 **F**ighting Jephthah subdues Ammonites 용맹스러운 입다가 암몬 족속을 진압함

12장 **G**ileadites overcome the Ephraimites 길르앗 사람들이 에브라임 사람들을 격파함
13장 **O**ppression by the Philistines 블레셋 족속이 압제함
14장 **D**eceit over Samson's riddle 삼손의 수수께끼를 알아내기 위한 계략
15장 **S**amson kills thousand Philistines 삼손이 블레셋 사람 일천 명을 죽임

16장 **P**hilistines find Samson's secret 블레셋 족속이 삼손의 비밀을 알아냄
17장 **E**phraimite hires own priest 에브라임 사람 하나가 개인 소유의 제사장을 고용함
18장 **O**ffenses committed by Danites 단 지파 사람들이 잘못을 저지름
19장 **P**erversion of Levite's concubine 레위인의 첩이 망령된 일을 당함
20장 **L**evite's vengeance on Benjamites 레위 지파가 베냐민 지파에게 복수함
21장 **E**xistence of Benjamin assured 베냐민 지파의 존속을 보장함

"The Judges of God's People"
(영어의 첫 철자를 다 합하면 이 주제가 만들어진다)

"하나님 백성의 사사들"

03
CHAPTER

태초에 하나님이 인간을 위해 세상을 시작하시다

창조 시대 : 창세기

Getting It All Going

1 창조 시대 창조 시대(창 1–11장)

창세기는 성경이라는 정원의 못자리다. 성경 각 권의 주제들이 모두 창세기에 뿌리를 내리고 있기 때문이다. 성경이 창세기가 빠진 채 출애굽기부터 시작된다면 우리는 하나님과 하나님의 역사에 관해 실로 많은 정보를 놓치게 될 것이다. 그 까닭이 무엇인가? 창세기가 하나님을 제외한 모든 것들의 시작에 대해 기록하고 있기 때문이다. 창세기에서 처음 시작하는 것들의 예를 몇 가지만 들어도 태양, 달, 별, 세상, 식물, 동물, 남자, 여자, 결혼, 자녀 출산, 구원 등 수없이 많다.

창조 시대는 인류 역사의 최소한 2천 년 이상을 포괄한다. 이 시기는 아담(Adam), 아벨(Abel), 노아(Noah), 바벨(Babel)의 네 단어(인명 세 개와 지명 하나)로 요약할 수 있다. 나는 이 단어들의 첫 철자 'AANB'를 호출부호로 보내는 창조 시대의 무선 송신탑을 머릿속에 그리면서 이 이름들을 기억한다.

창조 시대의 초점은 인간에게 맞춰져 있다. 창조 이후에 일어난 일련의 사건들, 즉 하나님과의 친밀한 교제가 중단된 사건과 홍수 심판 사건과 바벨탑에서 여러 민족들이 시작된 사건에서 주전(主戰) 선수 역할을 한 것이 바로 인간이기 때문이다.

2 창조 시대 태초에 하나님이…

당신은 "닭이 먼저냐 달걀이 먼저냐?"라는 케케묵은 질문을 들어봤을 것이다. 창세기를 공부하다보면 우리는 창조 때 모든 동물들이 다 자라서 생식 능력이 있는 상태로 만들어졌다는 것을 알게 된다. 하나님께서는 번식할 능력을 갖춘 완전히 자란 초목을 창조하셨다(창 1:12). 그렇다면 닭이 먼저일까 달걀이 먼저일까? 하나님의 창조 방식은 번식할 능력을 갖춘 닭이 먼저라는 사실을 암시한다.

창세기 1,2장에 나오는 하나님의 창조 사역에 대한 내용을 간략히 요약하면 다음과 같다.

첫째 날	빛
둘째 날	궁창
셋째 날	땅, 바다, 식물
넷째 날	해, 달, 별
다섯째 날	새, 물고기
여섯째 날	동물, 사람
일곱째 날	안식하심

창조 기사를 읽다보면 하나님께서 세상을 창조하시는 데 엿새를 보내신 까닭이 무엇인지 궁금증을 느낄 수 있다. 하나님께서는 시간을 절약하실 수도 있었다. 하나님의 명령 한마디에 모든 피조물들의 창조가 즉각 완료될 수도 있었다는 말이다. 하지만 하나님께서는 우리가 한 주간(週間)를 어떻게 보내야 할지 가르치기 위해 이런 과정을 계획하셨다. 하나님께서는 우리가 엿새 동안 힘써 일하고 하루는 하나님을 예배하면서 안식하기를 바라신다(출 20:8-11).

하나님의 놀라운 창조 사역(땅과 하늘과 바다와 식물과 동물을 비롯해 모든 것을 만드신 행위)은 우리의 믿음을 고무하고 진작시킨다. 왜냐하면 하나님께서 엿새 동안 우주를 만드실 만큼 크신 분이라는 사실을 우리가 확실히 믿기만 한다면, 부활이나 병자의 치유나 우리의 이해 범위를 초월하는 다른 이적들 역시 아무 거리낌 없이 받아들일 수 있을 것이기 때문이다.

안구(眼球)나 콩팥이 스스로 진화할 수 있다는 것을 믿는 데 얼마나 많은 믿음이 필요할까? 인간의 신체에 연결된 수천 가지의 복잡한 기관과 조직에 관한 진화론적 설명을 수용하는 데 얼마나 큰 믿음이 필요할지 잠시 생각해보라. 더군다나 그 모든 것들은 남자와 여자의 신체에서 서로 다르게 다양한 형태로 작용하고 있지 않은가? 나는 이 모든 것들이 창조주 하나님 없이 단지 우연히 발생한 것이라고는 도저히 믿을 수 없다.

아담 최초의 인간(창 1-3장)

성경은 창조의 처음 닷새 이야기를 전한 뒤에 인류에 대한 이야기를 시작한다. 창세기 1,2장에서 하나님께서는 창조의 처음 닷새에 대해 각각 다섯 구절 미만으로 말씀하시지만, 남자와 여자를 만드신 여섯째 날에 대해서는 그것의 여섯 배

그림으로 보는 창조 시대

설명을 참조하기 전에 번호와 그림을 따라가며 사건의 내용을 떠올려보라. 일련번호는 성경에 나타난 사건 순서를 따랐다.

❶ 태초에 하나님이 천지를 창조하심(창 1:1–2:3)
❷ 인간이 타락하여 죄에 빠짐(창 2:4–3:24)
❸ 가인의 제물을 받지 않으시고 아벨의 제물은 열납하심(창 4장)
❹ 하나님과 동행한 에녹이 승천함(창 5:21–24)
❺ 므두셀라는 가장 장수한 사람(창 5:25–27)
❻ 사악한 인간을 홍수로 심판하시고 노아를 구원하심(창 5:28–9:29)
❼ 바벨탑 쌓는 인간의 언어를 혼잡케 하시고 온 땅에 흩으심(창 11:1–9)

에 달하는 만큼의 분량을 할애하여 말씀하신다. 하나님께서는 닷새 동안의 창조 사역을 마치실 때마다 "보시기에 좋았더라"라고 말씀하신다. 그러나 여섯째 날에 하나님께서는 남자를 만드신 후에 아무 말씀도 하지 않으셨다. 아직 일이 더 남았기 때문일까? 그렇다. 성경은 하나님께서 최초의 여자를 창조하신 이후에야 비로소 "보시기에 심히 좋았더라!"라고 기록한다(창 1:31).

하나님께서 우리를 창조하신 목적이 무엇인지 생각해본 적이 있는가? 부족한 것이 없으시고 영원하신 하나님께서 단지 '교제를 나누기 위해' 보잘것없는 인간을 창조하셨다는 것은 생각만 해도 황송한 일이다. 그러나 하나님께서는 우리를 위해 세상을 만드셨고, 일곱째 날인 안식일까지도 우리를 위해 예비하셨다. 인간은 하나님과 교제하기 위해 창조되었다!

최초의 남자 아담과 최초의 여자 하와는 금지된 열매를 먹었다. 그 열매가 사과였을까? 누가 알랴마는, 아담과 하와 두 사람이 레몬같이 시큼하고 떨떠름한 맛의 과일을 한 입 깨물기 위해 인류를 죄악 속에 빠뜨렸을 것 같지는 않다. 누가 먼저 죄를 범했을까? 하와? 아니다. 인류 최초의 가정에 죄를 들여온 것은 뱀이다. 이사야 선지자는 뱀, 곧 사탄이 하늘 높은 곳에서 악의 밑바닥으로 떨어졌다고 말한다(사 14:12-15).

또한 창세기는 선과 악의 세력 사이에서 벌어지는 우주적 갈등에서 누가 승리할지에 대해 말한다.

"내가 너로 여자와 원수가 되게 하고 너의 후손도 여자의 후손과 원수가 되게 하리니 여자의 후손은 네 머리를 상하게 할 것이요 너는 그의 발꿈치를 상하게 할 것이니라"(창 3:15).

이 결과에 대한 자세한 설명을 듣고 싶다면 2천 년 전에 기록된 요한계시록을 잘 읽어보기 바란다(특히 요한계시록 12장과 20장을 보라).

아담과 하와는 고의로 하나님의 명령을 어겼고, 그 결과 창조주 하나님과의 친밀한 교제가 중단되었다. 그들은 그 결과를 감수하며 살아야 했다. 창세기 3장과 4장을 읽으며 수고, 고통, 슬픔, 죽음 등 그들의 잘못된 선택이 가져온 결과를 주목하라.

인간은 에덴동산에 살았던 아담과 하와처럼 가장 이상적인 환경에서조차 창조주 하나님을 의지하지 않고 기뻐하지 않는 성향을 가지고 있다. 인간은 그냥 내버려두면 하나님께 신실하지 못한 짓을 자행하곤 한다.

당신이 에덴동산에 있었다면 아담과 하와가 내렸던 것과 다른 결정을 내렸겠는가? 그 두 사람처럼 맛있는 과일 한 입이나 선악을 아는 지식의 유혹에는 넘어가지 않을 것이라고? 그렇다면 사탄이 비싼 스포츠카나 꿈에 그리던 별장이나 짝사랑하던 이성(異性)을 당신 것으로 만들어주겠다고 한다면 그때는 어떻게 하겠는가? 영혼이라도 기꺼이 팔아넘기지 않겠는가? 그런 위기 상황에 처하지 않을 것이라고 자신할 수 있는가?

하나님께서 '교제를 나누기 위해' 최초의 남자와 여자를 부르신 것처럼(창 3:9) 이후에도 줄곧 자신과 교제할 인간을 찾고 계신다(요 4:23). 당신은 창조주 하나님께서 당신과 친밀한 교제를 나누실 수 있도록 그분께 즐거이 순복하고 있는가? 하나님은 언제나 우리와 교제할 준비를 갖추고 계신다. 문제는 때로 우리가 하나님의 동산 밖으로 도망친다는 점이다.

아벨 최초의 희생제물(창 4,5장)

아담과 하와의 두 아들 가인과 아벨은 인간이 거룩하신 하나님께 나아가는 두 가지 방법을 예시했다. 하나는 하나님의 방법이요, 다른 하나는 인간의 방법이다. 하나님께서는 죄 많은 인간이 거룩하신 하나님께 나아가는 길은 인간의 피를 대신할 동물의 피로 희생을 드리는 길밖에 없다는 것을 분명히 가르치셨다. 그래서 하나님께서는 아벨의 제사는 받으셨으나 하나님의 길을 자신의 길로 대체한 가인의 제사는 받지 않으셨다.

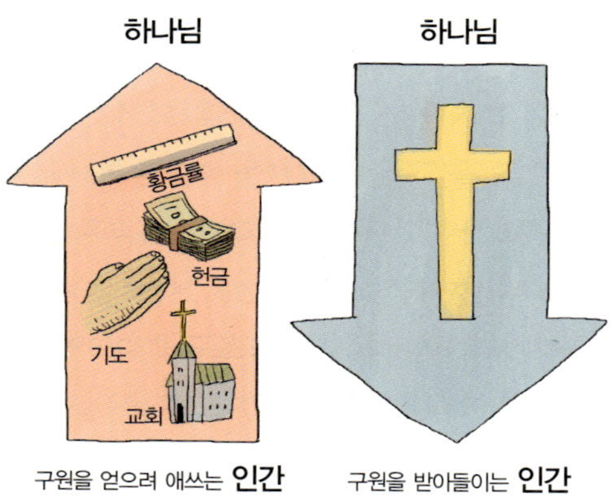

그때 이후로 이 땅에 사는 인간들은 가인의 길 아니면 아벨의 길을 따르고 있다. 자신의 선한 성품이나 행위만을 의지하여 하나님께 받아들여지기를 바라는 사람은 가인의 길을 따르고 있는 것이다. 우리의 선한 행실로는 천국으로 가는 길에 들어설 수 없다. 우리의 죄 값을 치르는 길은 오로지 하나밖에 없다. 우리를 대신하여 죽은 다른 누군가(예수 그리스도)의 피의 희생을 의지하는 것뿐이다. 이것이 바로 타락한 인간들을 회복시켜 그들과 다시 교제를 나누고자 하시는 하나님의 계획이다.

하나님께서는 자신의 아들 예수 그리스도의 십자가 죽음으로 이 세상 죄에 대한 희생을 단번에 그리고 영원히 대신하도록 하셨다(히 9:11,12). 하나님의 아들이 반항적인 인간의 죄 값을 대신 치르기 위해 직접 이 땅에 내려와 십자가에서 죽으시다니 이 얼마나 감사하고 감격스러운 일인가? 우리가 하나님께 그렇게 중요한 존재인가? 하나님의 창조 사역을 보라. 그리스도의 십자가를 보라.

성경에서 최초로 '죽이는 행위'를 한 이가 누구인가? 바로 하나님이시다. 아담과 하와가 죄를 범한 후, 하나님께서는 동물을 죽여 그 가죽으로 그들에게 옷을 지어 입히셨다(창 3:21). 이는 하나님께서 인간의 죄에 따른 희생제물을 친히 제공하셨음을 뜻한다. 이로써 하나님께서는 성경을 통해 계속 반복될 기본 원칙, 즉 "피 흘림이 없은즉 사함이 없느니라"(히 9:22)라는 것을 인간에게 가르치셨다. 그 다음에 아벨이 제사를 드리기 위해 하나님께서 보이신 본을 따라 동물을 죽였다. 가인이 동생 아벨을 죽인 사건은 인류 역사상 세 번째 살해 행위였다.

노아 최초의 선박 제조자(창 6-10장)

인구가 증가함에 따라 더 많은 사람들이 하나님께 등을 돌렸다. 인간이 어려서부터 악하기 때문에 마침내 하나님께서 다음과 같이 말씀하시는 지경에 이르고야 말았다.

"나의 창조한 사람을 내가 지면에서 쓸어버리되 사람으로부터 육축과 기는 것과 공중의 새까지 그리하리니 이는 내가 그것을 지었음을 한탄함이니라"(창 6:7).

하나님께서는 진실로 자신을 믿는 노아의 가족만 남겨놓고 엄청난 홍수로 모든 지면(地面)을 쓸어버리기로 작정하셨다. 그리고 노아에게 '방주'라 불리는 거대한 선박을 건조하라고 명령하셨다.

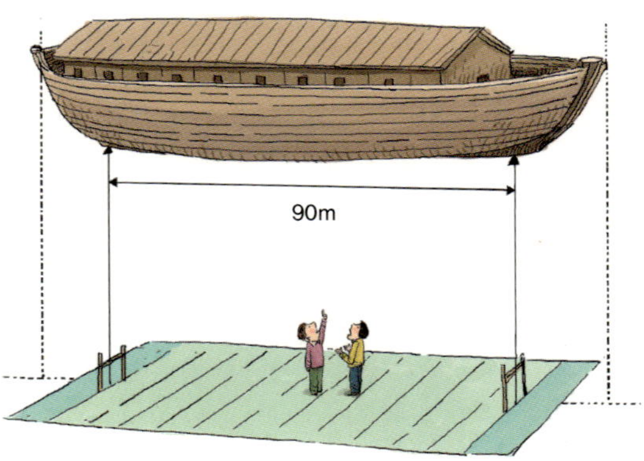

미식축구 경기장과 비교한 노아의 방주

노아는 갑자기 배를 만들라는 명령을 이해할 수 없었지만, 하나님께서 시키는 대로 했다. 믿지 않는 이웃들이 보기에 마른 땅 위에서 거대한 배를 만드는 노아의 모습이 얼마나 우스꽝스러웠을까? 아마 그들은 그 전까지 홍수라는 자연 현상을 보지도 듣지도 못했을 것이다.

믿음이 없는 이웃들은 거대한 선박을 제조하는 노아를 조롱했지만, 그것은 인류에게 새 출발의 기회를 주고자 하시는 하나님의 수단이었다. 폭 23미터, 길이 135미터, 3층의 선실로 이루어진 방주의 바닥 면적은 현대의 미식축구 경기장 면적보다 더 넓었다.

노아의 방주는 일 년하고도 열흘 동안 항해하기에 충분한 음식과 쓰레기 처리 시스템과 동물의 모든 종(種)을 수용할 만한 공간을 갖추고 있었다. 어떤 성경학자들은 노아의 방주가 3분의 2는 텅 빈 채로 항해했을 것이라고 추정하기도 한다.

하나님께서 노아에게 방주를 그렇게 크게 만

들라고 명하신 까닭이 무엇일까? 노아는 100년이 넘는 오랜 세월 동안 방주를 만드는 일 말고 또 무슨 일을 했을까? 그는 사람들에게 다가올 심판에 대해 경고했다. 방주에는 노아의 촉구에 응하는 사람은 누구나 수용할 만한 충분한 공간이 있었다. 그러나 사람들은 유일한 구원의 문으로 들어오라는 노아의 초대에 응하지 않았다. 오직 노아와 그의 가족만이 하나님을 믿었다. 사람들은 여전히 먹고 마시고 결혼하며 죄로 가득한 생활을 계속했다(마 24:37-39). 비가 그치자 죄로 오염되었던 세상이 완전히 깨끗해졌다.

오늘날 우리가 이처럼 땅에 존재하며 살고 있는 것도 노아가 하나님을 믿고 순종한 덕택이다. 당신의 믿음을 노아의 믿음과 비교해보라. 하나님께서 지금 당신 삶을 통해 이루고자 하시는 일들을 말씀하고 계신 것은 아닌가? 하나님의 계획이 당신의 생각과 잘 맞지 않아도 믿음으로 순종하고 있는가?

바벨 최초의 마천루(창 11장)

사람들은 또다시 자기들의 계획으로 하나님의 계획을 대체했다. 인간은 하나님께서 명령하신 대로 땅에 흩어져 사는 대신 바벨에 떼 지어 모였고, 하나님께 대한 집단적 반항의 상징으로

"자네 말을 도무지 알아들을 수가 없어!"

서 하늘에 닿는 높은 탑을 건축하려고 했다. 하나님께서는 그들을 강제로 해산시키지 않고 스스로 흩어지게 만드셨다. 그들의 언어를 혼잡하게 하여 서로의 말을 알아듣지 못하게 하신 것이다(창 11:7).

바벨 사건 이전에는 세상의 언어가 하나였다. 그들의 혼란스러운 상황을 상상해보라. 어느 날 아침, 바벨탑 49층에서 일하는 조(Joe)가 48층에서 일하는 해리(Harry)에게 벽돌을 좀 올려달라고 소리친다.

"Acht du lieber!"

그러자 해리가 대답한다.

"Qu'est-ce que c'est?"

일꾼들의 의사소통이 중단되자 건축 프로젝트가 끼익 소리를 내며 중단되었다. 하나님께서는 그들의 혀를 얽히게 하심으로써 반항적인 기도(企圖)를 좌절시키셨다. 이렇게 세상의 언어가 혼잡하게 되자 서로 의사소통이 가능한 사람들끼리 모여 나름의 문명을 이루었다.

3 창조 시대 | 창조 시대의 교훈

창세기 1장에서 11장은 사소하지만 매우 흥미로운 정보들로 가득하다. 이 부분을 읽을 때 다음과 같은 점들을 주목하여 읽으면 성경 읽기가 한층 더 흥미로워질 것이다.

- ✓ 영구불변의 신분증을 최초로 받은 사람(창 4:15)
- ✓ 인류 최초의 일부다처주의자(4:19)
- ✓ 하나님과 동행하다가 홀연히 사라진 365세의 노인(5:21-24)
- ✓ 인류 역사 이래 가장 장수한 사람(5:25-27)
- ✓ 요나가 복음을 전했던 니느웨 성을 건립한 사람(10:8-11)

하나님께서는 진흙이 토기장이의 명령에 절대적으로 순종해야 한다는 것을 인류 역사 초창기부터 반복하여 보여주셨다. 만일 모세가 창조 시대에서 배워야 할 교훈을 한 문장으로 요약하여 우리에게 가르친다면 다음과 같이 말할 것이다.

"피조물은 창조주께 복종해야 한다!"

04
CHAPTER

네 사람을 불러서 하나님에 대한 믿음을 가르치시다

씨족 시대 : 창 / 욥

Four Great Men

1 씨족 시대 씨족 시대(창 12-50장)

하나님께서 인간을 사랑하시는 게 틀림없다. 하나님께서 사람들을 수없이 창조하셨으니 말이다(그리고 하나님께서 창조하신 몇몇 사람들로 판단하건대 하나님은 유머 감각이 뛰어나신 분이라는 것 또한 확실하다).

기억을 더듬어 성경에 등장하는 인물들의 이름을 나열해보라고 한다면 당신은 과연 몇 사람의 이름이나 말할 수 있겠는가? 100명? 200명? 500명? 그렇다 해도 당신은 아직 한참 멀었다. 대단위로 언급된 군중의 수를 제외하더라도 무려 2,930명의 인물들이 성경에 등장하기 때문이다. 만일 당신 이름이 성경에 나온다면 당신은 친구들이 그것을 그냥 지나치는 것을 결코 바라지 않을 것이다.

하나님께서는 인간에게 초점을 맞추고 계신다! 물론 하나님께서는 천지를 창조하셨다. 그러나 인간에게 에덴동산의 경작을 맡기셨고(창 2:15), 동물들의 이름을 붙이는 일을 일임하셨고(2:19), 생육하고 번성하여 땅에 충만하라고 명하셨다(9:1). 오늘날에도 하나님께서는 우리 지역사회와 교회와 가정에 있는 하나님의 사람을 통해 일하신다. 우리는 새로운 방법론이나 프로그램을 모색하느라 정신이 없지만, 하나님께서는 언제라도 자신의 일에 쓰임 받을 준비를 하고 있는 사람을 찾으신다.

2 씨족 시대 창세기 요셉까지의 세대
Genesis – Generations to Joseph

창세기에는 유일무이한 중대한 사건들이 기록되어 있지만 기본적인 초점은 인간에게 맞춰져 있다. 창세기는 아담, 하와, 아벨, 가인, 셋, 노아, 아브라함, 이삭, 야곱, 요셉의 생애를 길게 언급하면서 아담에서 요셉까지의 세대에 대해 상술한다. 창세기는 우리를 아담이 창조된 사건에서 요셉이 관(棺)에 들어간 사건까지, 에덴의 자유에서 애굽의 속박 전 단계까지 데려간다.

당신은 다음에 언급한 주목할 만한 인물들이 창세기 어느 부분에 각각 등장하는지 알겠는가?

- ✓ 형들의 비용 부담으로 타의에 의해 이집트 여행을 떠나게 된 사람
- ✓ 아버지에게 죽임을 당할 뻔하다가 아슬아슬하게 살아난 사람
- ✓ "하나님의 벗"이라 불린 유일한 사람
- ✓ 두 아내와 두 명의 첩을 통해 13명의 자녀를 낳은 사람

이번 장을 공부하다보면 이 인물들의 정체를 자연스럽게 알게 될 것이다.

성경의 처음 두 시대(창조 시대와 씨족 시대)는 창세기에 근거하고 있다. 창세기 1장에서 11장이 세상 전체를 주요 무대로 하고 있는 반면, 12장에서 50장은 가나안 땅(페르시아만 근처의 갈대아 우르에 거주하고 있던 아브라함이 하나님의 지시로 이주한 곳)을 중심으로 전개된다. 또한 창조 시대가 인류의 범죄 이야기로 시작되는 반면, 씨족 시대는 아브라함의 후손 예수 그리스도를 통해 임할 구원을 암시하는 이야기로 시작된다. 창세기 기자는 12장 이후부터 마지막 장까지의 모든 지면을 아브라함, 이삭, 야곱, 요셉(히브리 씨족의 선조인 이

네 사람을 '족장'이라 일컬음)의 생애를 그리는 데 할애한다. 이 네 사람은 나중에 하나님의 '믿음의 전당'에 이름이 다 올라갔다(히 11장).

아브라함 하나님의 벗(창 12-25장)

인류가 죄를 짓는 성향을 반복적으로 드러냈을 때(창 3-11장), 하나님께서는 이교(異敎) 문명이 고도로 발달한 갈대아 우르에 살고 있던 '아브람'(나중에 '아브라함'으로 이름이 바뀜)을 택해 히브리 민족의 우두머리로 삼으셨다(창 12:1-3).

아브라함과 그의 가족은 하나님의 부르심에 순종하여 메소포타미아의 비옥한 초승달 지대에 있는 하란으로 이주했고, 거기서 다시 약속의 땅 가나안으로 들어갔다. 그 후 아브라함의 후손들이 애굽으로 내려갔다. 창세기는 이렇게 에덴에서 출발해서 애굽에서 끝난다.

하나님께서 아브라함과 히브리 민족을 택하신 까닭이 무엇일까? 그들이 다른 민족보다 더 우월했기 때문일까? 바울은 결코 그렇지 않다고 대답한다(롬 4장). 아브라함은 다른 사람들과 마찬가지로 하나님의 의롭다 하심과 받아주심을 '믿음의 선물'로 받아야만 했다(창 15:6).

그러나 아브라함은 성경에 언급된 2,930명의

그림으로 보는 아브라함의 생애

▶ 아브라함의 생애 한눈에 보기

설명을 참조하기 전에 번호와 그림을 따라가며 사건의 내용을 떠올려보라. 일련번호는 성경에 나타난 사건 순서를 따랐다.

1 아브라함이 우르에서 태어남(창 11:27–30)
2 아브라함의 가족이 하란으로 이주함(창 11:31)
3 아브라함의 아버지 데라가 하란에서 죽음(창 11:32)
4 아브라함이 마침내 가나안 땅에 도착해 하나님을 위해 단을 쌓음(창 12:5–8)
5 아브라함이 애굽으로 내려감(창 12:10)
6 아브라함이 전쟁에서 얻은 노략물의 십일조를 멜기세덱에게 바침(창 14:17–20)
7 소돔이 하늘에서 떨어진 불로 멸망함(창 19:1–29)
8 아브라함과 사라 사이에서 이삭이 태어남(창 21:1–7)
9 아브라함이 이삭을 제물로 바침(창 22:1–19)
10 아브라함과 사라가 죽어 헤브론에 장사됨(창 23:1–20, 25:7–10)

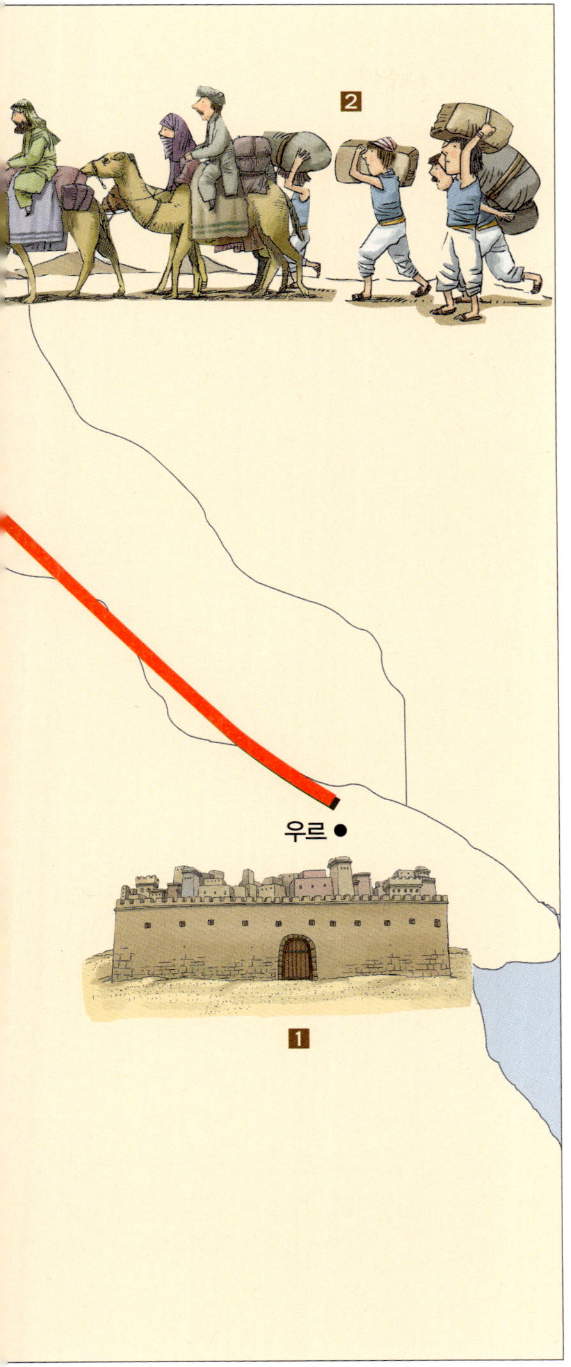

인물들 중에 "하나님의 벗"이라 칭함 받은 유일한 인물이며(대하 20:7 ; 사 41:8 ; 약 2:23), 유대인들과 아랍인들 모두로부터 존경을 받는 인물이기도 하다(그의 아들 이스마엘이 아랍인의 조상이고, 또 다른 아들 이삭이 유대인의 조상이기 때문이다). 하나님께서는 아브라함의 이름을 빛나게 하고, 그의 후손을 번성케 하며, 그를 통해 땅의 모든 족속들이 복을 받을 것이라고 약속하셨다(창 12:1-3). 아울러 그의 아들 이삭(17:19)과 손자 야곱(35:10-12)과 증손자 요셉(49:22-26)에게도 동일한 약속을 주셨다.

아브라함은 하나님께 순종함으로써 믿음을 분명하게 나타내보였다. 그는 하나님께서 길을 인도하시리라는 것을 너무도 잘 알고 있었기 때문에 목적지도 모른 채 고향을 떠났으며, 고향에서 무려 1,500킬로미터나 떨어진 가나안에 정착한 이후에도 아내 사라가 늙어 아이를 낳을 수 없음에도 하나님께서 아들을 주시리라는 약속을 붙들었다.

그러던 어느 날, 하나님께서는 아브라함에게 그가 100세에 얻은 귀한 아들 이삭을 모리아산으로 데리고 올라가 희생제물로 바치라고 명령하심으로써 그의 믿음을 시험하셨다. 아브라함은 하나님께서 자신의 후손을 이삭을 통해 번성시키실 것이라는 약속을 굳게 믿었기 때문에 이삭이 죽더라도 하나님께서 다시 살리실 수 있다고 생각했다(히 11:17-19). 이에 하나님께서는 이삭 대신에 제물로 바칠 숫양을 공급하심으로써 그의 믿음에 보상하셨다(창 22:10-19).

이것이 우리가 아브라함이 보인 위대한 '행함의 믿음'의 본을 따를 만큼 완벽해져야 한다는

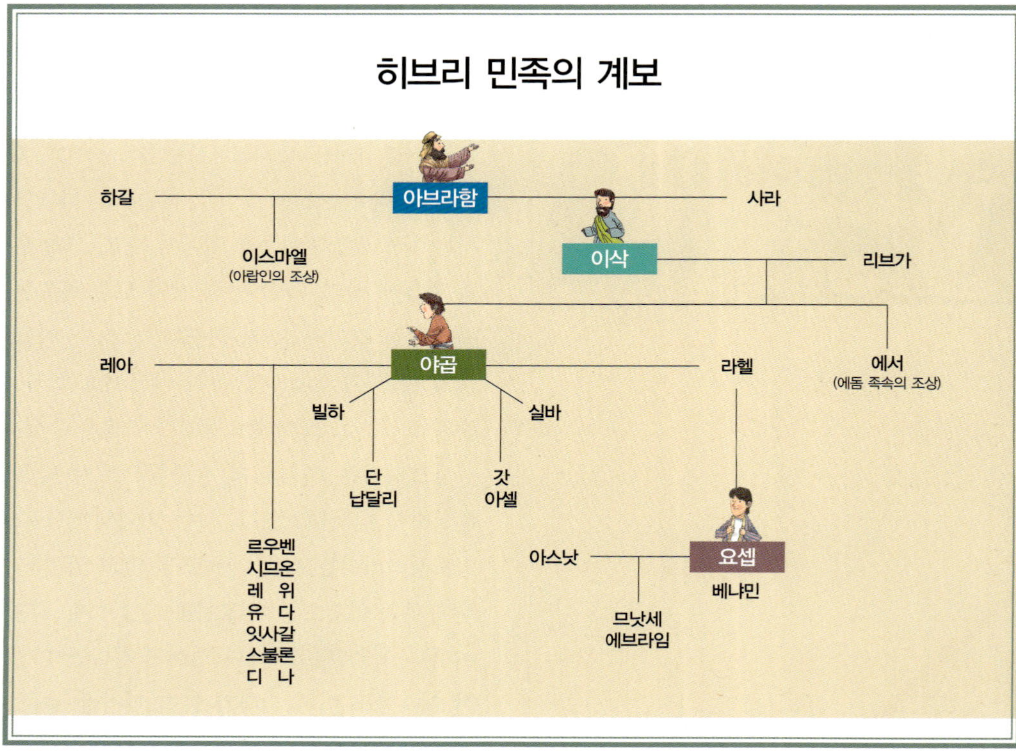

것을 의미하는 이야기일까? 물론 그렇지 않다. 아브라함의 믿음도 달을 향해 힘차게 치솟는 로켓과 같다기보다 오히려 경사진 레일 위를 오르락내리락하는 롤러코스터와 같았기 때문이다. 그는 자기 목숨을 보전하기 위해 아내를 누이라고 두 번이나 속였다(창 12:11-20, 20:1-18). 엄밀히 말해서 사라가 그의 이복 누이인 것은 사실이지만 그의 고의적인 거짓말은 칭찬할 만한 것이 되지 못했다.

아브라함은 이삭을 낳기 전에 사라의 여종 하갈과 동침하여 이스마엘을 낳았는데, 이스마엘의 후손들은 아랍인이 되고 이삭의 후손들은 유대인이 되었다. 이 두 민족은 지금까지도 세계 곳곳에서 유혈 분쟁과 충돌을 빚고 있다. 아브라함의 죄가 오늘날까지 그 영향을 미치고 있는 것이다. 그러나 전체적으로 볼 때, 아브라함의 믿음은 우리가 마땅히 본받아야 할 표본이다.

행함이 없는 믿음은 죽은 믿음이요 무익하다(약 2:26). 아브라함은 믿은 그대로 행했다. 믿음으로 고향을 떠났고, 하나님께서 아들을 주실 것이라 믿었으며, 하나님께서 원하시면 자신의 하나뿐인 아들까지도 기꺼이 바치려고 했다. 아브라함의 믿음은 '행함이 있는 믿음'이었다. 당신의 믿음도 그러한가?

이삭 순종하는 아들(창 26장)

성경은 아브라함이나 그의 손자 야곱이나 증손자 요셉에 관해서는 많은 지면을 할애해서 설명하고 있지만, 그의 아들 이삭에 관해서는 상대적으로 적은 분량의 단편적 묘사만을 제공한다. 창세기 26장이 전적으로 이삭에 대해 이야기하고 있기는 하지만, 우리가 이삭에 대해 아는 것들 대부분은 다른 가족들과 관련해서이다. 그러나 이삭은 그리스도를 향해 내려가는 아브라함의 가계(家系)를 지속시키는, 결정적으로 중요한 연결고리 역할을 한다('히브리 민족의 계보'를 참조하라).

이삭은 어머니가 90세, 아버지가 100세 때 기적적으로 태어났다(창 17:17). 열일곱 살 무렵, 그는 기꺼이 아버지에게 묶여 제단 위에 누웠다.

하나님께 희생제물로 드려지기 위해서였다(창세기 22장 참조). 그는 자기 아버지 아브라함이 하나님께 순종한 것처럼 하나님과 제 아버지에게 순종했다. 아버지 아브라함이 제사를 막는 하나님의 다급한 음성을 정확히 포착했을 때, 어린 이삭은 하나님께 감사드렸다. 나중에 그는 부친의 믿음을 본보기로 삼아 하나님의 약속을 믿고 히브리 여자 리브가를 아내로 맞아들였다(창 24장).

십대 시절에 나는 어떤 소녀 때문에 괴로워한 적이 있다. 그녀는 내가 그녀에게 관심을 갖고 있는 것만큼 나에 대해 관심을 갖고 있지 않았다. 사실 그녀는 다른 남자 친구에게 관심이 있었다. 그래서 나는 '그 친구를 위해' 기도하기로 결심했다. 교통사고나 심장 발작이나 어떤 주권적인 섭리로 그 친구를 제거해달라고 기도했던 것이다. 그러나 그렇게 기도하면 할수록 내 자신만 더욱 비참해졌다.

그러던 어느 날, 이삭을 제물로 바치는 아브라함에 대한 설교를 듣게 되었다. 나는 내 자신의 제단을 쌓기로 결심하고(마음속으로 기도하면서), 짝사랑하던 그 소녀를 제단 위에 눕혔다.

나는 하나님께서 그녀에게 최선의 일을 해주시리라는 사실을 확고히 믿었고, 그것을 하나님께서 알아주시기를 원했다. 나는 하나님께서 그녀를 내게 주시지 않더라도 나와 더 잘 맞는 다른 상대를 주시리라는 것을 깨달았다. 그러자 말할 수 없는 기쁨과 평안이 찾아왔다. 그 시간 이후, 짝사랑하던 그 소녀와 그녀가 좋아하던 남자 친구를 미워하지 않게 되었고 하나님께서 우리 모두를 최선으로 인도해주시길 소망하게 되었다.

물론 그 이후로 몇 개월 동안은 그와 같은 제단을 몇 번이나 쌓고 또 쌓아야 했다. 의심과 불신앙이 찾아올 때면 나의 제단은 여지없이 무너지고 말았다. 그러나 하나님께서는 나의 진심과 헌신을 모르는 척하지 않으셨다. 그로부터 몇

그림으로 보는 야곱의 생애

▶ **야곱의 생애 한눈에 보기**

설명을 참조하기 전에 번호와 그림을 따라가며 사건의 내용을 떠올려보라. 일련번호는 성경에 나타난 사건 순서를 따랐다.

1 에서가 장자의 명분을 팥죽 한 그릇에 팔아버림(창 25:27–34)
2 야곱이 꿈에 사닥다리 위에서 오르락내리락하는 천사들을 봄(창 28:10–22)
3 야곱이 두 아내와 열두 명의 자녀들(11남 1녀)과 수많은 가축 떼를 얻음(창 29:31–30:43)
4 야곱이 천사와 씨름함(창 32:22–32)
5 야곱의 가족이 애굽으로 내려가 거주함(창 46:1–7)
6 야곱이 가나안 땅에 묻힘(창 49:29–50:13)

년 후, 제단 위의 그 소녀와 결혼하게 되었기 때문이다.

우리 인생은 아무 고통 없이 그저 순탄하게만 흐르지 않는다. 하나님께서는 때로 우리가 하나님께 드린 것들을 취해 가신다. 그러나 나는 하나님이 내게서 무엇을 가져가실 때마다 언제나 더 좋은 것으로 채워주신다는 사실을 분명히 깨달았다(때때로 그 대체물의 배달이 지연되기도 하지만 말이다).

이삭은 하나님의 신실하심을 의심하지 않았다. 기적적으로 태어난 것이나 아버지의 뜻에 따라 죽기까지 순종한 것이나 죽음을 이기고 승리한 것 등 여러 면에서 이삭은 그리스도를 닮았다.

야곱 험악한 세월을 산 나그네(창 27–36장)

'그림으로 보는 야곱의 생애'는 야곱 생애의 주요 사건들을 지도 위에 그림으로 나타내본 것이다. 당신은 각 그림들이 나타내는 사건의 내용을 전부 설명할 수 있는가?

많은 사람들이 야곱을 사기꾼으로 기억한다. 아마도 그에 관한 예화 중 자기 형을 설득하여 장자의 명분을 팥죽 한 그릇에 팔도록 한 이야기가 가장 유명할 것이다. 그뿐 아니라 그는 자기 아버지도 속이고(창 27장) 장인 라반에게도 책략을 썼다(30장). 만일 당신이 책략을 꾸미는 것이 출세하는 지름길이라고 생각한다면, 야곱이 자기보다 더한 책략가인 라반을 위해 하란에서 20년이라는 세월을 허비했다는 사실을 주목해야 할 것이다. 라반은 야곱의 신혼 첫날밤에 신부로 주기로 약속한 둘째 딸을 맏딸과 바꿔치기했다. 그래서 야곱은 자기가 원하는 여자를 얻기 위해 다시 7년간 라반을 위해 일해야 했다(29장). 야곱의 아들들 가운데 몇 명도 제 아버지의 재주를 물려받아 사기꾼이 되었다(34장).

야곱은 두 아내(레아, 라헬)와 두 첩(빌하, 실바)에게서 열세 명의 자녀를 낳았다. 그의 열두 아들은 후에 '이스라엘'(창 35:10, 하나님께서 야곱에게 새로 붙여주신 이름으로, 야곱의 후손들로 이루어진 민족을 일컫는 명칭이 됨) 열두 지파의 조상이 되었다.

야곱은 열두 아들의 이름을 어떻게 기억했을까? 나는 다음 두 문장을 이용하여 그들의 이름을 외운다.

"이스라엘 야곱아, 언제나 선한 일을 하여라. 야곱의 가족이 이제 열심을 보이며 응답한다!" (Always Be Doing Good, Israel-Jacob. Jacob's Line Now Responds, Showing Zeal)

이 문장들의 각 단어 첫 자가 야곱의 열두 아들의 이름 첫 자와 일치하며, 이 두 문장은 각각 여섯 명의 이름을 포함하고 있다(단, 이 순서는 알파벳 순서이지 출생 순서가 아니다).

Asher(아셀)	Judah(유다)
Benjamin(베냐민)	Levi(레위)
Dan(단)	Naphtali(납달리)
Gad(갓)	Reuben(르우벤)
Issachar(잇사갈)	Simeon(시므온)
Joseph(요셉)	Zebulun(스불론)

야곱의 열두 아들의 이름은 이스라엘 열두 지파의 이름과 같다.

야곱의 넷째 아들 유다는 예수님의 직계 조상이 되었다. 그러나 창세기는 요셉에 대해 가장 많은 지면을 할애하여 설명한다.

요셉 인내에 대한 보상(창 37-50장)

요셉은 우리에게 아버지의 총애의 표시로 채색옷을 입었던 사람, 형들의 곡식 단이 자기 곡식 단 앞에서 절하는 꿈을 꾸었던 사람, 질투심에 불타는 형들에 의해 애굽의 노예로 팔려간 사람 그리고 거기서 총리가 된 사람 등으로 기억된다. '그림으로 보는 요셉의 생애'에서 각 그림들이 나타내는 사건을 몇 가지나 설명할 수 있는지 점검해보라.

부당한 일을 당했는데도 하나님을 향한 신실한 태도를 잃지 않는 것이 과연 유익한 일일까? 요셉은 질투심에 불타는 형들에 의해 구덩이에 던져지는 부당한 대우를 받았다(창 37:24). 또한 그는 아무 죄가 없는데 음탕한 여인이 사악하게 죄를 뒤집어씌워 몇 년 동안이나 감옥에 갇혀 지내야 했다(39:7-20). 그러나 요셉이 잇따른 재난과 불행에도 하나님을 신뢰했을 때, 하나님께

그림으로 보는 요셉의 생애

설명을 참조하기 전에 번호와 그림을 따라가며 사건의 내용을 떠올려보라. 일련번호는 성경에 나타난 사건 순서를 따랐다.

요셉의 생애 한눈에 보기

❶ 요셉이 아버지의 총애를 받아 채색옷을 입음(창 37:3,4)
❷ 요셉이 형들의 곡식 단이 자기 단에게 절하는 꿈을 꿈(창 37:5-8)
❸ 요셉이 해와 달과 열한 별이 자기에게 절하는 꿈을 꿈(창 37:9-11)
❹ 형들이 요셉을 애굽의 노예로 팔아넘김(창 37:18-28)
❺ 요셉이 보디발의 아내의 유혹으로부터 도망침(창 39장)
❻ 요셉이 감옥에서 꿈을 해몽함(창 40장)
❼ 애굽 총리가 된 요셉이 곡식을 비축하는 계획을 주도함(창 41:37-57)
❽ 요셉이 형들을 용서함(창 45:1-15)
❾ 임종을 앞둔 야곱이 요셉과 그의 두 아들을 축복함(창 48장)
❿ 요셉의 유골이 가나안으로 보내져 묻힘(창 50:25 ; 출 13:19 ; 수 24:32)

서 어떻게 역사하셨는지는 다음 구절에 나와 있다.

"당신들은 나를 해하려 하였으나 하나님은 그것을 선으로 바꾸사 오늘과 같이 만민의 생명을 구원하게 하시려 하셨나니"(창 50:20).

요셉의 인생은 "우리가 알거니와 하나님을 사랑하는 자 곧 그 뜻대로 부르심을 입은 자들에게는 모든 것이 합력하여 선을 이루느니라"(롬 8:28)라는 말씀이 진리임을 입증하는 탁월한 표본이다.

요셉은 선하신 하나님께서 자기를 위해 선하게 역사하실 것이라 믿어 의심하지 않았다. 그렇기 때문에 그는 하나님께서 히브리 민족을 보호할 준비를 하고 계시는 동안에도 감옥에 갇혀 인내할 수 있었다.

요셉은 예수님의 모습을 표상하는 구약의 훌륭한 모델이다. 나에게 배웠던 한 학생은 요셉과 예수님의 유사한 점을 100가지(죄를 지었다는 기록이 없다는 점, 잘못한 것이 없는데도 억울하게 고통을 당했다는 점, 히브리 민족을 구했다는 점 등)나 찾아냈다. 어쩌면 당신은 요셉에 관한 창세기열네 장을 읽으면서 더 많은 유사점을 찾아낼 수도 있을 것이다.

욥 인내의 모델(욥기)

욥기는 후대에 기록되었을지 모르나, 욥은 창세기의 배경인 초기 시대(씨족 시대)에 살았던 것으로 추정된다. 욥이 살았던 시대의 생활양식이, 평균 수명이 100세가 넘고 한 가정의 가장이 가족의 제사장 역할을 하던 시대(모세와 성막이 등장하기 이전 시대)의 생활양식과 정확히 일치하기 때문이다. 욥이 환난을 당했을 때 열 자녀를 두고 있었고 환난을 이겨낸 후에 140년을 더 살았다는 성경의 기록(욥 1:2, 42:16)으로 보아 최소한 175세를 향유하고 죽은 것으로 추측된다.

욥은 우스 땅에 살았다. 예레미야 선지자는 우스 땅을 에돔과 동일시하고 있다(애 4:21). 에돔은 사해 남쪽에 위치한 지역으로 야곱의 형 에서가 정착하여 제2의 고향으로 삼은 곳이기도 하다. 욥은 구약에 우뚝 솟은 인내의 모델로서 신약의 야고보 사도는 그의 인내를 본받아야 한다고 권고했다(약 5:11).

욥은 요셉과 마찬가지로 아무 잘못도 없이 고난을 당했다. 모든 소유와 가축과 자녀를 잃고 괴로워하던 그의 고통은 환난에 처한 친구를 위로한답시고 찾아온 세 친구 엘리바스와 빌닷과 소발의 장황한 언설로 인해 가중되었다. 그러나 마침내 욥은 결백이 입증되어 잃었던 것의 두 배로 복을 받았다.

'고난'이 욥기의 주제라고 한다면 우리는 더 중요한 핵심을 놓치게 된다. 욥기의 핵심은 바로 '하나님의 절대적인 주권'이기 때문이다. 하나님께서는 폭풍 가운데서 욥에게 말씀하실 때(욥 38:1) 고난에 대해 설교하지 않으셨다. 그보다 하나님께서는 자신이 어떤 분이며 또 어떤 일을 하시는 분인지 똑바로 깨달으라고 촉구하셨다. 그러므로 우리는 욥기를 '하나님과 고난'에 관한 책이라고 간추려 말할 수 있다.

3 씨족 시대 흥미진진한 이야기

지면이 충분하고 또 의미가 있다면, 다음에 제시하는 이야기들처럼 "진리가 허구보다 더 낯설다"라는 말을 입증하는 창세기의 다른 이야기들을 더 살펴보고 싶지만 이 정도에서 그치기로 하겠다.

- ✓ 하늘에서 떨어진 유황과 불로 잿더미가 된 두 도시 이야기(창 19:24)

- ✓ 소금 기둥이 된 여자 이야기(19:26)
- ✓ 신혼 첫날밤을 보낸 뒤 바로 소박맞은 새색시 이야기(29:21-30)
- ✓ 염소의 유전자 특성과 관련된 사기(詐欺) 이야기(30:31-43)

이런 흥미로운 이야기들은 창세기를 읽으며 직접 확인해보기 바란다. 이 흥미진진한 이야기 39장(창 12-50장)을 다시 읽으면서 하나님께서 사람들을 통해 하신 일과 사람들에게 가르치신 것을 주목하기 바란다.

하나님께서는 홀로 일하신다는 사실을 간혹 우리에게 상기하도록 하시지만 대부분의 경우에는 사람들을 통해 자신의 일을 성취하신다. 지난날을 돌이켜보면 하나님께서 다른 사람들을 사용하셔서 나에게 손을 뻗으신 경우가 많다. 하나님께서 마치 붓으로 스치며 지나가듯 당신 인생의 캔버스에 그려 넣으신 수많은 사람들을 돌이켜보며 하나님께 감사하라. 물론 가능하다면 그들에게도 감사의 인사를 전하라.

05
CHAPTER

노예 된 애굽에서 하나님을 따라 대대적으로 탈출하다

노예 시대 : 출애굽기

The Great Escape

1 노예 시대 노예 시대(출 1–19장)

다음에 묘사하는 성경 인물이 누구일까?

- ✓ 생후 3개월 되었을 때 혼자 보트를 타고 강을 항해한 사람
- ✓ 왕실에서 자랐지만 모든 것을 잃고 광야에서 훈련 받은 사람
- ✓ 떨기나무에 불이 붙었으나 타지 않는 놀라운 광경을 목격한 사람
- ✓ 자신의 형을 대언자로 세운 사람
- ✓ 하나님의 대리자로서 10가지 재앙과 십계명을 전한 사람
- ✓ 몇 차례의 사형선고를 모면한 사람
- ✓ 땅 위에 살았던 사람 가운데 가장 온유한 인물로 기억되는 사람

이 설명을 보고 '모세'를 떠올렸다면 정답이다. 그는 씨족 시대 이후에 이어지는 네 시대(노예 시대, 계명 시대, 야영 시대, 언약 시대)의 주요 인물이다. 출애굽기의 주제를 두 어절로 요약하면 "애굽으로부터의 탈출"이 될 것이다. '그림으로 보는 노예 시대'는 이 시대(출 1-19장)의 개요를 그림으로 정리한 것이다. 번호를 따라가면서 그림의 내용을 몇 개나 알아맞힐 수 있는지 확인해 보라.

창세기 후반부에서 애굽으로 내려갔던 70명의 히브리인들은 애굽에서 400년을 거주하는 동안 엄청난 숫자로 불어났다(70명의 인구가 매 25년마다 두 배로 증가되었다면 400년 동안 450만 명이 되었을 것이다). 애굽 왕 바로는 히브리인들의 인구 폭발이 애굽 사회에 미칠 영향을 우려하여 엄한 감독을 세워 그들을 혹독하게 압제하기 시작했다. 이에 히브리인들은 하나님께 울부짖었고 하나님께서

그림으로 보는 노예 시대

설명을 참조하기 전에 번호와 그림을 따라가며 사건의 내용을 떠올려보라. 일련번호는 성경에 나타난 사건 순서를 따랐다.

1 히브리 민족이 애굽의 노예가 되어 벽돌을 만듦(출 1:8-14)
2 파피루스 상자에 담긴 아기 모세가 나일강을 따라 떠내려감(출 2:1-10)
3 모세가 미디안 땅에서 양 떼를 돌봄(출 2:16-3:1)
4 히브리인들이 어린 양의 피를 문설주에 바르고, 이것을 '유월절'이라 일컬음(출 12:21-30)
5 하나님께서 구름기둥과 불기둥으로 이스라엘 백성을 인도하심(출 13:21,22)
6 홍해가 갈라짐(출 14장)
7 나무를 던지자 마라의 쓴물이 달게 되어 먹을 수 있게 됨(출 15:22-26)
8 하나님께서 만나와 메추라기를 공급하심(출 16장)
9 모세가 바위에서 물을 냄(출 17:1-7)
10 하나님께서 시내산에서 모세와 말씀하심(출 19,24장, 34:1-28)

는 그들의 부르짖음을 듣고 그들에게 관심을 기울이셨다(출 2:23). 이런 상황에서 모세가 등장하게 된 것이다.

2 노예 시대 하나님의 유머

하나님은 유머 감각이 있으신 분일까? 애굽 왕 바로가 히브리인들을 노예로 삼고 히브리 민족의 남아(男兒)들을 살해하기 시작했을 때, 하나님께서 바로를 다루신 방식을 생각해보면 그렇다고 할 수 있다.

모세의 어머니 요게벳은 아기 모세를 집에서 몰래 키우는 것이 더 이상 안전하지 않다는 것을 알게 되자 방수 처리된 파피루스 상자에 아기를 넣어 나일강에 떠내려 보냈다. 마침 바로의 딸이 목욕을 하러 그 근처를 '우연히' 지나가다가 아기가 우는 소리를 '우연히' 듣게 되었고, 그때 '우연히' 멀찍이 서 있던 모세의 누이 미리암이 바로의 딸에게 아기를 키울 만한 히브리 여인(모세의 어머니)을 유모로 천거하게 되었다. 그래서 바로의 딸이 모세를 양자(養子)로 받아들이게 되었다.

히브리 민족을 박해하던 그 전제군주가, 자신의 박해로부터 히브리 민족을 구출할 장본인을 무려 40년 동안이나 양육하며 그 모든 비용을 부담했던 것이다. '인간 주권자'가 '하늘의 주권자'의 계획을 훼방하려고 시도할 때마다 언제나 마지막에 웃는 쪽은 하늘의 주권자이시다.

바로의 궁정에서 40년을 보낸 모세는 본의 아니게 살인을 저지르게 되었고, 이 때문에 미디안 땅으로 피신하여 40년 동안 목동생활을 했다. 그리고 그 시기가 끝날 무렵, 모세는 떨기나무 불꽃 가운데서 하나님의 부르심을 받았다. 80세가 된 모세는 히브리 민족의 구원을 도모하기 위해 형 아론과 협력하여 일생일대의 과업을 수행하기 시작했다.

하나님께서 우리에게 일생의 과업을 맡기고자 하실 때, 우리가 적절하게 준비되는 것을 얼마나 중요하게 여기시는지 잠시 생각해보기 바란다. 모세의 경우, 40년 사역을 위해 80년을 준비시키셨으니까 준비 기간과 사역 시간의 비율이 2대1이었다. 1년의 사역을 위해 2년을 준비시키신 셈이다. 노아의 경우는 그 비율이 5대1이었다. 그리고 예수님의 경우에는 3년의 공생애 사역을 위해 30년을 준비하셨으니까 그 비율이 무려 10대1에 달한다. 하나님의 일정에 따라 제대로 훈련 받은 사람은 단시간 내에 더 많은 것들을 이루는 법이다.

3 노예 시대 결정적 사건

하나님께서는 히브리 노예들을 풀어주기 위해서 애굽 왕을 강요하지 않으셨다. 단지 바로가 모세의 요청을 거절하자 애굽 땅에 재앙을 보내기 시작하셨다. 그러나 재앙이 올 때마다 바로의 마음은 고분고분해지는 대신 더욱 강퍅해졌고, 그의 강퍅함은 하나님의 진노를 촉발하여 더 가혹한 재앙을 불러왔다. 그리고 마침내 바로는 자신의 장자(長子)를 포함하여 모든 애굽 백성의 맏아들과 가축들 가운데 처음 난 것이 죽는 재앙을 당한 후에야 이스라엘 백성이 떠나는 것을 허락했다(출 12:29-36). 당시 애굽 사람들은 히브리인들에게 기나긴 여정에 필요한 물품들을 갖추어 주는 것 이상의 친절을 베풀었다.

당신은 애굽에 내려진 10가지 재앙 중에 몇 가지나 기억하고 있는가? 상단의 그림 '10가지 재앙'을 보고 그 내용을 연상할 수 있겠는가? 재앙이 발생된 순서대로 번호를 매겼으니 참고하기 바란다.

하나님께서 이런 재앙을 내리신 이유가 무엇일까? 고고학자들은 나일강, 메뚜기, 가축 등이 애굽의 우상이었다고 말한다. 그렇다면 하나님께서 그것들을 이용하여 애굽을 치심으로써 자신이 그것들보다 우위에 계시다는 것을 차례로 입증하신 셈이다.

일례로 애굽 사람들은 태양을 숭배했다. 그런데 하나님께서 흑암 재앙을 내리자 짙은 어둠이 온 땅을 뒤덮어 태양 빛이 사라지게 되었다. 그리고 하나님께서는 그것이 단순한 자연현상이 아님을 보여주기 위해 히브리인들이 거주하는 곳에는 태양이 그대로 비치게 하셨다.

사람들이 개구리를 숭배하는 장면을 상상할 수 있는가? 그것이야말로 자동차나 의복을 숭배하는 것 이상으로 우스꽝스러운 꼴일 것이다. 그러나 애굽 사람들은 참되신 하나님보다 개구리를 더 중요하게 여겼다. 그러므로 하나님께서는 애굽 땅에 엄청난 수의 개구리를 보내 사람들의 침대와 솥과 아낙네들의 떡 반죽 그릇에 들끓게 하셨다. 사람들 발에 밟혀 흉물스럽게 뭉개진 개구리들과 엄청나게 쌓여 썩어가는 개구리들의 시체 더미(출 8:13,14)는 창조주 대신에 피조물을 숭배하는 것이 얼마나 어리석은 짓인지 여실히 보여주었다.

사람과 동물을 막론하고 애굽 땅의 처음 태어난 것들이 죽임을 당한 마지막 재앙은 애굽의 가장 큰 우상, 바로를 겨냥한 것이었다. 이 마지막 재앙을 당한 뒤에 바로는 하나님의 능력을 제대로 깨닫게 되었다.

모세는 이전의 재앙이 임했을 때와 마찬가지로 마지막 재앙이 임할 때에도 히브리 민족에게 재앙을 모면하는 방법을 전달했다. 죽음의 사자(使者)가 '넘어가도록'(pass over) 각 집마다 어린 양을 잡아 그 피를 문설주에 바르라는 것이었다(출 12장). 히브리 민족이 연례적으로 지키는 '유월절'(Passover)이 바로 여기에서 유래된 것이다.

4 노예 시대 두 번 태어나 한 번 죽는다

출애굽기는 히브리 민족의 두 가지 구원에 대해 묘사한다. 하나는 애굽으로부터 육체적으로 구원받은 것이고, 다른 하나는 애굽에서(그리고 나중에 시내산에서) 영적으로 구원받은 것이다. 출애굽기는 하나님과 구약 백성의 영적 관계를 강조한다. 하나님께서 그 백성을 죄와 죽음의 속박으로부터 영적으로 건지신 것이 육적으로 건짐받은 것보다 한층 더 중요하기 때문이다. 유월절과 무교절(출 12장)은 이스라엘 백성이 구원받을 자격이 없음에도 불구하고 하나님께서 자비를 베풀어 그들에게 구원의 선물을 주셨음을 지속적으로 상기시키기 위해 제정되었다.

그리고 하나님께서는 자신의 백성을 시내산으로 인도하신 뒤, 하나님과의 새로운 관계에 따라 어떤 방식으로 삶을 살아야 하는지에 대한 상세한 지침을 주셨다(출 19장-민 10장). 이스라엘 백성은 하나님의 소유, 제사장 나라, 거룩한 백성이 되어야 했다(출 19:5,6). 하나의 민족으로서 그들의 육적 출생이 영적 출생을 위한 서곡(序曲)이 되어야 했던 것이다.

예수님이 유대교의 고위 지도자였던 니고데모에게 "내가 네게 거듭나야 하겠다 하는 말을 기이히 여기지 말라"(요 3:7)라고 말씀하신 것이 바로 이와 같은 것이었다. 예수님은 두 종류의 다른 출생, 즉 자연적으로 발생하는 육적 출생과 초자연적으로 발생하는 영적 출생을 염두에 두고 계셨다.

당신은 자신이 육적으로 활발하게 움직이듯 영적으로도 살아 움직이고 있다고 확신하는가? 당신은 부모 덕택에 육적으로 출생한 것처럼 당신의 구세주 예수 그리스도께서 준비하신 은혜의 선물을 힘입어[예수 그리스도를 당신의 주(主)와 구주(救主)로 영접함으로써] 다시 태어날 수 있다. 이와 같이 다시 한 번 태어나지 않으면(거듭나지 않거나 혹 위로부터 태어나지 않으면), 그 누구도 하나님나라를 볼 수 없다(요 3:1-16).

이스라엘 백성이 애굽에 있을 때 자기 집 문설주에 바른 희생의 피에 의해 죽음으로부터 구원받았던 것처럼, 우리는 죄로 가득한 우리의 삶에 그리스도의 피를 바름으로써만 구원받을 수 있다. 그리스도의 십자가 공로 덕택에 우리는 이 땅을 떠나는 즉시 천국에 들어갈 수 있다.

5 노예 시대 홍해는 얼마만큼 갈라졌나?

애굽을 빠져나온 이스라엘 백성의 숫자를 정확히 말하기는 어렵다. 우리는 이번 장 처음 부분에서, 일반적인 인구 성장률에 근거했을 때 애굽에 들어갔던 70명의 히브리 사람들(창 46:27)이 400년 동안 450만 명 정도로 증가되었을 것이라 어림잡아 보았다. 그러나 나는 좀 더 조심스럽게 그 수를 350만 명 정도로 추산하고자 한다. 애굽을 빠져나온 성인(成人) 남자의 숫자는 60만이 조금 넘었다(민 2:32). 그들 대부분이 결혼했을 것이므로 배우자의 수를 합하면 성인의 인구가 두 배로 늘어나 120만 명이 된다. 그리고 60만 쌍의 부부가 각 가정에 평균적으로 네 자녀를 두었다고 추정하면 자녀들의 숫자가 240만이 된다. 이렇게 하면, 성인 남녀의 숫자 120만에 자녀들의 숫자 240만을 합하여 360만이라는 전체 인구수가 나온다. 어떤 성경학자들은 노인들은 이 숫자에 포함되지 않았기 때문에 그들을 모두 고려하면 애굽을 빠져나온 이스라엘 백성의 숫자가 6백에서 7백만에 육박할 것이라 추정하기도 한다.

애굽을 빠져나온 이스라엘 백성은 홍해를 건너 시내산[이 책 1장에서 낚싯배 이야기를 바탕으로 그려본 지도에서 두 손가락 모양의 홍해 사이에 있는 시나이(시내) 반도에 위치]에 당도했다. 그렇다면 홍해는 얼마나 넓은 폭으로 갈라진 것일까? 350만 명이 2열 종대로 행진할 때, 홍해를 건너는 데 꼬박 35일이 소요된다. 그러나 성경은 이스라엘 백성이 하룻밤 만에 홍해를 건넜다고 기록하고 있다(출 14:21,27). 그것도 가축과 짐을 잔뜩 갖고서 말이다.

그들이 애굽의 온갖 보화를 다 지고 나왔고(출 12:35,36) 또 조직된 행렬이 아니라 무질서한 군중이었기 때문에 대략 5천 명씩 종대로 홍해를 건넜을 것이라 추정된다. 그렇게 생각한다고 해도 그 많은 사람들이 하룻밤 안에 홍해를 건너려면, 홍해는 최소한 9킬로미터의 폭으로 갈라져야 했다. 물론 이 숫자들은 내가 대략 추산해본 것이다. 그러나 하나님께서 백성들을 인도하여 홍해를 건너게 하신 이 강력한 이적의 역사에 대해 성경이 종종 언급하는 것은 결코 놀랄 일이 아니다. 이런 이적 때문에 가나안에 거주하던 이방 민족들은 이스라엘의 전능하신 하나님을 두려워하기 시작했다.

이 노예 시대에 주도적 역할을 했던 두 사람의 이름과 주요 사건의 명칭과 마지막 행선지의 지명을 암기하려면, 애굽을 빠져나와 여행길에 오르는 이스라엘 백성들에게 '지도'(MAPS)가 필요했다는 것을 기억하면 된다. 'M'은 모세(**M**oses)의 영어 이름 첫 자이며, 'A'는 아론(**A**aron)의 영어 이름 첫 자이며, 'P'는 유월절(**P**assover)의 첫 자이며[이와 더불어 10가지 재앙(Plagues)도 기억할 수 있다], 'S'는 시내산(Mt. **S**inai)의 첫 자이다[더불어 바다(Sea)를 건넌 사건도 기억할 수 있다].

6 노예 시대 선택의 갈림길

어떤 사람들은 신앙의 기반을 이적에 두고 신앙생활을 한다. 사실 물리적인 이적이란 매우 드물게 일어나고 또 잠깐 지속되는 것이다. 그러나 애굽을 빠져나온 이스라엘 백성들은 매일 놀라운 이적을 체험했다. 하나님께서 낮에는 구름기둥, 밤에는 불기둥으로 인도하셨고(출 13:21,22), 홍해를 갈라 건너게 하셨으며(14:21,22), 아침에는 만나와 저녁에는 메추라기를 공급하셨고(16:13,35), 도저히 물이 나올 것 같지 않은 장소에서 매우 놀라운 방식으로 물을 내어 먹이셨기 때문이다(15:22-27, 17:6).

그렇다면 이스라엘 백성들이 이런 이적을 체험하고서 어떤 반응을 보였을까? 아마 당신은 그들이 하나님의 보호하심과 돌보심에 감격했으리라 예상할 것이다. 그러나 그들은 감격하여 감사하기는커녕 거의 만성적으로 투덜거렸고 한마음으로 찬양하는 대신 서로 흩어져 딱한 짓을 되풀이했다. 그들에게는 하나님의 권능의 이적이 이내 당연하고도 시시한 것이 되고 말았다. 그들은 하나님께 지극한 사랑과 보살핌을 받았음에도 하나님의 약속의 땅에서 누릴 수 있는 자유보다 애굽의 속박을 더 그리워하며 애굽으로 다시 돌아가게 해달라고 원성을 높였다(출 14:11,12, 16:2,3, 17:3). 하나님이 공급해주시는 것보다 육체의 욕망을 더 갈망하는 사람(민 11:5,6)은 하나님의 백성이 맛보는 기쁨을 알지 못할 것이다. 그러나 그런 히브리 민족을 성급하게 비판하기 전에 우리 자신의 모습을 되돌아볼 필요가 있다.

젊은 시절, 나는 광야의 이스라엘 백성을 한심스러운 눈으로 바라보곤 했다. 그러나 나이를 먹으면서 나는 그들의 행위와 나의 태도가 다르지 않다는 것을 절감했다. 하나님께서 나를 위해 놀라운 이적을 베푸시더라도 그 다음 날이면 나는 다시 불평하기 시작한다.

광야는 이스라엘 백성의 믿음을 발전시키기 위해 하나님께서 선택하신 훈련의 장소였다. 이스라엘 백성이 해야 할 일은 단지 하나님을 믿고 순종하는 것뿐이었다. 그것이야말로 그들이 할 수 있는 유일한 일이었다. 그들 힘으로 할 수 없는 다른 일들은 하나님께서 대신 처리해주셨기 때문이다.

이 논지의 요점이 무엇인가? 하나님께서 베푸시는 물질적인 은혜가, 하나님께서 우리에게 영적으로 필요한 모든 것을 공급해주신다는 사실을 깨우쳐주기 위한 실물 교육 수단이라는 것이다. 우리는 물질적 필요를 채워주시는 하나님의 능력을 통해 하나님께서 우리의 영적 필요도 능히 채워주시는 분이라는 사실을 깨달아야 한다.

하나님께서는 이스라엘 백성들의 모든 물질적 필요를 충족시키셨다. 그들은 그저 하나님을 믿고 순종하기만 하면 되었다. 그러나 그들은 그것이 싫어서 애굽으로 돌아가 다시 종노릇하기를 원했다.

우리도 동일한 선택의 갈림길에 놓여 있다. 믿을 것인가 말 것인가? 순종할 것인가 말 것인가? 하나님께서는 우리를 죄의 속박에서 건져내 오직 자신만이 주실 수 있는 참된 자유를 주시기를 원하신다. 믿고 순종할 것인가, 아니면 돌아가 다시 노예의 삶을 살 것인가? 선택은 당신의 몫이다!

06
CHAPTER

하나님은 인생의 행복을 위해 구체적으로 명령하신다

계명 시대 : 출 / 레

Schooled for Success

1 계명 시대 계명 시대(출 20장-레 27장)

재미있는 질문 1 십계명의 10가지 명령을 한 번의 행위로 다 깨뜨려버린 인물이 누구인가?

정답 : 모세, 그가 이스라엘 백성이 금송아지를 만들어 숭배한 것에 격분하여 십계명이 기록된 돌판을 산 아래로 던져 깨뜨려버린 사건을 기억하는가?(출 32:19)

재미있는 질문 2 하나님께서는 시내산에서 이스라엘 백성에게 몇 가지 명령을 하셨는가?

1) 10가지	2) 20가지
3) 613가지	4) 모두 정답임

정답은 4번이다. 아마 많은 사람들이 1번이 정답이라고 생각했을 것이다. 하나님께서 직접 돌

판에 십계명을 기록하여 모세에게 주셨기 때문이다(출 31:18). 2번도 정답으로 인정할 수 있다. 모세가 첫 번째 돌판을 깨뜨린 이후에 하나님께서 그에게 다시 반복하여 말씀해주셨기 때문이다. 처음에는 하나님께서 손수 돌판에 십계명을 새겨 주셨고(32:16), 그 다음 번에는 모세에게 기

록하라고 지시하셨다(34:27). 그러나 하나님께서는 큰 10가지 명령, 즉 십계명을 주신 후에도 계속해서 추가적인 명령을 반포하셨다. 출애굽기와 레위기에는 이렇게 시내산에서 반포된 613개 조항의 명령이 기록되어 있다. 그러므로 3번 또한 정답이라고 할 수 있다.

2 계명 시대 십계명을 얼마나 알고 있는가?

당신은 십계명을 순서대로 말할 수 있는가? 다음 페이지에 제시한 '그림으로 보는 십계명'을 참조하며 그 내용을 짐작해보기 바란다.

십계명의 내용은 다음과 같다(출 20:1-17).

제1계명 너는 나 외에는 다른 신들을 네게 있게 말지니라.

제2계명 너를 위하여 새긴 우상을 만들지 말고, 또 위로 하늘에 있는 것이나, 아래로 땅에 있는 것이나, 땅 아래 물 속에 있는 것의 아무 형상이든지 만들지 말며, 그것들에게 절하지 말며, 그것들을 섬기지 말라.

제3계명 너는 너의 하나님 여호와의 이름을 망령되이 일컫지 말라.

제4계명 안식일을 기억하여 거룩히 지키라.

제5계명 네 부모를 공경하라.

제6계명 살인하지 말지니라.

제7계명 간음하지 말지니라.

제8계명 도적질하지 말지니라.

제9계명 네 이웃에 대하여 거짓 증거하지 말지니라.

제10계명 네 이웃의 집을 탐내지 말지니라.

하나님께서 우리 인생을 위해 주신 이 10가지 지침에 대해 잠시 생각해보자. 이 10가지 계명은 하나님께서 이 땅에 태어난 모든 인간에게 주신 핵심 지침이다. 10가지 계명 가운데 긍정적으로 진술된 명령(~하라) 2가지는 무엇인가? 출애굽기 20장에서 하나님께서 한 번 더 언급하신 계명은 무엇인가?(23절) 우리와 하나님과의 관계를 규정하는 명령은 어떤 것들인가? 우리와 이웃과의 관계를 규정하는 명령은 또 어떤 것들인가?

십계명의 10가지 명령 가운데 9가지가 신약성경에서 다시 진술되고 있다는 것은 매우 흥미로운 사실이다. 신약성경에서 누락된 명령 하나는 바로 안식일을 기억하여 거룩히 지키라는 것이다. 이 명령이 신약에서 누락된 것은, 초대교회가 예수님의 부활을 기억하고 예배하기 위해 일주일의 첫날(주일)을 따로 성별(聖別)하여 지켰기 때문이다.

3 계명 시대 율법의 핵심

하나님께서 시내산에서 몇 가지 계명을 주셨느냐는 앞의 질문에 대한 정답으로 인정할 만한 또 다른 숫자는 바로 '2'이다. 예수님이 한 율법사로부터 율법 가운데 어느 계명이 가장 중요하

그림으로 보는 십계명

하나님과의 관계　　　　인간과의 관계

냐는 질문을 받으셨을 때, 다음과 같이 말씀하셨기 때문이다.

"네 마음을 다하고 목숨을 다하고 뜻을 다하여 주 너의 하나님을 사랑하라 하셨으니 이것이 크고 첫째 되는 계명이요 둘째는 그와 같으니 네 이웃을 네 몸과 같이 사랑하라 하셨으니 이 두 계명이 온 율법과 선지자의 강령이니라"(마 22:37-40).

예수님은 구약의 모든 명령이 이 2가지 계명에 포함된다고 말씀하셨다. 하나님께서 주신 모든 명령은 하나님을 사랑하고 또 이웃을 사랑하라는 2가지 명령에 대한 구체적인 부연이라 할 수 있다.

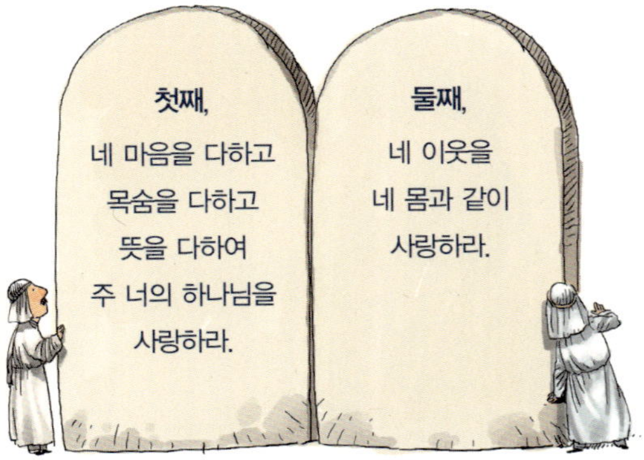

하나님의 지침을 삶의 모든 영역(영적, 사회적, 정서적, 신체적)에 어떻게 적용할 것인가에 대한 집중 코스로서 출애굽기 20장에서 23장을 읽어보기 바란다. 세속적인 것이든 신성한 것이든 관계없이 우리 인생의 모든 영역 가운데 하나님의 영향력이 들어오지 못하게 봉인된 곳은 하나도 없다. 하나님께서 구약 백성과 맺으신 관계는 그들의 삶 전체에 영향을 끼쳤다.

또한 이 부분을 읽다보면 다음과 같은 흥미로운 정보도 접하게 된다.

- ✓ 아무 도구도 없이 제단을 짓는 법(출 20:24,25)
- ✓ 귀를 뚫는 법(출 21:2-6)
- ✓ '이에는 이' 원칙을 적용하는 법(출 21:22-27)
- ✓ 고령까지 장수하는 비결(출 23:25,26)
- ✓ 오늘날 이 율법을 문자 그대로 입법화할 경우, 수많은 젊은이들이 죽임을 당할 수밖에 없음(출 21:15,17)
- ✓ 다수의 편에 서는 것이 언제나 현명한 것이 아닌 까닭(출 23:1-3)
- ✓ 어떤 물건을 낮 동안에만 저당물로 잡고 있어야 하는 이유(출 22:26,27)
- ✓ 히브리 농부들이 7년마다 1년씩 휴가를 떠나는 이유(출 23:10,11)

4 계명 시대 시내산 학교

아마 당신은 신약 시대의 신자들이 더 이상 율법 아래 살지 않았으므로 신약성경에 들어 있는 명령이 구약성경에 들어 있는 것보다 훨씬 더 적을 것이라 생각할지도 모른다. 그러나 신약성경에는 1,051개 조항의 명령이 포함되어 있으며, 그 대부분이 로마서에서 유다서까지 분포되어 있다. 이 명령들 가운데는 과거에 해당되는 것도 있고 미래에 해당되는 것도 있으며 특별한 사람들에게만 해당되는 것도 있다. 하지만 거의 대부

그림으로 보는 계명 시대

설명을 참조하기 전에 번호와 그림을 따라가며 사건의 내용을 떠올려보라. 일련번호는 성경에 나타난 사건 순서를 따랐다.

❶ 여호와의 유월절이 제정됨(출 12장)
❷ 희생 제사의 제물로 어린 양을 취함(출 12:3)
❸ 등대와 기구들의 제작을 지시하심(출 25:31-40, 37:17-24)
❹ 제사장 직분을 위임하는 절차를 가르치심(출 29:1-37)
❺ 하나님이 금송아지를 만들어 숭배한 백성들에게 진노하심(출 32장)
❻ 조각목으로 분향단을 만들도록 지시하심(출 30:1-10, 37:25-29)

분은 오늘날 우리를 위한 것이다. 그러므로 이제부터 성경을 읽을 때, 당신에게 해당되는 명령을 발견하거든 그 구절 옆에 느낌표 표시를 해두기 바란다. 하나님의 원칙은, 우리가 그것을 따를 때 언제나 특별한 효험을 나타내는 법이기 때문이다.

십계명(출 20장)은 하나님께서 '성공적인 삶을 위한 시내산 학교'에서 가르치신 48장(출 20장-레 27장)으로 이루어진 또 다른 지침의 서론 역할을 한다. '그림으로 보는 계명 시대'를 살펴보면서 하나님께서 2년의 교육과정 동안 이스라엘 백성들에게 가르치신 다른 원칙들도 연구해보기 바란다.

출애굽기 20장에서 레위기 27장까지에는 다음과 같은 매우 별난 사건들이 기록되어 있다.

- ✓ 염소와 수양과 해달의 특별한 공헌(출 26:7,14)
- ✓ 판결을 내리는 데 사용된 12개의 보석이 박힌 흉패(출 28:15-21,35)
- ✓ 전염병을 예방하기 위한 속전(贖錢)(출 30:11-16)
- ✓ 향(香) 제작법(출 30:34-38)
- ✓ 인간들이 만든 송아지(출 32:1-4)
- ✓ 수건으로 얼굴을 가린 남자(출 34:29-35)
- ✓ 먹어도 되는 것과 먹어서는 안 되는 것(레 11장)
- ✓ 집을 정결하게 하는 데 사용된 피(레 14:48-53)
- ✓ 최초의 속죄 염소(레 16:20-22)

5 계명 시대 이동식 예배당

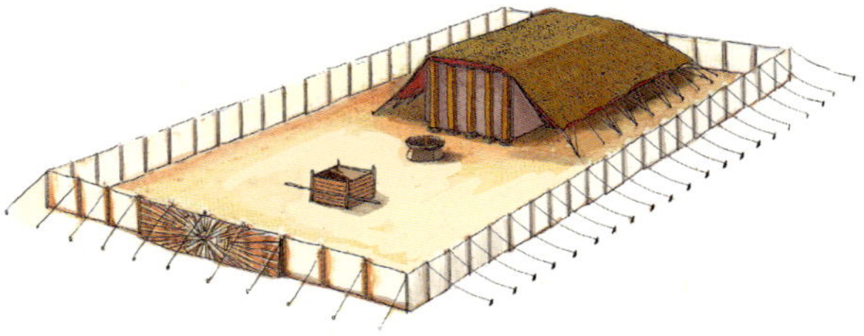

하나님께서는 시내산 학교에서 '성막'이라 불리는 이동식 예배당을 건축하는 법을 가르치셨다. 성막에 관한 내용이 성경 기록의 약 5퍼센트 분량을 차지하는 것으로 보아 이것이 얼마나 중요한 주제인지 알 수 있을 것이다.

성막의 출입구는 하나이며, 그 입구 가까이에 동물 제사를 위한 제단이 놓여 있다. 하나님께서는 제단을 성막 입구에 설치하심으로써 "피 흘림이 없이는 죄 사함도 없다"라는 원칙을 백성들에게 지속적으로 상기시키셨다. 성막의 전체적인 구도를 위에서 내려다보면 모든 기물들이 십자가 형태로 배치되어 있음을 알 수 있다. 다음에 나오는 성막 그림을 보면서 이것이 내가 말한 방식 말고 또 다른 어떤 방식으로 예수님이나 구원을 상징하고 있는지 곰곰이 생각해보기 바란다.

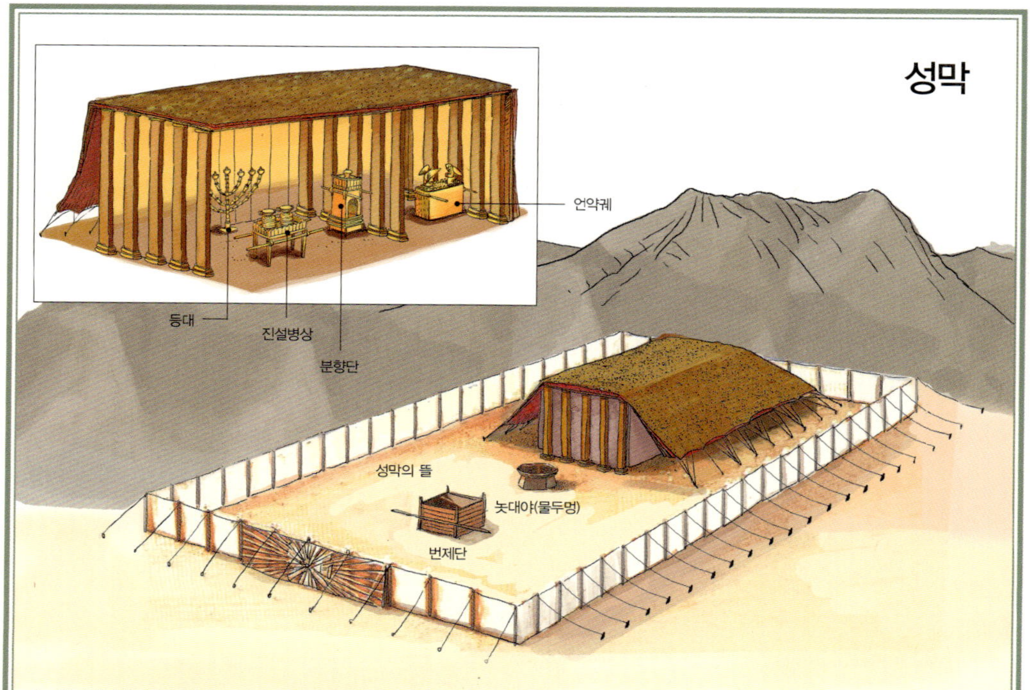

이스라엘 백성이 약속의 땅으로 나아갈 때 성막 안에 임한 하나님의 임재는 그들의 삶의 중심이 되어야 했다. 이스라엘 백성은 제물의 피를 통한 속죄로 하나님 가까이 나아가 그분과 교제하며 살아야 했다. 즉, 그들은 대속의 은혜로 하나님과의 교제가 회복되었다.

6 계명 시대 레위기 레위인과 희생제사
Leviticus – Levites and sacrifices

하나님께서는 이스라엘의 열두 지파 가운데 레위 지파를 택하여 제사장 역할을 하게 하셨다. '레위기' (Leviticus)라는 단어는 문자적으로 "레위 지파와 관련된 것"이라는 의미를 갖는다. 따라서 레위기의 기자가 레위 지파와 그들의 역할에 초점을 맞춰 서술하고 있는 것은 하나도 이상할 것이 없다. 그렇다면 우리가 레위기를 읽을 때, 오늘날 하나님의 백성이 된 우리 또한 다른 사람들을 구원의 길로 인도하는 제사장이 되어야 한다는 점을 기억해야 할 것이다(벧전 2:5,9 ; 계 1:5,6).

레위기는 이스라엘 백성을 죄와 그 영향력에서 벗어나게 하기 위한 5가지 주요 제사(번제, 소제, 화목제, 속죄제, 속건제)에 관한 규례로 시작되어 하나님께서 이스라엘을 구속(救贖)하신 것을 기념하기 위해 매년마다 드려진 7가지 주요 절기(유월절, 무교절, 초실절, 오순절, 나팔절, 초막절, 속죄일)에 관한 규례로 끝난다. 그리고 그 사이에 삶의 모든 영역에서의 성결(聖潔)을 위한 정결법에 대한 내용이 샌드위치처럼 들어가 있다.

히브리인들의 1년 365일 중에 영적으로 가장 중요한 날은 속죄일이었다(레 16장). 하나님께서

레위 지파 사람들을 특별히 구별하여 제사장으로 세우신 까닭은, 백성 가운데서 자신의 거룩하심을 나타내게 하기 위함이었다. 하나님의 이런 취지는 그들이 집행한 희생제사와 절기에서 명백히 드러난다.

우리 또한 하나님의 거룩하심을 나타내는 사람이 되어야 한다(벧전 1:16). '거룩', '성도', '성화'라는 신약의 단어들은 헬라어 원어의 공통 어근에서 파생한 것들로서 그 기본적인 개념은 "어떤 특별한 목적을 위해 따로 구별해 놓다"이다. 예수님을 믿는 신자들인 우리는 하나님의 이름을 영화롭게 하고, 우리를 향한 하나님의 뜻을 이루기 위해 세상에서 '따로 구별된(성별된)' 사람들이다.

하나님은 창조 이후 지금까지 조금도 변하지 않으셨으며, 인간을 향한 하나님의 계획도 그러하다. 자신의 백성들을 향한 하나님의 계획은 언제나, 거짓 우상을 섬기지 말고, 하나님의 이름을 함부로 들먹이지 말고, 부모를 공경하고, 살인과 간음과 도둑질과 탐욕을 피하라는 것이었다. 과거와 현재와 미래를 막론하고 자신의 공로로 하나님의 인정을 받을 수 있는 사람은 아무도 없다. 구원은 오로지 하나님의 은혜에 근거한 것이며, 인간이 믿음으로 받아들여야 하는 것이기 때문이다.

하나님께서는 인간이 단 한 사람이라도 멸망하지 않고 모두 구원에 이르기를 바라신다. 성경은 처음부터 끝까지 인간들을 위해 선한 계획을 진행하시는 하나님의 일관된 모습을 그린다.

07
CHAPTER

무엇보다 먼저 하나님을 사랑하는 최종 시험에 임하라

야영 시대와 언약 시대 : 민 / 신

Final Exam

1 야영 시대와 언약 시대 (민수기와 신명기)

야영 · 언약 시대

하나님이 정말 전능하신 분이라면 인간이 하나님께 순종하도록 만들지 않으신 까닭이 무엇일까? 하나님은 우리가 자동적으로 하나님을 사랑하고 섬기도록 통제하실 수 있는 분이 아닌가? 아마 많은 사람들이 이 같은 질문을 던져보았을 것이다.

물론 하나님은 우리가 옳은 일만 하도록 우리를 조정하실 수 있다. 하지만 누가 자동화된 프로그램을 따라 움직이는 로봇에게 사랑받기를 원하겠는가? 선택이 배제된 사랑은 아무 의미가 없다.

내가 매일 저녁 퇴근하여 내 아내 카렌을 놓아두었던 곳으로 가서 그녀의 등에 있는 구멍에 열쇠를 꽂고 태엽을 감아 "여보, 사랑해요! 여보, 사랑해요! 여보, 사랑해요!"라는 기계 녹음 소리를 들어야 한다면 이보다 더 슬픈 일이 어디 있겠는가? 그러나 나는 매일 저녁 퇴근하여 기계가 아닌 사람에게로 간다. 그녀는 나를 사랑하지 않아도 될 선택권을 갖고 있다. 그녀는 나의 결점과 흠을 너무도 잘 알고 있다. 그러나 그녀는 나름의 이유로 나를 사랑하기로 선택한다.

2 하나님을 사랑하라!

언약 시대

'아는 것'이 사랑의 열쇠다. 잘 알지 못하는 사람을 사랑하는 것은 불가능하다. 미팅에 나간 청년이 알게 된 지 한 시간도 채 안 된 아가씨에게 사랑을 고백할 때, 그것이 참된 사랑일까? 단순한 호르몬 분비 작용이 아닐까? 참된 사랑은 '앎'에 근거한 선택이다. 이것은 창조주 하나님께서 우리에게 나눠주신 사랑과 같다.

구약성경 처음에 나오는 몇 권의 책이 담당하는 역할이 바로 그것이다. 이 책들은 하나님이 어떤 분이신지 깨닫게 도와, 우리가 하나님을 알고 사랑하고 섬기겠다는 선택을 할 수 있도록 이끈다.

하나님께서 인간에게 사랑한다고 말씀하신 기록이 성경의 어느 책에 처음 나오는지 아는가? 당신은 성경의 다섯 번째 책인 신명기에 도달하기 전까지는 그런 사례를 발견하지 못할 것이다. 그렇다면 이것이, 하나님께서 아담이나 노아나 아브라함이나 모세를 사랑하지 않으셨다는 뜻인가? 결코 그렇지 않다. 우리는 하나님의 행위를 통해 하나님께서 그들을 사랑하셨다는 사실을 분명히 알 수 있다.

하나님께서 인간에게 하나님을 사랑하라고 명령하신 기록이 성경의 어느 책에 처음 나오는지 아는가? 이번에도 정답은 신명기다.

"너는 마음을 다하고 성품을 다하고 힘을 다하여 네 하나님 여호와를 사랑하라"(신 6:5).

하나님께서는 창세기에서 민수기까지 네 권의 책을 통해 자신이 어떤 분인지 깨달을 수 있는 기회를 인간에게 주신 다음, 신명기에 이르러 그들이 하나님을 사랑하기로 선택하기를 기대하신다.

3 야영 시대 가르치고 시험하기

하나님께서 자신의 백성들을 대할 때 자주 사용하신 유형이 한 가지 있다. 그것은 하나님께서 백성들을 가르치신 뒤에 그들에게 선택권을 주심으로써 과연 그들이 제대로 배웠는지 시험하는 것이다. 하나님은 그들이 자신을 참으로 대하는지 거짓으로 대하는지 확인하기 위해 '○× 퀴즈'를 출제하신다. 이스라엘 백성이 치른 그런 시험 가운데 하나가 민수기 13장과 14장에 기록되어 있다.

하나님께서는 거의 2년 동안 시내산에서 백성들을 가르치신 뒤에 그들이 질서 있게 약속의 땅으로 들어가도록 인구조사를 실시하고 대열을 정비하셨다. 민수기의 주제를 네 어절로 요약한다면 "히브리 민족의 수를 헤아림"이라고 할 수 있다. 민수기 앞부분이 인구조사에 관한 내용으로 시작하고 뒷부분이 광야생활 중에 실시한 인구조사에 관한 내용으로 끝나기 때문이다. 야영 시대는 이스라엘 백성이 시내산에서 요단강까지 이동하면서 겪은 이야기를 기술한다.

야영 시대 동안 이스라엘 백성은 보름이면 끝날 여행길을 40년이라는 길고 고된 여정으로 바꿔버렸다. 도대체 무슨 일이 일어났던 것일까? 하나님을 향한 불신앙 때문에 그들이 시내산 학교에서 배운 것을 확인하는 최종 시험에서 낙제하고 말았던 것이다. 그들은 눈에 보이는 명백한 증거에도 불구하고 하나님께서 자신들에게 약속의 땅을 주실 것이라 믿지 않았다. 그들은 하나님께서 약속의 땅을 은쟁반 위에 올려서 건네주실 것이라 착각했다. 그래서 그들은 결국 40년 동안 광야를 방황해야 했고, 이 시기 동안 하나님을 믿지 않은 불신앙의 세대는 모조리 죽고 말았다.

출애굽 세대의 운명을 결정짓는 중대한 사건이 약속의 땅 남쪽 끝에 위치한 '가데스 바네아'라는 오아시스 지역에서 발생했다. 거기서 이스라엘 백성들은 가나안 땅을 미리 살펴보고 귀환한 12명의 정탐꾼들의 보고(報告)를 들었다. 정탐꾼들의 보고는 두 가지 견해로 갈렸다. 첫 번째 보고는 매우 절망적이었다. 그 땅에 호전적인 전사(戰士)들이 많고 더욱이 거인들이 살고 있기 때문에 자신들은 결코 그 땅을 차지할 수 없을 것이라는 의견이었다(민 13:26-33).

출애굽 1세대는 선택을 해야 했다. 가나안을 하나님이 주신 선물로 받고 들어가 그 땅의 소유권을 믿음으로 주장할 것인가, 아니면 두려움으로 포기할 것인가? 그들은 포기하는 쪽을 택했다. 이렇게 하나님을 믿기를 거부했기 때문에 이스라엘의 구세대와 신세대 모두가 40년 동안 광야를 방황해야 했다(민 14:20-23). 출애굽 1세대들은 가데스 바네아에서의 선택에 대한 책임을 져야 했다. 그래서 그들은 40년 동안 하루 평균 82회의 장례를 치렀다. 하나님께서는 출애굽 1세대와 2세대 모두에게 "죄의 삯은 사망"(롬 6:23)이라는 것을 분명히 가르치셨다. '그림으로 보는 약영 시대'를 보면서 이 시대에 일어난 사건들을 확인해보기 바란다.

그런데 왜 이스라엘 백성이 40년 동안 광야에서 방황한 것일까? 하나님께서 정탐꾼들이 가나안을 탐지하며 보낸 날수 40일을 하루당 1년으로 쳐서 40년이라는 기간을 정하신 것이다(민 14:32-35). 하나님께서는 이스라엘 백성들이 애굽에서 구출해주신 하나님을 불신(不信)한 것에 대해 뼈저리게 반성하도록 그들에게 충분한 시간을 주셨다.

그림으로 보는 야영 시대

설명을 참조하기 전에 번호와 그림을 따라가며 사건의 내용을 떠올려보라. 일련번호는 성경에 나타난 사건 순서를 따랐다.

1 이스라엘 백성이 행군을 위해 대열을 정비함(민 2장)
2 하나님의 불이 하나님을 원망하는 자들을 불사름(민 11:1-3)
3 미리암이 문둥병에 걸림(민 12장)
4 12명의 정탐꾼들이 약속의 땅을 탐지함(민 13장)
5 대부분의 이스라엘 백성이 하나님 믿기를 거부함(민 14:1-10)
6 이스라엘 백성이 40년 동안 광야에서 방황하게 됨(민 14:26-35)
7 모세가 화가 나서 바위를 내려침(민 20:2-13)
8 모세가 뱀에 물린 자들을 살리기 위해
놋뱀을 장대에 달아 들어 올림(민 21:4-9)
9 이스라엘 백성이 두 이방 왕, 시혼과 옥을 무찌름(민 21:21-35)
10 발람이 당나귀와 이야기를 함(민 22:21-30)
11 모세가 모압 평지에서 백성들을 가르침(민 35:1-34)

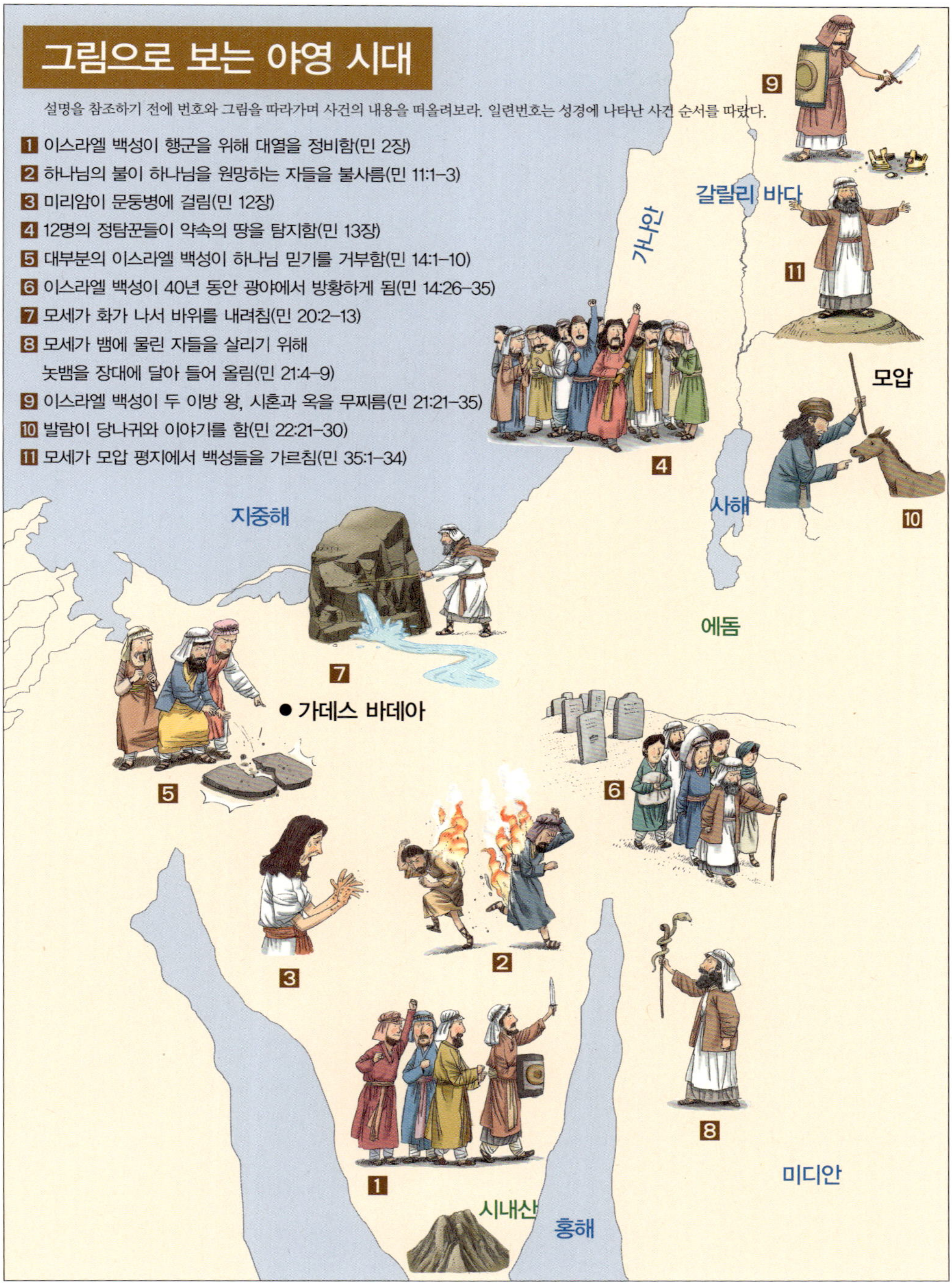

4 야영 시대 옳은 판단을 한 두 정탐꾼

정탐꾼들의 보고가 일치했던 것은 아니다. 12명의 정탐꾼들 중에 여호수아와 갈렙 두 사람만이 하나님께서 가나안 땅을 자기들에게 주실 것이라 믿었기 때문이다. 이 두 정탐꾼 여호수아(Joshua)와 갈렙(Caleb)의 영어 이름 첫 글자가 우리 믿음의 주(主)이신 예수 그리스도(Jesus Christ)의 영어 이름 첫 글자와 일치한다는 점이 매우 흥미롭다. 여호수아와 갈렙은 믿음 있는 사람들이었지만, 이스라엘 백성은 그들의 보고에 귀를 기울이지도 그들이 보인 믿음의 본을 따르려고도 하지 않았다.

모든 시대 모든 하나님의 백성들을 향한 하나님의 뜻은 하나님을 믿는 믿음이 성숙해져야 한다는 것이다. 구약에서 하나님과 인간 사이의 획기적인 전환점은, 아브라함이 하나님을 믿고 하나님께서 이것을 그의 의(義)로 여기셨을 때 발생했다(창 15:6). 신약에서는 베드로가 "주(主)는 그리스도시요 살아 계신 하나님의 아들이시니이다"(마 16:16)라고 믿음으로 고백했을 때, 이와 유사한 믿음의 절정에 도달했다. 예수님은 베드로의 이런 믿음의 고백을 크게 칭찬하셨다. 우리가 하나님 앞에 올바로 서는 것은 하나님의 선물이다. 그것은 우리를 위한 예수 그리스도의 십자가 희생을 믿는 믿음을 통해서만 가능하다.

민수기가 가르치는 대원칙은, 하나님께서 우리에게 무엇을 가르치신 뒤에 반드시 시험하신다는 것이다. 그리고 우리가 시험에 낙방하면 하늘에 계신 사랑의 아버지께서 불신앙의 자녀들을 단련시키기 위해 하나님의 훈련소로 데려가신다. 여기서 요점은 '형벌'이 아니라 '훈련'이다. 믿음은 선택에 의해 성숙해진다. 우리는 머리와 감정으로 하나님의 가르침을 받아들인다. 그러나 하나님께서는 과연 우리의 '의지'도 하나님께 순종할 준비가 되어 있는지 시험하신다.

하나님께서는 우리가 믿음으로 그리스도를 구세주로 받아들인 것처럼 믿음으로 그리스도 안에서 새로운 삶의 길을 걷기를 바라신다(골 2:6). 하나님께서는 우리가 '하나님의 가족 학교'에 입학하기로 선택할 때 우리를 교육하는 일에 전념하신다. 우리 모두가 믿음의 학위를 따고 (이생에서 못한다면 내세에서는 반드시) 졸업할 수 있을 것이라 믿는다. 하나님께서 우리를 징계하시는 것은, 미워하고 싫어하기 때문이 아니라 사랑하기 때문이다(히 12:1-13).

당신이라면 가데스 바네아에서 어떤 결정을 내렸을까? 하나님께서는 당신을 애굽에서 구출해주셨고, 홍해를 갈라 건너게 하셨고, 만나와

메추라기를 공급하여 먹이셨고, 바위에서 물을 내어 마시게 하셨고, 시내산 학교에서 하나님 백성 된 삶에 대해 2년 동안 상세히 가르쳐주셨다. 당신이라면 여호수아와 갈렙처럼 사랑의 아버지를 신뢰하고 순종했겠는가? 하나님께서 '최상의 것'을 베푸실 것이라 믿어 의심하지 않았겠는가? 아니면 출애굽 장년 세대처럼 불신앙을 선택함으로 말미암아 40년 동안 광야를 방황했겠는가?

여호수아와 갈렙은 출애굽 1세대 가운데서 유일하게 광야에서 죽지 않고 약속의 땅에 들어간 사람들이다. 그들은 믿음으로 약속의 땅을 얻었다. 당신을 향한 하나님의 목표는 하나님을 믿는 당신의 믿음을 키워나가도록 하는 것이다.

우리는 신앙생활을 하면서 남을 탓해서는 안 된다. 당신 부모가 본을 보이지 못하거나 영적인 도움을 주지 못한다고 탓해서는 안 된다. 우리 자신의 선택에 대해 스스로 책임을 져야 하기 때문이다. 우리는 광야의 어린 세대처럼 우리 부모 세대보다 더 아름다운 열매를 맺을 수 있다. 구세대가 물려준 유산이 현재 우리의 태도를 결정하는 것은 결코 아니다.

5 언약 시대 언약을 맺자!

출애굽 신세대가 요단 동편에 진을 치고 모압 북쪽 전 지역을 정복했을 때, 그들의 숫자는 구세대가 애굽을 빠져나왔을 때의 숫자에 비견할 만큼 크게 불어났다. 모세는 여전히 그들의 지도자였고 중심인물이었다. 이스라엘 백성이 모압 평지에 진을 쳤을 때, 모세는 백성들을 소집하여 하나님과 언약을 맺게 했다(신 5장).

이는 모세오경 전체를 통틀어 절정을 이루는 중대한 사건이었다. 신명기는 역사 기록을 위해 그리고 우리를 가르치기 위해 이 '언약 시대'에 대해 자세히 기술한다. '그림으로 보는 신명기'를 참조하기 바란다.

언약은 쌍방의 동의로 이루어지는 협정이다. 하나님은 이 언약에서 이스라엘 백성이 하나님의 특별한 백성이 되기로 결단하기만 한다면 자

그림으로 보는 신명기

⚜ 설명을 참조하기 전에 번호와 그림을 따라가며 사건의 내용을 떠올려보라. 일련번호는 성경에 나타난 사건 순서를 따랐다.

❶ 모세가 가나안에 정탐할 사람들을 보냄(신 1:19–25)

❷ 정탐꾼들의 보고를 듣고
이스라엘 백성들이 하나님을 원망함(신 1:26–46)

❸ 시내산에서 맺은 언약을 갱신함(신 5,10장)

❹ 예배와 거룩한 생활에 대한 규례들을 가르침(신 12:1–26:19)

❺ 거짓 종교에 대해 경고함(신 13:1–5)

❻ 모세가 축복과 저주에 대해 설교함(신 28장)

❼ 느보산에서 최후를 맞는 모세(신 32:48–34:12)

신도 그들을 위해 전념할 것이라고 분명하게 밝히셨다.

사실 신명기에 나오는 이 언약은 하나님께서 인간과 맺으신 최초의 언약이 아니다. 홍수 심판 이후에 하나님께서 다시는 홍수로 땅을 멸하지 않기로 노아와 언약을 맺으신 적이 있기 때문이다. 하나님께서 이 약속의 징표로 특별한 상징을 주셨는데 그것이 무엇인지 기억하는가? 바로 무지개다(창 9:8-17).

또한 하나님께서는 최초의 히브리인인 아브라함과 언약을 맺으셨다(창 12:1-3). 이 언약의 확실한 징표는 할례였다(창 17:9-14). 물론 하나님께서 이전의 '계명 시대'에 모세와 맺으신 언약(애굽을 빠져나온 이스라엘 백성과 시내산에서 맺으신 언약, 출 20장-민 10장)도 빼놓을 수 없을 것이다.

그렇다고 신명기에 나오는 이 언약이 하나님께서 인간과 맺으신 마지막 언약도 아니다. 하나님께서는 나중에 '왕관 시대'에 다윗과 언약을 맺으셨고(삼하 7장), '포로 시대'에 예레미야 선지자를 통해 새 언약을 말씀하셨기 때문이다(렘 31장). 하나님께서는 인간과 언약을 맺으실 때마다 그 약속에 대한 징표로 특별한 상징을 주셨다. 성경을 직접 읽으면서 이 두 언약에 대한 징표가 무엇인지 찾아보기 바란다.

하나님과 인간의 궁극적인 언약은 "보라 처녀가 잉태하여 아들을 낳을 것이요"(사 7:14 ; 마 1:20-23)라는 특별한 징표로 시작되었고, 그 아들은 33세 즈음에 갈보리 십자가에서 피를 흘림으로써 그 언약을 확증하셨다(마 27:26-29).

6 언약의 갱신

언약 시대

하나님께서 광야에서 살아남은 출애굽 신세대와 맺으신 이 언약(신 5장)은 다른 게 아니라 모세와 시내산에서 맺었던 언약을 그대로 되풀이하신 것이다. 모세는 하나님께서 하나님의 구속(救贖)하심을 입은 백성에게 기본적으로 요구하시는 사항을 되짚어 보면서 세 가지 주된 메시지를 전했다. 이때 이 언약은 모세가 시내산에서 받았던 율법을 그대로 반복해서 전한 것이므로, 우리는 신명기를 '율법의 사본(寫本)'이라 부를 수 있다.

모세는 약속의 땅이 내려다보이는 산꼭대기에 올라가 말씀을 전했고, 하나님께서는 이스라엘 백성들에게 율법에 순종함으로써 자신에게 진 사랑의 빚을 갚으라고 요구하셨다. 이스라엘 백성이 이렇게 하나님과 엄숙하게 언약을 맺은 뒤, 모세는 자신의 사역을 완전히 끝마쳤다.

어떤 설교자가 신명기에 나오는 것과 같은 기나긴 설교를 그것도 세 편이나 연속으로 전한다면, 대부분의 교인들이 예배당 의자에 앉아 졸음을 이기지 못해 모두 죽을 것이다. 그러나 이 경우에는 설교를 듣는 회중이 아니라 설교자가 죽었다.

그렇다면 모세는 약속의 땅에 들어갔을까? 그렇다. 하지만 그것은 몇 세기 후에 모세가 엘리야와 함께 예수님의 변화산에 나타났을 때의 일이다(마 17:1-3).

7 믿기지 않는 사실들

야영 · 언약 시대

해당 성경구절을 읽으면서 다음과 같은 흥미로운 질문에 대답해보기 바란다.

- ✓ 이스라엘 백성이 증거궤를 보지 않고서 옮길 수 있었던 비결은?(민 4:4-6)
- ✓ 남편에 대한 부정(不貞) 혐의가 있는 여인을 상대로 실행된 이상한 거짓말 탐지 테스트는?(민 5:11-28)

- ✓ 이발과 포도주 마시기와 장례식 참석을 절대적으로 삼가야 하는 특별한 서원은?(민 6:1-11)
- ✓ 하나님께서 광야의 이스라엘 백성에게 불로 완전히 익혀서 공급하신 고기는?(민 11:31-33)
- ✓ 자기 동생을 비방하다가 문둥병에 걸린 여인은?(민 12:1-15)
- ✓ 모세의 권위에 반기를 들다가 가족과 함께 땅속으로 떨어져 죽은 세 사람은?(민 16:1-33)
- ✓ 모세가 약속의 땅에 들어가지 못한 까닭은?(민 20:1-12)

- ✓ 당나귀와 대화를 나눈 사람은?(민 22:21-41)
- ✓ 약 길이 4미터, 폭 2미터의 진짜 '킹'(king)사이즈 침대에서 잠을 잤던 '왕'(king)은?(신 3:11)

8 결코 변하지 않는 것

야영 · 언약 시대

성경 처음 다섯 권의 초석이 되는 것은 하나님의 성품과 그 백성을 향한 계획이다. 이 두 가지는 결코 변하지 않는다. 이 다섯 권의 책은 하나님을 언제 어디나 존재하시는 분, 만물을 다스리시는 분, 전지전능하신 분, 거룩하신 분, 공의로우신 분, 진실하신 분, 사랑이 많으신 분, 결코 변하지 않으시는 분으로 나타낸다.

하나님은 시작도 끝도 없으신 완벽 그 자체이시다. 하나님의 속성은 결코 변하지 않는다. 피조물인 인간과 교제를 나누고자 하시는 것이 바로 하나님의 또 다른 속성이다. 하나님은 인간과 교제를 나누는 일에서만큼은 한 치의 양보도 없으시다. 인간들에게 지속적으로 자신을 나타내시며 그들이 하나님을 받아들이기를 바라신다. 하나님의 도덕적인 원칙도 결코 변하지 않는다. 우리를 향한 하나님의 뜻은 무엇보다 먼저 하나님을 사랑하고 이웃을 자기 몸처럼 사랑하라는 것이다.

'야영 시대'와 '언약 시대'의 이스라엘 백성과 마찬가지로 우리 또한 '하나님을 사랑할 것인가 말 것인가'를 스스로 선택해야 한다. 하나님을 거부하거나 무시하는 것은 불신앙의 광야를 방황하게 됨을 의미하지만, 하나님을 우리의 사랑을 받기에 합당하신 분으로 받아들이는 것은 영원하신 하나님과 엄숙한 언약 관계에 들어가게 됨을 의미한다.

우리가 하나님을 사랑하는지 사랑하지 않는지 일상생활에서 확인할 수 있는 방법은 없을까? 예수님은 두 가지 기준으로 알 수 있다고 대답하신다. 그것은 바로, 하나님의 명령에 순종하고 서로 사랑하는 것이다(요 15:9-17).

08
CHAPTER

하나님의 명령에 일보 전진을 위한 이보 후퇴란 없다

정복 시대 : 여호수아서

Beating the Bad Guys

1 정복 시대 정복 시대(여호수아서)

어느 교회 중등부에서 제레미라는 소년이 강당 한쪽에 앉아 조용히 하나님께 말씀드렸다.

"하나님, 저를 이곳에 보내주셔서 감사드려요. 오늘 설교는 바로 저를 위한 말씀이었어요. 저는 어렸을 적에 예수님을 믿기로 약속하고 지금까지 예수님을 믿는 사람으로 살아왔어요. 그렇지만 제가 예수님의 제자였는지 생각해볼 때, 그리 썩 좋은 제자로 살아온 것 같지는 않아요. 그러나 이제부터는 달라질 거예요. 예수님을 제 인생의 주인으로 모시고 미지근한 신앙은 버리겠어요. 그리고 이것을 확실히 하기 위해 강단으로 나가서 목사님께 기도를 받을 거예요."

그러나 중등부 예배가 끝나고 일주일도 채 지나지 않아, 제레미는 다시 누나와 싸우고 엄마에게 대들기 시작했다. 제레미는 혼자 생각했다.

'다음번에 기도할 때는 더 진실한 마음으로 간절하게 고백해야지.'

아마 당신도 이런 경험이 있을 것이다. 당신 주변에 제레미처럼 영적 롤러코스터를 타고 신앙의 궤도를 오르락내리락하는 사람이 있는가? 아마 대부분의 그리스도인들이 그럴 것이다. 나 역시 제레미와 같은 문제를 안고 사는 사람들 중에 하나다.

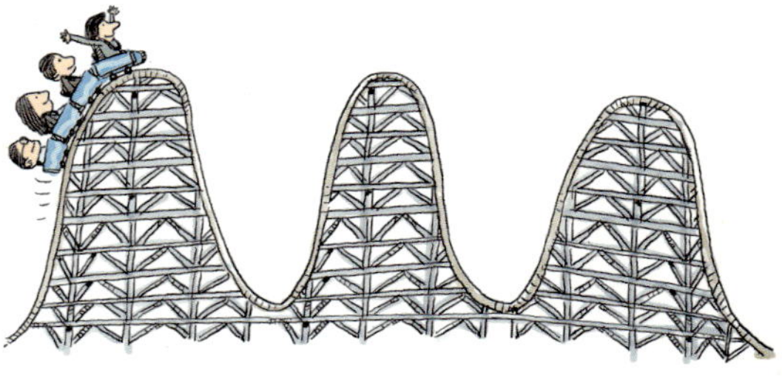

2 정복 시대 적극적인 협력

십대 시절, 나는 하나님께서 내 인생에서 그분의 뜻을 펼쳐나가실 수 있게 순복할 자신이 있다고 생각했다. 그래서 헌신적인 마음이 절정에 이를 때면, 나는 한 발 뒤로 물러나 모든 것을 하나님께서 운전하시도록 맡기곤 했다. 그러나 인생은 내가 생각한 대로 돌아가지 않았다. 그리고 몇 년 후, 그렇게 된 데는 나에게도 책임이 있다는 것을 알았다.

나는 그리스도인의 삶에 하나님과 그리스도인과의 적극적인 협력이 있어야 한다는 사실을 깨닫고서 깜짝 놀랐다. 우리는 먼저 우리 스스로 할 수 있는 일을 최선을 다해 수행한 다음, 우리가 할 수 없는 일을 하나님께서 도와주실 것이라 믿고 의지해야 한다. 그런데 문제는 대부분의 사람들이 자기 스스로 해야 하는 일에 태만하다는 사실이다.

구약의 '정복 시대'는 이런 진리를 극적으로 증명한다. 여호수아서는 히브리인들이 약속의 땅인 가나안을 정복하고(1-12장) 정착하는(13-24장) 과정을 그린다. 여호수아서의 내용을 세 어절로 요약하면 "가나안에 임한 심판"이다. 모세의 후계자 여호수아는 BC 1406년경 이스라엘 백성을 인도하여 요단강을 건넜고, 그 다음 7년 동안 정복 전쟁에 힘을 쏟은 뒤에 마침내 이스라엘 백성을 가나안에 정착시켰다.

그 당시, 히브리 민족이 모세의 영도(領導) 아래 애굽에서 대대적으로 탈출한 사건은 불과 40년 전에 일어난 생생한 역사였고, 그들 민족의 장로들이 우주의 통치자와 언약을 맺은 사건은 불과 얼마 전에 일어난 일이었다. 당시 이스라엘 민족의 기분이 어땠을지 상상해보라.

그들은 부모 세대가 불신앙 때문에 광야에서 잃어버린 것들을 곧 물려받을 수 있다는 기대감에 부풀어 있었을 것이며, 자신들의 미래가 하나님의 빛나는 약속처럼 눈부시게 빛을 발하고 있을 것이라고 생각했을 것이다. 그러나 그들은 창조주 하나님과 긴밀하게 협력하는 것(그들이 할 수 있는 '일'을 먼저 하는 것)이 약속의 땅을 성공적으로 물려받는 데 결정적인 요인이라는 것을 곧 깨닫게 되었다.

3 정복 시대 스스로 할 수 있는 일을 먼저 하라!

여호수아는 모세의 오른팔로 일하는 40년 동안 하나님과 협력하는 것이 매우 중요하다는 교훈을 배웠다. 그는 모세가 지팡이를 들어 올리자 하나님께서 홍해를 가르시는 것을 보았으며(출 14:21), 모세가 바위를 내려치자 하나님께서 수도꼭지를 콸콸 틀어 350만 명의 갈증을 해소시켜주시는 것을 목격했으며(출 17:6), 아말렉과의 첫 전투에서 백성을 지휘하며 싸우고 있을 때 모세가 아론과 훌의 도움을 받아 양손을 올리고 있는 동안에 하나님께서 승리를 선사하시는 것을 직접 체험했다(출 17:10-13).

이스라엘 군대의 사령관이신 하나님께서는 이 협력의 원칙을 여호수아에게 상기시키셨다.

모세의 뒤를 이어 이스라엘의 지도자로 임명된 여호수아에게 하나님은 이렇게 말씀하셨다.

"이 율법책을 네 입에서 떠나지 말게 하며 주야로 그것을 묵상하여 그 가운데 기록한 대로 다 지켜 행하라 그리하면 네 길이 평탄하게 될 것이라 네가 형통하리라"(수 1:8).

우리는 여호수아가 스스로 할 수 있는 일을 먼저 한 뒤에 나머지 일은 하나님께서 해주실 것이라 믿고 의지했던 사례들을 여호수아서 곳곳에서 찾아볼 수 있다. 일례로, 여호수아가 두 명의 히브리 정탐꾼들을 여리고 성에 잠입시켰을 때 하나님께서 그들을 인도해주셨으며, 기생 라합이 다른 민족의 정찰병들을 자기 집 지붕에 숨겼을 때도 그들을 보호해주셨다(수 2장).

여호수아는 여리고를 치기 위해 백성들을 이끌고 요단강을 건넜다. 그리고 하나님께서는 또 한 번 물을 가르는 이적을 베푸시어(처음에는 홍해, 이번에는 요단강) 이스라엘 백성들이 마른 강바닥을 딛고 건너도록 하셨다.

그러나 백성들이 강에 이르렀을 때 요단강이 자동적으로 갈라진 것은 아니었다. 아직 강물이 찰랑찰랑 넘칠 때, 제사장들의 발이 먼저 물가에 잠겨야 했기 때문이다. 제사장들이 요단강에 발을 담그자, 하나님께서 약 32킬로미터 폭으로 요단강의 물이 마르게 하셨다. 우리가 이런 정보를 알 수 있는 것은 여호수아가 요단강이 갈라진 상류와 하류의 두 지점을 자세히 기록해놓았기 때문이다(수 3:14-17).

하나님께서는 여호수아에게 요단강 물이 갈라져 있는 동안 강 한복판에서 12개의 돌을 취해 그들이 그날 밤 묵을 곳에 두게 하셨고, 다른 12개의 돌을 취해 언약궤를 멘 제사장들이 서 있는 강 한복판에 세우도록 지시하셨다. 하나님께서는 후에 이스라엘 백성의 자손들이 이 기념비에 대해 호기심을 갖고 물어볼 때, 이스라엘 백성이 그들에게 하나님의 권능과 보호하심을 상기시키기를 기대하셨다. 제사장들이 강 가운데서 올라와 그 발바닥으로 육지를 밟는 순간, 요단 강물이 제자리로 돌아와 전과 같이 강둑에 넘쳐흘렀다.

그림으로 보는 여호수아서

설명을 참조하기 전에 번호와 그림을 따라가며 사건의 내용을 떠올려보라.
일련번호는 성경에 나타난 사건 순서를 따랐다.

1 이스라엘 백성이 요단강을 건넘(수 3장)
2 이스라엘 백성이 길갈에
작전 본부를 설치함(수 4:19–5:10)
3 여리고 성과 아이 성이 무너짐
(수 5:13–6:21, 8:1–29)
4 아간이 전리품을 자기 장막 안에 감춤(수 7장)
5 하나님이 태양을 멈추어 이스라엘이 전투에서
승리하도록 도우심(수 10:12–14)
6 기브온 전투에서 패배한
아모리 다섯 왕이 처형됨(수 10:16–27)
7 하솔 성읍이 불에 탐(수 11:1–15)
8 이스라엘 백성이 제비를 뽑아
가나안 땅을 열두 지파에게 분배함(수 13:1–21:45)
9 여호수아가 하나님과 하나님 백성 사이의
언약을 갱신함(수 24:1–27)

4 정복 시대 이상한 군사 작전

요단강을 건넌 이스라엘 백성은 여리고 남쪽에 진을 쳤다. 그들은 여리고에서 시작하여 가나안 중부 지역을 먼저 정복했다. 여호수아가 여리고 성을 정복할 때 사용했던 '작전'은 주일학교 어린이들도 다 알고 있을 정도로 유명하다. 이스라엘 백성이 여리고 성을 몇 바퀴 돈 후에 하나님께서 성벽을 무너뜨리셨는가? 열세 바퀴가 정답이다(수 6:3,4).

그러나 그들이 이렇게 이상한 군사 작전으로 정복한 성은 여리고가 유일한 예였다.

이스라엘 백성은 여리고 성 함락 작전을 통해 하나님의 일은 하나님의 방식으로 해야 한다는 원칙을 상기했다. 이스라엘 백성은 자기들 눈에 합리적으로 보이는 것이 아니라 하나님께서 초자연적으로 계시하신 것을 이행해야 했다. 그들은 새로운 상황에 처할 때마다 하나님의 뜻을 구해야 했다.

혹시 당신 인생을 향한 하나님의 뜻을 발견했다고 착각하여 더 이상 그분의 뜻을 구할 필요가 없다고 생각한 적이 있는가? 나는 그런 함정에 빠진 적이 있다. 목사의 소명이 지역교회에 정착해 일평생 그곳을 섬기는 것을 의미한다고 생각했던 것이다. 성령의 인도하심을 민감하게 포착하는 것이야말로 우리가 인생 전반에 걸쳐 밟아야 하는 필수 과정이다.

5 정복 시대 다시 전쟁으로

이스라엘 백성은 그 다음 목표인 아이 성에서 참패를 당하고 말았다. 그들이 하나님의 계획을 두 번이나 따르지 않았기 때문이다.

첫째는 아간이 하나님께 돌려야 할 여리고의 전리품을 은닉한 것이었고(수 7:1), 둘째는 여호수아가 아이 성 정복을 위한 하나님의 작전을 묻지 않은 것이었다. 이스라엘 백성은 하나님의 뜻을 묻지 않은 채 자기들 생각에 성공률이 가장 높아 보이는 작전을 세워 실행에 옮겼다. 결국 그들은 아이 성 전투에서 처절하게 패배한 후에야 비로소 하나님 앞에 엎드렸다. 그리고 그들이 마침내 아간의 죄를 징벌하고 하나님의 뜻을 물었을 때, 하나님께서는 매복 작전으로 아이 성을 정복하라고 지시하셨다. 여호수아가 창(槍)을 들어 아이 성을 가리키고 있는 동안, 하나님께서 아이 성 거민을 진멸하셨다(수 8:18-26).

이후에도 이스라엘 백성은 하나님의 뜻을 묻지 않아 기브온 족속의 속임수에 넘어갔고 그로

인해 그들과 화친 조약을 맺게 되었다(수 9장). 이스라엘 백성은 이 조약을 맺음으로써 가나안 족속들을 그 지경에서 모조리 몰아내라는 하나님의 명령을 어기고야 말았다.

이스라엘 백성이 하나님의 뜻을 구하고 따랐을 때에는 모든 것이 하나님의 도우심과 계획에 따라 진행되었다. 예를 들어, 여호수아가 기브온 전투에서 태양이 머물게 해달라고 기도하자 하나님께서 이스라엘 백성이 승리하도록 낮의 길이를 연장시켜주셨다.

이스라엘 백성은 여리고 성과 가나안 중부를 정복함으로써 가나안 땅을 효율적으로 둘로 분할했다. 이렇게 함으로써 그들은 약속의 땅 나머지 지역을 훨씬 수월하게 정복할 수 있었다(그들은 중앙 지역을 장악한 뒤에 남쪽과 북쪽 지역을 차례로 정복했다).

여호수아서는 전쟁과 유혈 이야기로 가득하다. 그 모든 충돌과 무력이 정말 필요했던 것일까? 여기서 우리는 하나님께서 죄에 오염된 가나안 족속들을 심판하기 위해 히브리 민족을 도구로 사용하셨다는 것을 깨달아야 한다. 가나안 족속들은 벌써 600년 전 아브라함 시대에 멸절을 당했어야 할 만큼 타락한 상태였다(창 15:16). 하나님께서는 가나안 족속들에게 이미 경고하셨을 뿐만 아니라 죄의 길에서 돌이킬 수 있는 충분한 시간을 주셨지만, 그들은 그 기회를 걷어차 버렸다. 그들이 바알을 숭배하고 있는 끔찍한 장면을 읽어보라. 그러면 당신은 여호수아가 인류의 몸으로부터 해로운 암세포를 제거했음을 알게 될 것이다.

6 정복 시대 제비뽑기

여호수아서 후반부(13-24장)에서 이스라엘 백성은 제비를 뽑아 열두 지파가 각각 거주할 지역을 결정했다. 여기서 또다시 하나님과 인간 사이의 협력 원칙이 적용되었다. 히브리 민족은 제비를 뽑았고, 하나님께서 그들 각 지파가 거주할 땅을 배정해주셨던 것이다. 그들이 만일 협의회나 대표자 회의 같은 현대적인 의사 결정 방식을 사용했다면, 열두 지파 350만의 백성(40년 동안 광야를 방황한 뒤의 이스라엘 백성의 숫자는 애굽을 빠져나왔을

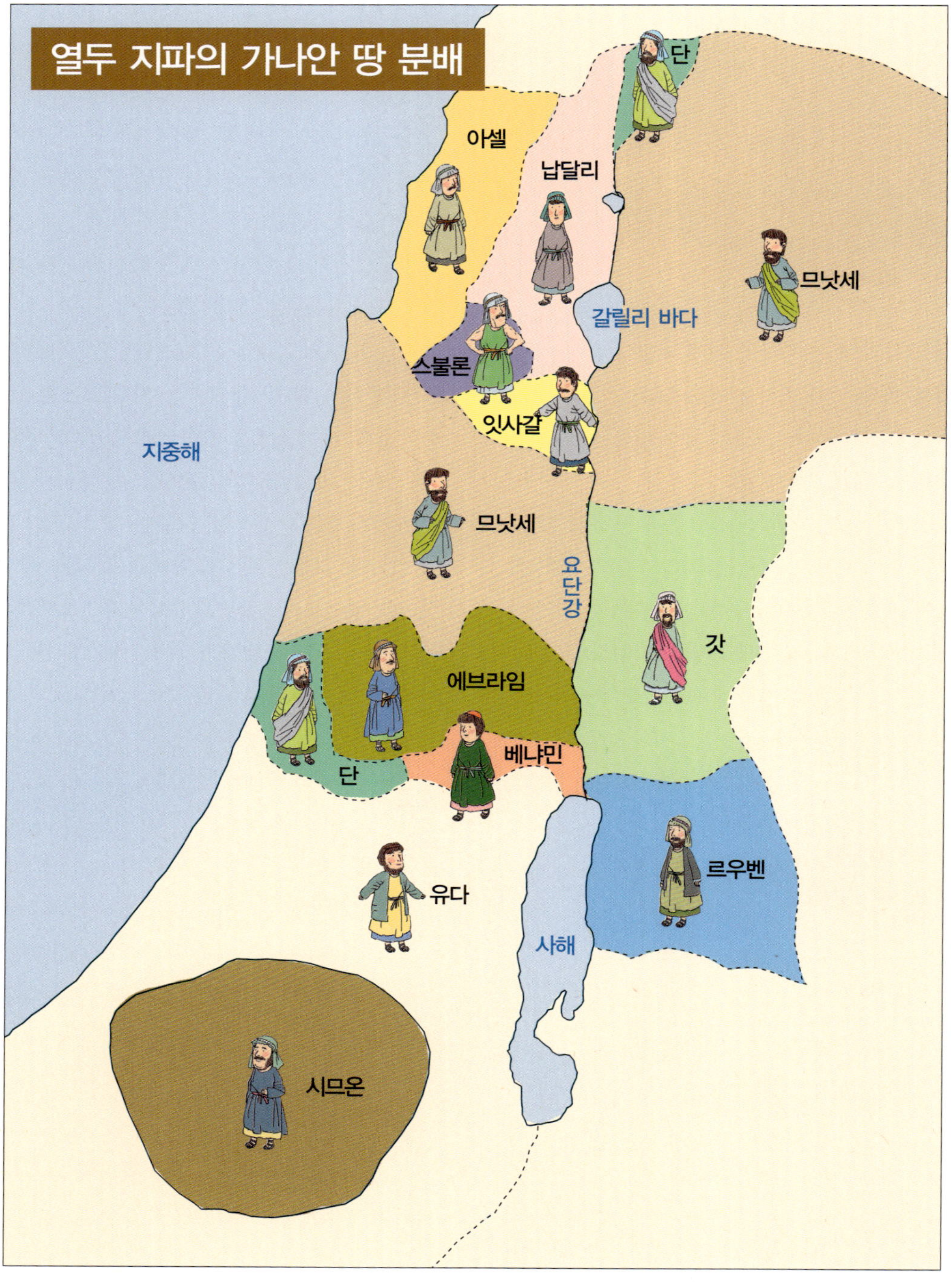
열두 지파의 가나안 땅 분배
단
아셀
납달리
므낫세
갈릴리 바다
스불론
잇사갈
지중해
므낫세
요단강
갓
에브라임
베냐민
단
르우벤
유다
사해
시므온

당시의 숫자와 거의 유사했음, 민수기 1장 46절과 26장 51절 비교)이 가나안 땅을 나누는 데 얼마나 혼란스러웠을지 상상해보라. 어쩌면 그들은 오늘날까지 다퉜을지도 모른다!

하나님께서는 약속의 땅을 나누는 제비뽑기를 직접 주관하심으로써 이스라엘 백성 중 어느 한 명이라도 불평하지 않도록 하셨다. 여기서 우리는 하나님께서 사용하시는 초자연적인 방법의 예를 다시 한 번 보게 된다.

기억하라! 하나님의 일을 제대로 하려면 반드시 하나님의 방식대로 해야 한다!

7 지명, 지명, 지명

정복 시대

여호수아서에는 수많은 지명이 언급되어 있는데, 몇 장만 읽어봐도 이것을 알 수 있다. 성경에서 지명에 대한 언급을 모두 뺀다면 성경은 분량이나 의미 면에서 매우 축소될 것이다. 하나님 말씀에는 총 1,551개의 지명이 언급되어 있는데, 대부분이 성경에서 자주 반복되어 나온다. 성경에서 가장 많이 언급된 지명은 '예루살렘'으로 그 횟수는 2,500회에 이른다.

성경에 언급된 지명은 단 한 가지 예외만 빼고 모두 사람과 연관되어 있다. 그 한 가지 예외는 바로 '지옥'이다. 지옥은 사람을 위해 준비된 곳이 아니라 사탄과 그의 타락한 천사들을 위한 곳이다. 그러나 사람들 중에서도 거기 떨어질 이들이 있다. 그들은 바로 예수 그리스도께서 값없이 주시는 구원의 선물을 무시하거나 거부하는 사람들이다.

기독교 신앙은 역사적이고 지리적인 신앙이다. 하나님께서 인명(人名)과 지명(地名)으로 성경을 꽉꽉 채워, 오늘의 우리가 역사와 고고학을 통해 그 말씀이 사실이며 진리임을 확인할 수 있게 하셨기 때문이다. '사람'이 만든 모든 종교의 '경전'에서 우리가 첫 번째로 주목하는 사실의 하나는, 그 책들이 철학을 강조하는 반면 사람과 장소에 대한 언급은 나오지 않는다는 것이다.

그러나 성경은 다르다. 하나님의 영감을 온전히 받은 권위 있는 책이기 때문이다. 그리고 이런 사실은 그 모든 말씀이 중요하며 연구할 만한 가치를 지닌다는 사실을 의미한다. 성경은 진리

뿐 아니라 사람과 장소도 포함하고 있다.

나는 신약 시대에 살고 있는 우리가 '유월절'(passover) 원칙을 너무도 착실하게 지키고 있는 게 아닌가 하는 생각을 종종 한다. 무슨 말인가 하면, 성경을 읽다가 낯선 지명이나 인명이 나오면 '나중에 알게 되겠지' 하는 생각으로 그냥 넘어간다(pass over)는 것이다. 성경사전이나 백과사전은 유용한 도구이다. 다소 비용이 들더라도 성경사전을 구입하여 성경에서 새롭게 접하는 인물들과 지명을 찾아보는 수고를 아끼지 말기 바란다. 더불어 성경지도를 참조하면서 성경의 어떤 사건이 어느 지역에서 발생했는지 확인하는 작업도 게을리하지 말기 바란다. 이렇게 하면 하나님께서 그리신 놀라운 그림을 더욱 선명히 볼 수 있을 것이다.

8 정복 시대 믿음과 순종의 길

히브리 역사서(창세기-에스더서)들은 인간을 향한 하나님의 성품과 뜻이 한 민족의 역사 안에서 어떻게 펼쳐져야 했는지에 대해 설명한다.

히브리 민족은 하나님께 메시지를 받았다. 그들은 하나님의 메시지대로 살아감으로써 다른 민족들에게 인간을 향한 하나님의 뜻이 무엇인지 나타내 보여야 했다. 그들은 하나님의 명령을 실천해야 했고, 하나님의 율법을 삶의 지침으로 삼아야 했으며, 신실하게 하나님을 따름으로써 다른 민족들로 하여금 진실하신 하나님 한 분만이 주실 수 있는 귀한 삶의 특질을 갈망하게 만들어야 했다. 하나님께서 히브리 민족을 편애해서 이렇게 하신 것은 아니었다. 다른 민족들을 자극하여 하나님을 믿는 믿음을 불러일으키기 위해 히브리 민족을 도구로 사용하신 것이었다.

그런데 이 방법은 효과가 있었을까? 그렇기도 하고 또 그렇지 않기도 하다. 이스라엘 민족이 믿음 안에서 걸으며 순종할 때는 좋은 효과를 나타냈지만, 불신앙 속에서 제멋대로 행하며 하나님을 거역할 때에는 그렇지 못했기 때문이다.

하나님은 매우 신중한 교사이시므로 다른 민족들이 이스라엘 백성 때문에 하나님에 대해 잘못된 생각을 갖는 것을 허락하지 않으셨다. 그래서 이스라엘이 믿음과 순종의 길을 걸을 때는 축복을 베푸신 반면 불신앙과 불순종의 길을 걸을 때는 무섭게 징계하셨다. 마찬가지로 하나님께서는 오늘 우리의 삶 속에서 이와 같이 역사하신다.

9 정복 시대 하나님의 증인

하나님께 속한 우리는 하나님의 뜻을 삶으로 나타내 보이는 증인이다. 우리의 유일한 선택은 "어떤 증인이 되느냐" 하는 것이다.

구약의 역사 기록 나머지 부분들은 마치 롤러코스터를 타는 것처럼 믿음과 순종의 길에서 위로 올라갔다가 밑으로 떨어지기를 반복하는 이스라엘의 영적 상태에 대해 기술한다. 이는 오늘날 우리가 영적으로 체험하는 상태와 매우 비슷하다. 그렇지 않은가?

그러나 우리가 그런 식으로 살아야 할 이유는 없다. 그리스도인의 삶에 일보 전진을 위한 이보 후퇴란 있을 수 없다. 하나님께서 승리에 필요한 모든 것을 완벽하게 공급하셨고, 우리는 언제든지 그것들을 사용할 수 있기 때문이다. 모세의 후계자 여호수아 장군이 우리에게 주는 교훈은 이것이다.

"인생에서 성공하려면 하나님과 협력해야 한다."

09

CHAPTER

과거의 잘못과 실패를 통해서 하나님의 길을 배운다

순환 시대 : 삿 / 룻 / 삼상

Cycling Downhill

1 순환 시대 순환 시대(삿 1장-삼상 8장)

언젠가 철학자 헤겔(Hegel, 1770~1831)은 "우리가 역사로부터 배울 수 있는 유일한 교훈은 우리가 역사로부터 아무것도 배우고 있지 않다는 사실이다"라고 말한 적이 있다. 이는 과거를 무시하는 사람은 과거의 잘못을 그대로 되풀이할 수밖에 없다는 것을 의미한다.

과거를 통해 배우는 것이 너무도 중요하므로 하나님께서는 인간들의 성공뿐 아니라 실패 이야기도 성경에 자세히 기록하셨다. 하나님께서는 우리가 역사(history)를 통해, 특히 '하나님의 이야기'(His story)를 통해 배우기를 원하신다. 성경의 교훈과 모범을 충실히 따르기만 하면 쓰라린 체험과 실패를 겪지 않고도 하나님의 길을 배울 수 있다. 다른 사람들이 어디서 어떻게 잘못을 했는지 알 수 있기 때문이다. 사도 바울 역시 이스라엘 백성들의 실수를 통해 하나님의 길을 배우는 것이 매우 중요하다고 성경에 기록했다(고전 10:1-14 참조).

"저희에게 당한 이런 일이 거울이 되고 또한 말세를 만난 우리의 경계로 기록하였느니라"(고전 10:11).

사사기와 사무엘상 처음 여덟 장은 히브리 민족이 다섯 단계로 이루어진 죄의 순환을 일곱 차례나 반복했다고 각각 기록한다. 확실히 그들은 과거를 통해 배우는 데 문제가 있었다. 이런 이유 때문에 나는 이 시기를 '순환 시대', 곧 '죄의 순환 시대'라 칭한다.

사사기를 주의 깊게 읽으면서 오늘날 우리의 모습이 과연 당시 히브리 민족의 모습과 다른지 진지하게 생각해보기 바란다. 장소와 사람 이름만 바꾸면 사사기는 가히 현대 우리 사회에 대한 신랄한 비판을 기록한 책이라 할 수 있다.

사사기로 들어가는 열쇠는 앞문과 후문 모두에 걸려 있다. 앞문에서 우리는 여호수아도 모르고 하나님도 모르는 새로운 세대가 등장했다는 말을 듣게 되고, 후문에서는 모두가 제멋대로 행했다는 말을 듣게 된다. 이 시대에는 아무도 하나님이나 하나님의 율법에 관심을 갖지 않았다.

사사 시대 동안 이스라엘 민족은 하나님께서 직접 통치하시는 신정정치(神政政治)에서 하나님께서 왕을 통해 간접적으로 통치하시는 군주정치(君主政治)로 정치체제를 바꿨다. 이 시기에 이스라엘 민족은 거듭 '죄'를 짓고, '압제'를 당하며, 여호와께 부르짖어 '간구'하면 여호와께서 '구원'하시고, 그러나 이스라엘 민족은 이를 '망각'하고 다시 여호와의 목전에 악을 행하는 '죄의 순환'을 일곱 차례나 반복했다. 그러므로 사사기의 주제를 세 어절로 요약하면 "유대인들의 죄의 순환"이라 할 수 있다.

사사 시대는 약 350년 동안 지속되었다. 이 시기는 여호수아가 이스라엘 백성을 약속의 땅에 정착시킨 때(BC 1400년경)부터 이스라엘의 초대 왕 사울이 즉위한 때(BC 1050년경)까지에 해당한다. 사사(Judge)라 불리는 이스라엘의 민족적 영웅들 가운데 우리에게 잘 알려진 인물로는 드보라, 바락, 기드온, 입다, 삼손 등이 있다.

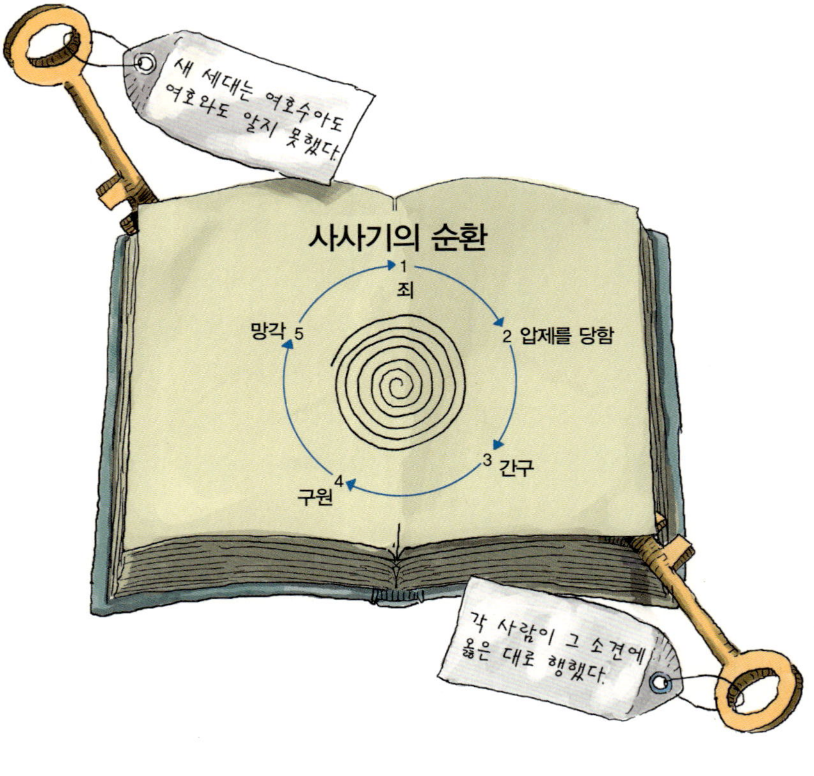

2 과거의 잘못을 되풀이하지 말라

순환 시대

첫 번째 악순환의 제1단계는 이스라엘의 첫 번째 사사가 등장하기 전에 시작되었다.

제1단계 죄

"이스라엘 자손이 여호와 목전에 악을 행하여 자기들의 하나님 여호와를 잊어버리고 바알들과 아세라들을 섬긴지라"(삿 3:7).

제2단계 압제

"여호와께서 이스라엘에게 진노하사 그들을 메소보다미아 왕 구산 리사다임의 손에 파셨으므로 이스라엘 자손이 구산 리사다임을 팔 년을 섬겼더니"(삿 3:8).

제3단계 간구

"이스라엘 자손이 여호와께 부르짖으매"(삿 3:9).

제4단계 구원

"여호와께서 그들을 위하여 한 구원자를 세워 구원하게 하시니 … 여호와의 신이 그에게 임하셨으므로 … 옷니엘의 손이 구산 리사다임을 이기니라"(삿 3:9,10).

제5단계 망각

"그 후에 그들이 기쁘게 여호와를 섬겼더라!"라고 기록되었다면 얼마나 좋았을까? 그러나 그 다음 구절은 이스라엘 땅이 40년 동안 평화로웠다고 말할 뿐(삿 3:11) 백성이 신실하게 하나님을 섬겼다고 말하지 않는다. 그리고 그 다음 구절은 "이스라엘 자손이 또 여호와의 목전에 악을 행하니라"(삿 3:12)라고 말한다.

이는 일곱 차례의 죄의 순환 가운데 두 번째 주기가 시작되었다는 것을 의미한다.

사실 이런 악순환은 구약의 이스라엘 백성에게만 해당되는 문제가 아니다. 매우 유감스러운 일이지만, 현대 크리스천들의 일상생활에서도 이런 악순환이 너무나 자주 발생하고 있다.

'뒤로 미루는 죄'를 예로 들어보자. 우리는 반드시 해야 할 일을 미루는 경우가 종종 있다. 그리고 그렇게 게으름을 피우다보면 마감 시간에 쫓겨 그 일의 노예가 되어버린다. 그럴 때 우리는 하나님께 도움을 구하면서 다음부터는 잘 하겠다고 약속한다. 그러면 하나님께서 구출해주시기도 하고 때로는 실패하게 하심으로써 중요한 교훈을 깨닫게도 하신다. 그러나 급한 불이 꺼지고 얼마간의 시간이 흐른 뒤, 우리는 이 모든 것을 까맣게 잊고 다시 미루는 죄에 빠져든다. 물론 곤경에 처했을 때 하나님께 했던 약속도 지키지 않는다. 어려울 때엔 하나님과 친밀히 교제하다가도 시련이 지나가고 나면 교제하기를 중단한다. 하나님께서 건져주시기가 무섭게 과거의 습관으로 돌아가 죄를 되풀이한다.

당신의 지난 삶을 돌이켜 보라. 똑같은 실수를 되풀이하고 있지는 않은가? 성경의 등장인물들의 체험을 통해 배우려고 노력하고 있는가? 주변 신자들의 체험을 통해 유익을 얻고 있는가? 하나님의 도우심으로 죄의 악순환의 고리를 끊어버림으로써 영적으로 성장하고 있는가?

기억하라! 역사를 통해 아무것도 배우지 않고 과거를 무시하는 자들은 죄를 반복해서 지을 수 밖에 없다.

3 순환 시대 사사들을 만나다

여호수아의 지도 아래 이스라엘 백성이 약속의 땅에 정착한 때부터 사울이 왕으로 즉위할 때까지 총 14명의 사사가 히브리 민족을 통치했다. 이 14명 가운데 12명은 사사기 시대에 통치했고, 2명은 사무엘상 전반부 시대에 통치했다. 당신은 사사들의 이름을 몇 명이나 알고 있는가? 돌라, 야일, 에훗, 삼갈 같은 이름들을 들어본 적이 있는가? 그들은 당신이 생각하는 것처럼 높은 자리에 앉아 판결을 내리는 '재판관'은 아니었다. 그러나 그들은 지도자였고 영웅이었고 행동하는 인물들이었다.

다음 질문을 보고 당신의 판단력(judgement)을 시험해보라. 어떤 사사(judge)에 대한 설명인가?

- ✓ 왼손잡이로서 성경에 유일하게 이름이 언급된 사람은?(삿 3:15)
- ✓ 소 모는 막대기로 블레셋 사람 600명을 무찌른 사람은?(삿 3:31)
- ✓ 사사이자 선지자이자 시인이었던 여인은?(삿 4:4-5:31)
- ✓ 양털을 이용해 하나님께 표적을 구한 사람은?(삿 6:36-40)
- ✓ 차기 사사 자리를 차지하기 위해 이복형제 69명을 죽인 사람은?(삿 9장)
- ✓ 전쟁에서 승리하고 돌아올 때 누구든지 자기를 제일 먼저 영접하는 사람을 하나님께 제물로 바치겠다고 경솔하게 서원해서 결국 자신의 무남독녀를 바친 사람은?(삿 11:29-40)
- ✓ 여자에게 홀린 긴 머리의 힘센 장사는?(삿 13:24-16:22)
- ✓ 블레셋에게 언약궤를 빼앗길 당시에 제사장과 사사 역할을 겸하고 있던 사람은?(삼상 4장)
- ✓ 사울과 다윗에게 기름을 부어 그들을 왕으로 세웠던 사람은?(삼상 10:1-24, 16:1-13)

이스라엘의 사사 14명을 역사 무대에 등장한 순서대로 간략히 소개할 테니 앞의 질문에 대한 정답을 찾아보기 바란다.

옷니엘 갈렙의 조카이자 사위이다. 이스라엘 백성이 첫 번째 죄의 순환을 시작할 때 메소포타미아의 압제로부터 구원했다(삿 3:7-11).

에훗 모압 왕 에글론에게 은밀히 할 말이 있다고 다가가 왼손으로 단검을 빼어 그의 가슴을 찔렀다. 이스라엘 백성이 두 번째 죄의 순환 가운데 있을 때 구원했다(삿 3:12-30).

삼갈 이스라엘 백성이 세 번째 죄의 주기를 되풀이하고 있을 때, 소 모는 막대기로 블레셋 사람 600명을 죽이고 이스라엘을 구출했다(삿 3:31).

드보라 유일한 여성 사사로서 종려나무 아래에서 이스라엘 백성들을 재판했다(삿 4,5장). 바락은 드보라의 군대 지휘관으로서 드보라가 함께 가지 않으면 전투에 나가지 않겠다고 했다. 어떤

이들은 바락을 사사에 포함시켜 이스라엘의 사사를 총 15명으로 간주하기도 한다. 헤벨의 아내 야엘은 이스라엘이 네 번째 죄의 주기를 되풀이하고 있을 때, 가나안 군대 장관을 죽인 것으로 유명하다. 사사기 4장에서 야엘이 망치와 말뚝으로 시스라의 머리를 부수고 관자놀이를 쳐서 죽인 이야기를 읽으며 '핵심을 찌르다'(hitting the nail on the head)라는 표현이 여기서 유래한 것은 아닌지 한번 생각해보라.

4 순환 시대 하나님의 인내

기드온 사사기는 이스라엘 14명의 사사 가운데 4명에게 "여호와의 신(神)이 임하셨다"라는 표현을 쓰고 있다. 기드온은 옷니엘, 입다, 삼손과 더불어 그 4명에 속한다. 기드온은 이스라엘 백성이 다섯 번째 죄의 주기에 접어들었을 때 사사로서의 소명을 받았지만, 자기가 정말 이스라엘을 미디안의 손에서 건져낼 수 있을지 확신하지 못했다. 그래서 그는 하나님께 가시적(可視的)인 표징(表徵)을 보여주시기를 부탁했다. 그는 타작마당에 양털 뭉치를 놓아둘 테니 주변의 땅은 마르고 양털 위에만 이슬이 맺히게 해달라고 하나님께 구했다. 하나님께서는 기드온의 청을 들어주셨다. 그러나 기드온은 그것에 만족하지 않고 이번에는 그 반대로 해달라고 청했다. 다음 날 아침, 기드온은 이슬로 축축하게 젖은 땅에서 먼지가 날리도록 건조하게 마른 양털 뭉치를 집어 들 수 있었다.

하나님의 자녀를 향한 하나님의 인내가 실로 놀랍지 않은가? 나는 기드온의 요청이 다음과 같은 청년의 요청과 조금도 다를 것이 없다고 생각한다. 한 청년은 자기가 어떤 아가씨와 교제하는 것을 하나님께서 원하지 않으신다면 차고에 세워 놓은 자동차 바퀴 중에 밤새 두 개만 펑크가 나고 나머지는 멀쩡하게 해달라고 청한다. 그래서 하나님이 그렇게 해주시면, 다음 날 그는 반대로 해달라고 요청한다. 그러나 은혜로우신 하나님께서는 기드온이 원하는 대로 다 해주셨고, 지금도 우리를 위해 그와 같이 은혜를 베풀고 계신다(반드시 그렇게 하셔야 할 의무가 있는 것도 아닌데 말이다).

하나님께서는 기드온 군대의 규모를 32,000명에서 300명으로 줄이셨다(기드온이 300명의 용사를 특이한 방법으로 선발하는 과정이 담긴 사사기 7장을 읽어보라). 하나님께서는 기드온과 300명의 용사에게 나팔과 항아리와 횃불을 들고 전장(戰場)에 나가라고 명하셨다. 그리고 그들은 하나님 말씀에 순종하여 승리를 얻었다.

기드온이 세상을 떠난 뒤, 그의 서자(庶子)인 아비멜렉이 이스라엘의 통치권을 차지하기 위해 70명의 이복형제 가운데 69명을 살해했다. 그러나 한 여인이 망대 위에서 맷돌 위짝을 그의 머리 위로 던져 부당하게 찬탈한 그의 왕관뿐 아니라 잔혹하기 짝이 없던 그의 삶도 부숴버렸다.

돌라 잇사갈 지파 부아의 아들로서 이스라엘 사사로 23년간 일한 사람이다(삿 10:1,2).

야일 돌라에 이어 22년 동안 이스라엘을 통치했다. 그의 아들 30명이 어린 나귀 30마리를 탔으며, 길르앗에 30개의 성읍을 갖고 있었던 것으로 유명하다(삿 10:3-5).

입다 입다는 이스라엘 백성이 여섯 번째 죄의 순환 가운데 암몬 족속(창 19:30-38 참조, 아브라함의 조카 롯의 후손들)에게 압제를 당하고 있을 때 앞장서서 그들을 무찔렀다. 그러나 그의 딸이 아버지를 반기러 제일 먼저 집에서 나오는 바람에 승리의 통쾌한 기쁨이 이내 비통한 슬픔으로 바뀌고 말았다. 그는 집에서 기르는 가축이 제일 먼저 뛰어나올 것이라 예상했던 것 같다(삿 11:29-40).

입산 베들레헴 사람으로, 사사로서 7년을 다스렸다. 그에게는 30명의 아들과 30명의 딸이 있었는데, 딸들은 타국으로 시집보냈으며 아들들은 타국에서 30명의 여자를 데려와 그들과 혼인시켰다(삿 12:8-10).

엘론 스불론 사람으로 10년 동안 이스라엘을 다스렸다(삿 12:11,12).

압돈 40명의 아들과 30명의 손자가 있었는데, 그들은 70마리의 나귀를 타고 다녔다. 사사로서 8년 동안 이스라엘을 다스리다가 죽었다(삿 12:13-15).

5 순환 시대 삼진 아웃 당한 사사

삼손 삼손은 하늘의 편집자께서 가장 많은 지면을 할애하여 설명한 세 명의 사사(드보라, 기드온과 함께) 가운데 하나였다. 블레셋 족속과의 전쟁이 끊임없이 이어지는 가운데 이스라엘 백성의 죄의 순환은 삼손 이후 두 명의 사사와 이스라엘의 초대 왕과 2대 왕이 치세하는 동안에도 계속되었다. 거인 골리앗이 어느 족속인지 그리고 어느 족속의 군대가 사울 왕을 죽였는지 기억하는가? 두 질문에 대한 정답은 모두 블레셋 족속이다.

삼손으로부터 우리가 배워야 할 교훈은 머리를 기르면 강한 사내가 되고 자르면 힘을 잃게 된다는 게 아니다. 삼손이 지켜야 했던 나실인의 세 가지 의무에 주목하면서(먼저 민수기 6장 1-21절을 통해 '서원'에 대한 정보를 얻은 다음에) 그의 생애에 대해 차근차근 살펴보기 바란다(삿 13-16장). 삼손이 '들릴라'라고 하는 여성 이발사에게 머리털을 깎인 사연은 그가 서원의 세 가지 조항 가운데 하나를 위반했음을 의미한다. 삼손은 이미 다른 두 조항을 위반한 바 있었다. 그가 힘을 잃게 된 것은 머리털을 잘려서가 아니라 하나님께 대한 의무를 태만히 한 탓이었다.

사탄은 죄가 초래하는 장기적인 결과를 은폐하기 좋아하지만, 하나님 말씀은 언제나 '죄'와 '죄에 대한 형벌'을 명시한다. 삼손은 자기 죄 때문에 실로 엄청난 대가를 치러야 했다. 그는 블레셋 사람들에게 붙잡혀 눈이 뽑히는 굴욕을 당했을 뿐만 아니라 그들을 위해 짐승처럼 일해야 했다. 삼손의 삶은 전도서의 교훈이 진리임을 입증하는 (아름답지는 않지만 적절한) 보기이다.

"네가 하나님께 서원하였거든 갚기를 더디게 말라 하나님은 우매자를 기뻐하지 아니하시나니 서원한 것을 갚으라 서원하고 갚지 아니하는 것보다 서원하지 아니하는 것이 나으니"(전 5:4,5).

그렇다면 삼손을 결국 죽음에 이르게 한 것은 무엇일까? 그것은 바로 '사탄의 유혹'이었다.

얼마 후에 그의 머리털이 자라면서 힘도 되돌아왔다. 블레셋 사람들이 연회를 베풀어 삼손을 조롱하고 있을 때, 그는 신전(神殿)을 떠받치고 있는 중앙의 두 기둥을 밀어 건물을 무너뜨렸다. 성경은 삼손이 죽을 때 죽인 사람의 수가 그가 살아 있을 때 죽인 사람의 수보다 많았다고 기록하고 있다(삿 16:30).

엘리 엘리는 제사장이면서 사사였다. 사무엘의 어머니 한나는 자기 아들을 인턴으로 맡겼는데, 그 부탁을 받은 사람이 바로 이 엘리였다. 엘리가 이스라엘을 다스리는 동안에도 블레셋과의 전쟁은 계속되었는데, 이스라엘은 언약궤를 블레셋에게 빼앗기고 말았다. 언약궤는 이스라엘 백성이 가장 귀하게 여기는 성물(聖物)로서, 그 안에는 십계명이 새겨진 두 돌판과 아론의 싹난 지팡이와 만나 항아리가 들어 있었다. 엘리는 이 비보(悲報)를 접하자마자 의자에서 자빠져 목이 부러져 죽고 말았다.

블레셋 족속은 언약궤를 가져서는 안 될 사람들이 가졌을 때 그것이 재앙만 불러온다는 사실을 곧 깨달았다. 그래서 그들은 어미 소 두 마리가 끄는 수레에 언약궤를 실어 그것이 마땅히 있어야 할 곳으로 반환했다(삼상 5,6장).

6 순환 시대 우리는 왕을 원한다!

사무엘 사무엘은 이스라엘의 마지막 사사로서 최초의 순회 설교자이자 최초의 순회 통치자였다(삼상 7:16,17). 사사 시대 말기에 들어와 이스라엘 백성은 다른 민족들이 인간 왕의 통치를 받는 것을 보고 자기들에게도 왕을 세워달라며 원성을 높였다. 이에 사무엘은 백성의 요구에 굴복하여 사울에게 기름을 부어 왕으로 삼았다.

사무엘의 생애는 슬픔 가운데 끝났다. 그의 두 아들은 경건하지 못한 불량배였고, 백성들이 사무엘의 아들이 차기 지도자가 될까봐 겁을 집어먹고 사무엘을 거부했기 때문이다.

"그 아들들이 그 아비의 행위를 따르지 아니하고 이(利)를 따라서 뇌물을 취하고 판결을 굽게 하니라"(삼상 8:3).

사무엘은 건국(建國)을 눈앞에 둔 백성을 향해 비통한 마음으로 고별 설교를 했다(삼상 12장). 그가 백성을 돌보느라 너무 바빠서 자신의 가정은 소홀히 했던 것일까? 그는 이스라엘 백성에게 영향을 끼칠 만큼 열심히 노력했을까? 사무엘의 생애는 엄청난 약속과 더불어 시작되었으나 가족과 추종자들에게 거부당하는 것으로 끝나버리고 말았다. 노년의 사무엘이 자신의 생애를 돌아보며 얼마나 후회했을지 잠시 생각해보기 바란다.

시작이 좋다고 안심하는 것은 위험하다. 태어나면서부터 얻은 권리가 인생을 건축하는 데 든든한 기초를 제공할지 모르며, 과거의 승리와 업적이 인생의 집을 설계하는 데 유용한 벽돌이 될지 모른다. 그렇다고 우리의 월계관을 의지하는 것은 매우 위험하다. 원수 마귀가 우는 사자같이 두루 다니며 삼킬 자를 찾고 있기 때문이다(벧전 5:8). 그러므로 새로운 승리를 얻으려면 날마다 지속적으로 주님의 얼굴을 찾아야 하며, 주님이 주시는 새로운 힘을 얻기 위해 매순간 주님과 동행해야 한다. 우리는 하나님의 권능의 손 아래서 겸손해야 한다. 때가 되면 하나님께서 우리를 높이실 것이다(벧전 5:6).

그림으로 보는 룻기

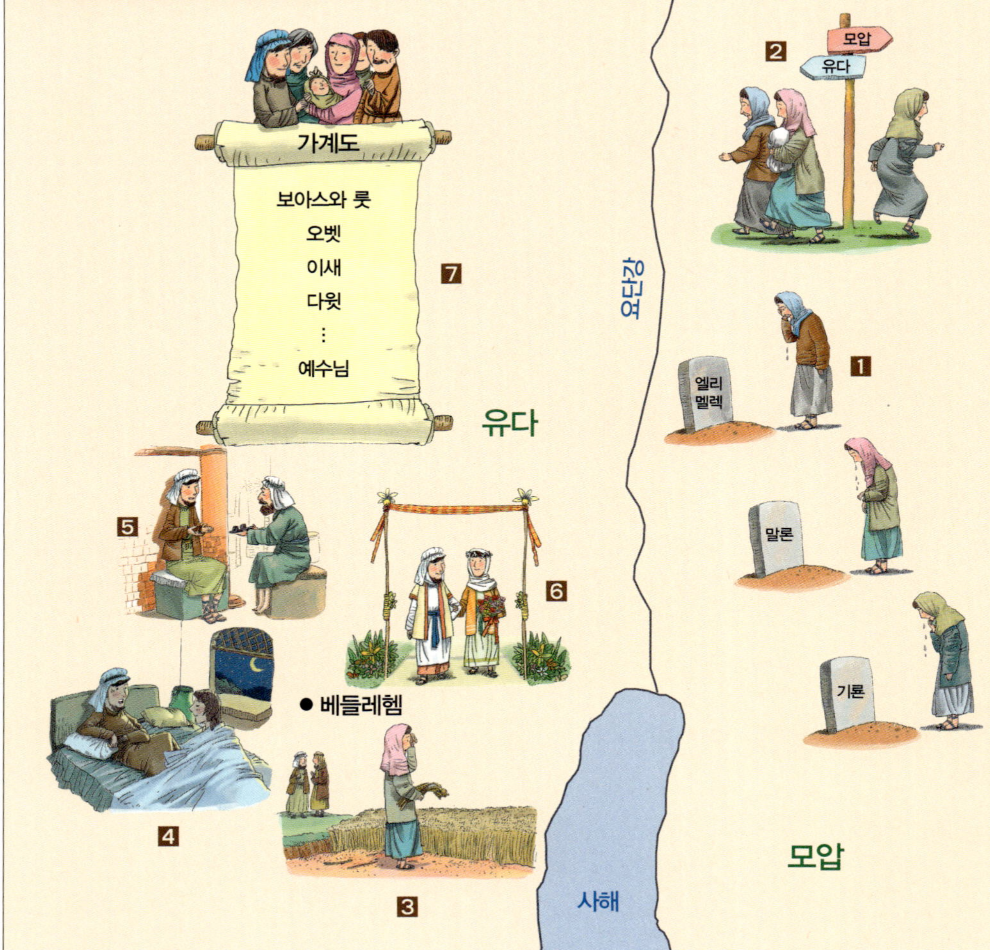

▶ 설명을 참조하기 전에 번호와 그림을 따라가며 사건의 내용을 떠올려보라.
일련번호는 성경에 나타난 사건 순서를 따랐다.

1 엘리멜렉과 말론과 기룐의 죽음을 애도함(룻 1:1–5)
2 나오미와 룻은 유다 땅으로 향하고 오르바는 고향인 모압으로 돌아감(룻 1:6–18)
3 룻이 보아스의 밭에서 이삭을 주워 모음(룻 2장)
4 룻이 보아스에게 기업 무를 것을 간청함(룻 3:6–15)
5 보아스가 합법적으로 기업 무를 자가 됨(룻 4:1–12)
6 룻과 보아스가 결혼함(룻 4:13)
7 룻과 보아스 사이에서 오벳이 태어남(룻 4:13–22)

7 순환 시대 구속의 계보를 이은 로맨스

어떤 사회의 구성원 모두가 법보다 우월한 위치에 있다면 과연 그 사회에는 어떤 일들이 일어날까? 이스라엘 백성이 배교(영적 거역)와 부도덕과 불법을 자행함으로 말미암아 개인은 물론이고 민족적으로 치러야 했던 혹독한 대가(삿 17-21장)에 대해 직접 읽어보기 바란다.

다른 사람들이 망가진다고 해서 나도 망가져야 하는가? 다른 사람들이 모두 순결을 내팽개칠 때 나 혼자만 지키는 것이 가능할까? 룻의 신앙과 헌신적인 삶은 이 두 질문에 분명하게 대답한다.

룻기는 한 여인의 순결함과 한 남자의 책임감을 통해 비극이 승리로 바뀐 고전적인 사랑 이야기라고 할 수 있다. 룻의 이야기는 사사 시대라는 시커먼 암석 한가운데 박혀 있는 반짝이는 보석과도 같다. 룻과 보아스는 하나님 보시기에 옳은 일을 행한 승리자였다.

이방 여인 룻은 시어머니를 너무도 사랑하여 자기 민족이 섬기는 우상을 버리고 시어머니가 섬기는 하나님을 믿기로 결심했다. 그래서 하나님께서는 보아스와의 결혼을 통해 룻을 가난과 과부 신세와 무자(無子)함으로부터 건져주셨다. 이 두 사람의 결합과 그 결과로 태어난 아들(오벳, 다윗 왕의 조부)은 그리스도께로 향하는 구속(救贖)의 계보를 이어나갔다. 따라서 우리는 룻기의 주제를 '구속의 로맨스'라고 요약할 수 있다.

인간은 살면서 누구나 인생의 기로에 서기 마련인데, 거기에는 언제나 두 갈래의 갈림길이 쭉 뻗어 있다. 한쪽 길은 사사기에 나오는 것과 같은 '죄의 악순환'이라는 혼란스러운 밀림으로 향하는 길이고, 다른 쪽 길은 룻의 의로움과 상급과 같이 아름답게 빛나는 길이다. 첫 번째 길이 과거에 대한 무시와 제멋대로 하고자 하는 욕망으로 점철된 길이라면, 두 번째 길은 하나님의 뜻에 대한 깨달음과 그 뜻대로 행하고자 하는 갈망으로 점철된 길이라 할 수 있다.

자, 당신은 어느 길을 선택할 것인가? 선택은 당신의 몫이다!

10
CHAPTER

어리석은 자는 하나님이 아니라 인간을 선택한다

왕관 시대 : 삼상 / 삼하 / 왕상 / 대상 / 대하 / 시 / 잠 / 전 / 아

We Three Kings

1 왕관 시대
왕관 시대

(삼상 9장–왕상 11장; 대상 1장– 대하 9장)

어떤 사람이 친구와 논쟁을 하며 다음과 같이 말한다.

"난 자네가 믿는 기독교 신앙을 받아들일 수 없어. 너무 편리한 신앙이기 때문이야. 사람들을 위선자로 만들거든! 자네는 하나님이 과거의 죄든 현재의 죄든 미래의 죄든 자네의 모든 죄를 용서해준다고 말했어. 그게 사실이라면 아무렇게나 내키는 대로 살면서 크리스천이라고 주장해도 된다는 거야?"

만약 당신이 이 사람의 친구라면 뭐라고 대답하겠는가? 기독교 신앙이 방종한 삶을 조장하는 것처럼 보이기 때문에 믿지 않겠다는 이 사람의 주장에 뭐라고 답하겠는가?

우리는 다윗의 생애에서 이 질문에 대한 딱 맞는 답을 찾을 수 있다. 다윗은 왕관 시대 처음 120년을 치세했던 세 명의 왕 가운데 두 번째 왕이다. 그러나 본격적으로 다윗의 생애를 살펴보기 전에 먼저 역사의 무대부터 설치하기로 하자.

2 왕국의 소리굽쇠
왕관 시대

이제 우리는 이스라엘 백성이 가나안 땅에 들어가 맞이한 네 시대의 정점에 거의 도달했다. 당신은 아마 이 책 2장에서 구약을 알파벳 'C'로 시작하는 열두 시대로 나누고, 각각 그 시대를 나타내는 상징들을 제시한 그림이 기억날 것이다. 그렇다면 그 네 시대와 그 시대들을 나타내는 상징이 무엇인지 알겠는가? 이 책 2장에 제시한 '열두 가지 상징으로 보는 구약성경'(36쪽)를 참조하기 바란다. '칼'은 정복(Conquest) 시대, '의사

봉'은 순환(Cycles) 시대, '왕관'은 왕관(Crowns) 시대, '금이 간 왕관'은 분열(Chasm) 시대를 나타낸다.

구약을 공부하는 대부분의 사람들이 예언서 다음으로 복잡하고 어렵다고 여기는 부분이 바로 여러 왕들이 등장하는 이 부분이다. 이 부분은 이스라엘의 초대 왕 사울의 즉위에서부터 열왕기하와 역대하에 기술된 '바벨론 포로' 사건까지 계속된다.

구약에는 히브리 왕국(히브리 민족이 자기들이 세운 왕에게 통치를 받는 시기)에 대해 기술하는 역사책이 여섯 권이 있는데, 이 여섯 권의 역사책은 각각 '쌍'으로 이루어져 있다(사무엘상하, 열왕기상하, 역대상하).

아래 그림 '왕국의 소리굽쇠' 손잡이 부분을 연상하면 이 시기에 대해 더 명확히 이해할 수 있다. 왕국의 소리굽쇠 손잡이 부분은 두 권의 책 일부분(삼상 9-31장 ; 왕상 1-11장)과 한 권의 책(사무엘하)을 나타낸다. 그리고 이 세 부분은 각각 이스라엘 통일왕국을 통치한 세 명의 왕에 관해 이야기한다. 사무엘상에서 사울은 이스라엘의 초대 왕으로서 백성을 통치하지만, 후대의 왕들이 따를 만한 본을 보이지는 못한다. 반면 사무엘하에 등장하는 다윗은 "내(하나님) 마음에 합한 사람"(행 13:22)으로 평가된다. 열왕기상 1-11장에서 솔로몬은 한동안 하나님을 신실하게 섬기지만, 말년에 이르러 이방의 후궁들이 들여온 잡다한 우상들에게도 충성을 다한다.

분열되기 이전의 이스라엘 통일왕국, 곧 우리가 '왕관 시대'라 칭하는 이 시기가 이번 장의 주제이다. 기억하기 쉽게 통일왕국의 세 왕 사울과 다윗과 솔로몬은 각각 40년씩 이스라엘을 통

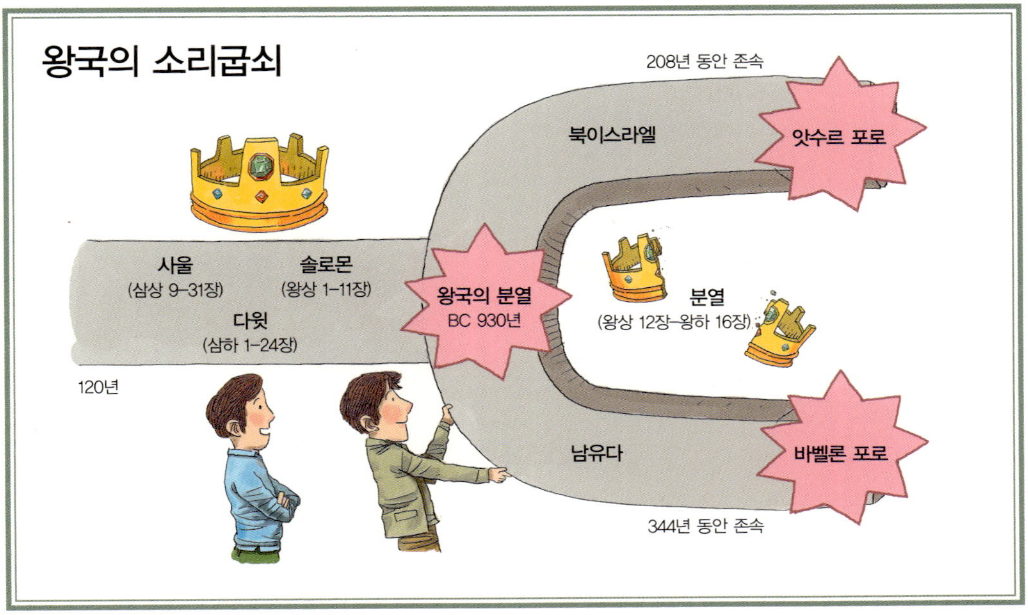

치했다. 이 사실에서 우리는 왕자로서의 40년, 목동으로서의 40년, 선지자로서의 40년을 보내고 120세에 생을 마감한 모세의 인생을 떠올릴 수 있다.

앞에 제시한 '왕국의 소리굽쇠'를 잘 살펴보면 열왕기상 후반부와 열왕기하에 두 왕국 이야기가 나온다는 사실을 짐작할 수 있을 것이다. 이 두 권의 책(엄밀히 말하면 열왕기상 후반부와 열왕기하 전체)은 솔로몬 이후 남왕국과 북왕국을 다스렸던 여러 왕들(북왕국은 19명, 남왕국은 여기에 여왕 한 명을 추가하여 20명)에 대해 기술한다. 이 분열 시대에 대해서는 다음 장에서 논할 것이다. '이스라엘'이라 불리는 북왕국은 BC 722년 앗수르(아시리아)에게 멸망당했고, '유다'라 불리는 남왕국은 BC 586년에 바벨론에게 멸망당했다.

3 왕관 시대 사울 질투의 괴물에게 잡아먹힌 사람

Saul – Sidetracked by the Green-eyed Monster

사무엘상은 주로 두 사람에 대해 말한다. 이스라엘 14명의 사사 중 마지막 사사였던 사무엘은 왕을 세워달라는 백성들의 원성에 반대했으나 하나님의 명령에 따라 사울에게 기름을 부었다. 그러나 사울은 금세 미끄러져 죄에 빠졌고 차기 왕으로 내정된 다윗을 몹시도 시기하여 끝까지 추적하여 죽이려고 했다. 이런 사울의 태도는 경건한 사무엘의 성품과 극명한 대조를 이루었다. 사무엘상의 주제를 두 어절로 요약한다면 "사울과 사무엘"이 될 것이다.

사울은 이스라엘에서 누구보다 키가 크고 용모가 준수한 청년이었으며, 그의 아버지 기스는 용맹스럽고 강인하고 부유한 사람이었다(삼상 9:1-3). 사울은 사무엘에게 기름부음과 가르침을 받은 뒤 비상시국에 처하여 왕의 직무를 수행했다(삼상 11장). 사울은 치세 초기에 암몬 족속과 블레셋 족속과의 전투에서 잇달아 대승(大勝)을 거둠으로써 백성들의 찬사를 한 몸에 받았다.

사무엘상 10장에는 약간 우스꽝스러운 장면이 나온다. 이스라엘 모든 백성이 왕의 취임식을 거행하기 위해 집결해 있는 장면을 상상해보라. 드디어 새 왕이 취임 선서를 하는 순서가 되었다. 그런데 그때 왕이 어디론가 사라지고 보이지 않는다. 사람들이 소리친다.

"어, 방금 전까지 여기 있었는데?"

모두들 흩어져서 왕을 찾는다. 그리고 마침내 짐짝 사이에 숨어 있는 사울을 발견한다. 그렇다. 사울은 그렇게 겸손했다. 그의 출발은 좋았다. 그럼에도 그의 종말은 비극적이었다. 그가 전장(戰場)에서 자살하고 말았기 때문이다(삼상 31장). 그는 하나님께서 사무엘을 통해 주신 명백한 명령을 어기고 자기 생각대로 일을 수행하면

그림으로 보는 사울의 파멸 과정

설명을 참조하기 전에 번호와 그림을 따라가며 사건의 내용을 떠올려보라. 일련번호는 성경에 나타난 사건 순서를 따랐다.

사울의 파멸 과정 한눈에 보기

❶ 자신이 번제 드린 것을 사무엘에게 변명함(삼상 13:5–14).
❷ 하나님의 말씀대로 아말렉을 온전히 진멸하지 않음(삼상 15:1–23).
❸ 여인들의 노래를 듣고, 다윗을 질투함(삼상 18:5–9).
❹ 다윗을 죽이려 창을 던짐(삼상 18:10,11).
❺ 신접한 여인을 찾아가 물음(삼상 28:1–19).
❻ 스스로 목숨을 끊음(삼상 31:1–6).

서부터 파멸하기 시작했다(삼상 13장). 사무엘이 죄를 지적했을 때, 그는 회개하기는커녕 변명을 늘어놓기에 급급했다. 죄에 대해 그럴듯한 변명을 늘어놓거나 타당하게 보이는 이유를 대는 것은 예나 지금이나 마찬가지인 모양이다. 그 후 사울에게는 모든 일이 점점 안 좋게 돌아갔고, 마침내 하나님께서는 그의 왕권을 빼앗아 다윗에게 넘겨주셨다(삼상 16:1).

어느 날, 사울은 백성들이 자기 부하인 다윗과 자기를 비교하는 소리를 들었다. 그 소리를 듣고 사울은 기가 꺾였다.

"여인들이 뛰놀며 창화하여 가로되 사울의 죽인 자는 천천이요 다윗은 만만이로다 한지라"(삼상 18:7).

그때 이후로 사울은 미친 듯이 다윗을 질투했고, 그를 죽이기 위해 추적하면서 남은 생애를 보냈다(삼상 18-30장). '질투'라는 이름의 괴물이 사울을 집어삼킨 것이었다.

사울은 자기 합리화와 질투심으로 사탄의 손아귀에 완전히 들어갔다. 그렇기 때문에 그가 자기 가족뿐 아니라 자기 자신까지도 파괴하려 했다는 사실은 결코 놀랄 일이 아니다. 그리고 후에 그가 신접한 여인을 찾아갔을 때, 그의 운명은 정해지고 말았다. 사울을 향한 사탄의 목표는 우리를 향한 그것과 결코 다르지 않다. 인간을 향한 사탄의 목표는 단 하나, 우리 영혼을 완전히 파멸시키는 것이다.

그러므로 우리가 사탄이 제멋대로 하게 내버려두면, 사탄은 사울에게 한 것과 똑같은 방법을 우리에게 사용할 것이다. 우리가 누군가를 시기하고 질투할 때, 사랑과 기쁨과 성공에 대해 하나님이 우리를 위해 마련해주신 성경의 기준 대신 세상의 기준을 따르게 된다. 질투와 시기심은 우리 자신의 장점과 잠재력을 파괴할 뿐 아니라 하나님과의 관계도 무너뜨린다. 그리고 자기 합리화(죄에 대해 변명하는 것)는 우리를 사탄의 공격에 그대로 노출시켜 사탄이 원하는 대로 손상을 입는 결과를 낳는다. '그림으로 보는 사울의 파멸 과정'에서 볼 수 있는 것처럼 죄는 아주 사소한 것에서부터 시작하여 큰 것으로 확대되기 마련이다. 그러다 보면 우리가 알지도 못하는 사이에 인생을 허비하게 되고 하나님을 섬길 수 있는 기회를 잃게 된다.

그러나 이제라도 이 사실에 유념하는 사람들에게는 도움과 소망이 있다. 사도행전 9장을 읽어보라. 신약성경에 등장하는 사울의 동명이인인 사울(바울)은 인간적으로 보면 가장 소망 없는 상태에 처해 있었다. 따라서 당신이 이미 하나님의 자녀라면, 다음 성경구절을 암송해뒀다가 사탄이 유혹할 때마다 힘차게 외치기 바란다.

"자녀들아 너희는 하나님께 속하였고 또 저희를 이기었나니 이는 너희 안에 계신 이가 세상에 있는 이보다 크심이라"(요일 4:4).

4 왕관 시대 다윗 사랑의 징계를 받은 사람

David – Disciplined with Love

성경의 11퍼센트가 다윗에 관한 내용이다. 그것은 성경 전체 1,189장 가운데 126장에 해당하는 분량이다. 구약성경 가운데 다윗이 기록했거나 그에 관해 이야기한 책들을 간략히 소개하면 다음과 같다.

사무엘하 다윗의 생애

2Samuel – Summary of David

이스라엘 통일왕국을 40년 동안 통치한 다윗의 생애가 사무엘하의 줄거리다. 그가 이웃에 사는 여인과 부정한 관계를 저질렀을 때, 그의 인생은 가파른 내리막길로 곤두박질쳤다. 다윗은 회개했고 하나님께 용서를 받았지만, 그 죄에 대한 대가를 혹독히 치러야 했다.

역대상 사무엘하에 대한 주석

1Chronicles – Commentary on Samuel

역대상은 사무엘하에 기록된 이야기에 대해 하나님께서 기록하신 주석이라 할 수 있다. 하늘의 저자께서는 이 책에서 하나님의 전(殿)을 짓기 위한 다윗의 준비 과정을 주요 기사로 다루셨는데, 다윗의 이런 공적(功績)은 후에 솔로몬이 성전 건축이라는 과업을 수월하게 진행하도록 도왔다. 이스라엘 통일왕국에서 중요한 역할을 했던 주요 인물들과의 인터뷰 내용도 이 책의 상당 부분을 차지한다.

시편 찬양과 탄원

Psalms – Praises and Petitions

다윗은 시편의 절반(150편 가운데 75편)을 기록했다. 시편 150편 가운데 73편이 다윗을 기자로 명백히 제시하고 있고, 신약성경이 작자 미상의 시편 두 편을 다윗의 저작으로 밝히고 있기 때문이다(사도행전 4장 25절에서 시편 2편을, 히브리서 4장 7절에서 시편 95편을 인용하고 있다).

시편은 한 편씩 개별적으로 볼 때나 전체적으로 살펴볼 때나 하나님의 성품과 역사를 찬양하는 내용과 더욱더 강하게 역사해주시기를 탄원하는 내용으로 거의 비슷하게 나누어진다. 나는 다윗의 시편을 읽을 때마다 마음이 평온해지는 것을 느끼곤 한다. 그의 시편은 '인간의 목소리'와 '하나님 음성'의 아름다운 어울림으로서 성도의 심령 안에서 절묘한 조화를 이룬다.

다윗은 어떤 때는 자신을 박해하는 자들에 대해 신속한 조치를 취해달라고 하나님께 매달렸고, 또 어떤 때는 하나님께서 그를 위해 역사하고 계신 일과 앞으로 이루어주실 일에 대한 감사와 확신을 불태웠다. 우리는 다윗을 통해 한 가지 교훈을 배울 수 있다. 그것은 우리의 기도가 "감사합니다! 찬양합니다!"와 "도와주세요! 주세요!" 사이에 균형을 이루어야 한다는 점이다.

5 왕관 시대 하나님의 용서와 징계

사무엘하는 오직 한 왕에 대해서만 기록한다. 그 사람은 바로 하나님의 마음에 맞는 사람이라 불렸던 다윗이다(삼상 13:14). 하지만 다윗은 이웃 여인 밧세바와 부정한 관계를 맺었고, 우리는 이런 다윗의 모습을 통해 두 가지 상반된 삶의 방식을 볼 수 있다.

사무엘하 1-10장에서 다윗은 만사가 형통했다. 왕국은 날로 확장되었고(애굽에서 유프라테스까지), 이스라엘은 근동의 강자(强者)로 급부상했다. 또한 다윗이 새로 건립한 수도이자 예배의 중심지인 예루살렘으로 막대한 부(富)와 조공(租貢)이 유입되었다.

그러나 사무엘하의 나머지 부분은 이전 부분과 극명한 대조를 보인다. 이스라엘은 외적들에게 빼앗은 영토를 도로 빼앗기기 시작했고, 다윗은 자기 아들의 반역으로 예루살렘에서 도망쳐 나왔으며, 심지어 그 아들은 제 아비의 후궁들을 욕보이기도 했다. 이처럼 다윗은 근친상간과 가족 사이의 유혈을 보며 남은 생애를 보내야 했다.

기쁨의 삶을 살던 다윗이 통한의 삶을 살게 된 것은 전적으로 뻔뻔스럽기 짝이 없는 자기 죄의 결과였다. 다윗은 자신의 더러운 속임수를 은폐하려고 애썼지만 그럴수록 고통만 가중되었다.

다윗은 나단 선지자에게 죄를 지적받고 난 뒤에 눈물로 통회하고 회개함으로써 여전히 하나님의 마음에 맞는 사람임을 입증해보였다(시 32,51편 참조). 그러나 하나님께서는 죄는 용서받아도 그 죄에 대한 대가는 치러야 한다는 사실을 분명히 보여주셨다(삼하 12장). 나단 선지자는 다윗에게 하나님의 용서를 선포한 뒤, 다음과 같은 하나님의 징계도 전했다.

"밧세바와의 부정한 관계를 통해 낳은 아들은 죽을 것이며, 칼이 네 집에서 결코 떠나지 않을 것이며, 내가 네 아내들을 빼앗아 너와 가까운 사람에게 주어서, 그가 대낮에 네 아내들을 욕보이게 할 것이다."

우리는 사무엘하 13-24장에서 이 모든 예언이 그대로 이루어지는 것을 확인할 수 있다.

일순간이라도 하늘의 보좌를 거역하는 죄는 장기적인 결과를 낳는다. 그러나 사탄은 그런 순간의 죄가 낳는 장기적인 결과를 숨기는 데 명수이다. 하나님께서는 언제나 값없이 용서의 은혜를 베풀어주시지만, 자기 백성들이 그 사실을 악용하여 마음대로 죄를 짓고 쉽게 용서를 받으려고 하는 것은 결코 용납하지 않으신다. 그런 태도는 갈보리 십자가에서 죽으신 그리스도를 모욕하는 것이다. 하나님은 우리에게 은혜를 베푸시기 위해 자신의 외아들을 주셨다. 지극히 거룩하신 하나님께서 자신의 외아들을 죄인들에게 내주어 그들 손에 의해 십자가에 못 박히게 하는 방법 말고 다른 방법이 있었다면, 그렇게 하셨을 것이다. 그러나 그것만이 유일한 방법이었기 때문에 우리를 너무도 사랑하시는 하나님께서는 기꺼이 그 방법을 택하셨다. 그리고 하나님은 다윗에게 그러셨던 것처럼 자기 백성들이 죄를 범하고도 징계를 받지 않은 채 살아가게 내버려두지 않으신다.

하나님께서는 우리가 선을 택할 것인지 악을 택할 것인지 결정하도록 하시지만 또한 그에 따른 결과에 책임을 지도록 하신다. 만일 내가 은행을 털고 진정으로 회개한다면 하나님께서는 용서해주실 것이다. 하지만 나는 훔친 돈을 돌려주거나 감옥살이를 함으로써 사회에 진 빚을 갚아야 한다. 만약 내가 일평생 담배를 피우고 나서, 폐암에 걸리지 않게 해달라고 기도했다고 해보자. 그러나 그런 기도가 폐암의 위험을 완전히 차단해주는 것은 결코 아니다. 나쁜 습관이 질병을 불러오듯 용서받은 죄에도 결과가 따른다는 점을 명심하기 바란다.

그렇다면 이것이, 하나님께서 악의를 품고 우리의 죄를 억지로 용서하신다는 의미인가? 결코 그렇지 않다. 하나님의 징계와 싫어하심을 혼동해서는 안 된다. 자상하신 창조주 하나님은 사랑하는 자녀들을 징계하신다(잠 3:11,12). 하나님께서는 그리스도 안에서 영적으로 양자(養子) 삼으신 모든 이들에게 더없이 좋은 부모가 되어 주신다. 하나님은 분명한 가르침을 주시고 우리가 그 것을 잘 이해했는지 시험하신다. 하나님께서 우리를 징계하실 때마다 우리는 그 사랑을 기억해야 한다.

하나님께서 다윗과 밧세바를 어떻게 위로하셨는지 보라. 밧세바와의 부정한 관계로 낳은 아기는 죽었지만, 다윗은 그 아기가 하늘나라에 갔다는 것을 확신했다(삼하 12:23). 다윗과 밧세바가 그 다음에 낳은 아기는 솔로몬이었다. 그는 하나님께서 이스라엘의 차기 왕으로 택하신 사람이었다. 솔로몬은 제 아버지와 마찬가지로 이스라엘에서 가장 지혜롭고 부유한 왕이 되었다. 하나님께서 다윗에게 주신 새 아들을 얼마나 사랑하셨는지 주목하라. 심지어 하나님께서는 솔로몬에게 '하나님께서 가장 사랑하시는 사람'이라는 뜻의 "여디디야"라는 별칭을 붙여주시기도 했다(삼하 12:24,25).

역대상은 다윗의 생애에 대한 하나님의 주석이라고도 할 수 있는데, 여기에는 다윗이 밧세바와 범한 죄를 언급하기는커녕 암시조차 하지 않고 있다. 하나님께서 다윗이 밧세바와 저질렀던 부정한 사건을 이 신성한 기록에서 완전히 빼신 것이다. 죄를 자백할 때 하나님께서는 용서하신다. 그 다음에는 그것을 기억조차 하지 않으신다.

죄는 용서받았지만 그 죄의 결과 가운데 살고 있던 다윗과 밧세바 두 자녀에게 하나님께서 그보다 더 확실하게 사랑을 확인시켜주실 수 있었을까? 여기엔 진정한 이율배반의 원칙, 서로 상반되는 것처럼 보이는 중요한 두 진리가 담겨 있다. 하나님께서 한편으로는 그리스도를 통해 동

(東)이 서(西)에서 먼 것같이 우리의 죄과를 우리에게서 멀리 옮기시지만(시 103:12), 다른 한편으로는 세상에 대한 실물 교육 차원에서 우리의 죄는 용서해도 징계는 받게 하시기 때문이다(삼하 12:13,14).

6 왕관 시대 솔로몬 깨어진 충성심
Solomon – Split Loyalties

성경의 6퍼센트(성경 1,189장 가운데 68장) 정도에 해당하는 분량이 솔로몬이 기록했거나 솔로몬에 관한 내용이므로 이 사람 역시 우리가 주목해야 할 인물이라 할 수 있다. 솔로몬이 기록했거나 그에 관한 내용을 담고 있는 책들을 간략히 요약하면 다음과 같다.

열왕기상 왕국의 분열
1Kings – Kingdom is divided

솔로몬은 부왕(父王) 다윗에게 통일왕국을 물려받아 예루살렘 성전을 포함한 거대한 건축 프로젝트를 시작했다. 솔로몬이 예루살렘에 건축한 성전은 고대의 어느 건축물과 비교해도 손색이 없을 만큼 아름다웠다. 그러나 성전 건축에는 엄청난 비용과 노역이 들어갔다. 이에 북쪽에 거주하던 열 지파가 솔로몬의 아들 르호보암에게 세금을 감면해달라고 건의했지만 거절당하고 말았다. 그 결과 이스라엘 열두 지파 가운데 열

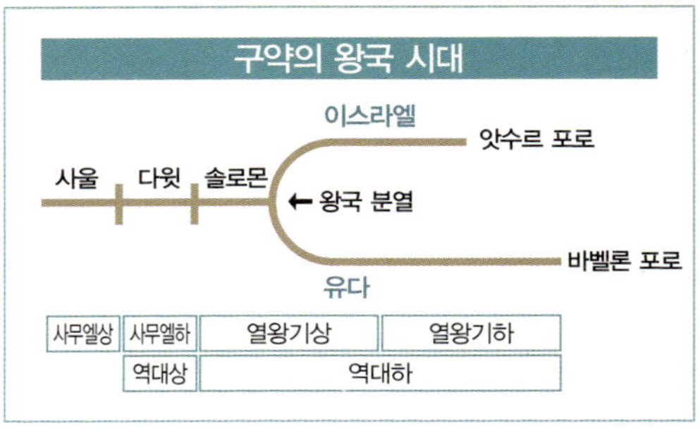

지파가 통일왕국에서 분리되었고, 그들이 따로 수도를 정하고 나라를 세움으로써 히브리 민족의 통일왕국은 분열되고 말았다(왕상 12장). 그들은 국호를 '이스라엘'(북왕국 혹은 북이스라엘)이라 정했고, 남은 두 지파는 '유다'(남왕국 혹은 남유다)라 정했다.

역대하 열왕기상하에 대한 주석
2Chronicles – Commentary on Kings

하늘나라의 저자께서 두 번째로 펴내신 주석서는 주로 남유다에 대해 기술한다. 역대하는 솔로몬의 치세로 시작해 남유다 백성이 바벨론에 포로로 잡혀가는 사건으로 끝난다. 역대하에서는 각각의 왕들이 '하나님을 향한 마음'을 기준으로 하늘에서 실시하는 여론조사에 의해 평가를 받는다. 그리고 결국 남유다 백성은 하나님께 불순종한 대가로 바벨론에 포로로 끌려간다. 그러나 역대하는 유다 백성이 70년 뒤에 다시 고향으로 돌아올 것이라는 확실한 약속으로 끝난다.

역대하에 기술된 사건들은 열왕기상하에 언급된 내용과 거의 동일하다. 앞에 제시한 '왕국의 소리굽쇠'로 설명을 하자면, 역대하는 소리굽

쇠 손잡이의 안쪽 부분에서 시작해 'U'자 모양으로 갈라지는 아래 막대 부분까지를 포괄한다. 역대기는 남유다 왕들의 계보만을 추적한다. 이것은 남유다 왕들의 계보가 궁극적으로 왕 중의 왕이신 그리스도께 이르는 약속의 계보이기 때문이다. 솔로몬의 이야기는 역대하 1-9장에 들어 있다.

솔로몬의 생애는 그가 저술한 세 권의 체험서(잠언, 전도서, 아가서) 안에 적혀 있다. 여기서는 성경에 배열된 순서 말고 기록된 순서대로(추정이기는 하지만) 살펴보기로 하겠다. 아가서(Song of Songs)는 그 내용으로 보아 솔로몬이 젊었을 때 기록한 것으로 보이며, 잠언(Proverbs)은 하나님의 선물을 받아 왕권을 견고히 한 중년에 기록한 것으로 보이며, 전도서(Ecclesiastes)는 인생을 허비한 자신의 지난날을 돌아보며 말년에 기록한 것으로 보인다. 이 세 권의 첫 글자(SPE)에 착안하여 솔로몬이 매우 특별한(SPEcial) 순서로 체험서를 기록했다고 생각하면 기억하기 쉬울 것이다.

아가서 결혼생활의 성(性)
Song of Songs – Sex in Marriage

30세 미만의 유대인 남자들에게는 '결혼생활의 성(性) 입문서' 격인 아가서를 읽는 것이 금지되었다. 하나님은 '성'이 결혼생활의 기쁨이 되도록 하셨다. 성이 있어야 할 적합한 자리는 '결혼생활 안'이다. 하지만 인간들은 그것을 왜곡했다. 이 책에는 그렇게 왜곡된 성에 대한 창조주 하나님의 교정(矯正)이 들어 있다. 우리는 이 고대 시를 읽으며 창조주 하나님의 지혜와 놀라우

심을 떠올리게 된다. 인간을 남자와 여자로 만드시고 너무도 신비한 사랑의 결합을 마련해놓으셨으니 말이다.

잠언 생활 속의 분별

Proverbs – Prudence in Life

총 915개의 절로 구성된 잠언은 지혜롭고 유익한 삶을 위한 풍부하고도 실제적인 지침을 담고 있다. 잠언에는 "하라"라는 긍정의 권고와 "하지 말라"라는 부정의 금령(禁令)이 고루 분포되어 있다. 잠언에 담긴 지혜는 세상의 현자(賢者)들이 말하는 격언 그 이상이다. 잠언이 말하는 지혜는 창조주 하나님께서 본래 계획하신 그대로 삶을 살아가는 기술을 뜻한다. 성공적인 삶을 위한 방법이 궁금한가? 그렇다면 잠언을 읽어라! 잠언이라는 캡슐 안에서 그것을 한꺼번에 발견할 수 있을 것이다.

솔로몬은 3,000편에 달하는 잠언을 기록했다. 그러니 후에 천국에 가거든 그와 함께 구름 위를 거닐며 우리에게 전해지지 않은 2,085편도 들려달라고 청해보라. 그리고 더불어 1,005편에 달하는 노래도 불러달라고 청해보라(왕상 4:32).

전도서 인생의 허무함

Ecclesiastes – Emptiness in Life

미래에 대한 통찰보다는 뒤늦은 깨달음이 언제나 더 정확한 법이다. 과거를 돌아보면 우리의 잘못을 깨닫기가 쉬워진다. 인간은 학습보다 체험을 통해 더 많이 배운다. 솔로몬의 전도서가 바로 그런 경우라 할 수 있다. 솔로몬은 이 책에서 지혜, 기쁨, 부(富), 일, 친구, 대인 관계, 종교, 결혼, 자녀, 지위 등 현대인들이 성공을 위해 필요하다고 생각하는 요소들을 주르르 늘어놓은 뒤에 그 모든 것을 다 누려보았지만 결국 허무할 뿐이라고 고백한다.

이런 요소들 가운데 어느 것도 그릇된 것이라 말할 수는 없지만, 그렇다고 해서 그것들 가운데 어떤 것 하나라도 인생의 주된 목표로 삼을 만큼 가치 있는 것이라 말할 수 있는 것도 없다. 이처럼 땅에 속한 것들에 삶의 초점을 맞추는 것은 비눗방울을 잡으려는 행위와 같다. 이런 것을 잡으려고 애쓰면 애쓸수록 우리는 수확체감의 법칙을 체험하게 된다. 노력이 지나치면 상대적으로 그에 따른 만족감이 줄어든다는 말이다. 그래서 솔로몬은 "일의 결국을 다 들었으니 하나님을 경외하고 그 명령을 지킬지어다 이것이 사람의 본분이니라"(전 12:13)라고 결론을 맺는다.

7 왕관 시대 체험적 교훈과 지혜

구약의 체험서 중에 4권(시편, 잠언, 전도서, 아가서)은 왕관 시대에 기록되었지만, 시대를 초월하여 사람들에게 읽히고 있다(체험서 가운데 제일 먼저 나오는 욥기는 창세기 12-50장에 해당하는 씨족 시대에 기록되었다). 특히 젊은이들은 수시로 이 말씀들을 묵상할 필요가 있다. 이 책들이 인간의 내면 깊숙이 들어 있는 욕구를 다루고 있기 때문이다. 이 4권의 체험서는 각각 인생의 중요한 질문에 대해 다룬다.

시편 악하고 음란한 세상에서 어떻게 하나님을 섬길 것인가? 박해를 받을 때 어떻게 신앙의 절개(節槪)를 지킬 것인가?

잠언 일상의 실제적인 문제들에 대처할 지혜를 어디서 얻을 것인가?

전도서 인생은 허무하지만 그래도 우리가 살아갈 이유는 무엇인가?

아가서 성(性)에 대한 하나님의 견해는 어떠한가?

그런데 여기서 우리가 주목할 점은 구약의 체험서 다섯 권이 내용 전개상 적절하게 배열되어 있다는 것이다. 어쩔 수 없는 고난과 환경에 처했을 때, 우리는 전능하신 하나님을 바라보아야 하며(욥기) 오직 그분만을 섬겨야 한다(시편). 하나님을 경외하고 섬기는 것이 지혜의 원천이며 시작이다(잠언). 그리고 우리는 인생의 목적을 설정하는 것(전도서)과 이성과 적절한 관계를 맺는 것(아가서) 두 가지 주된 영역에 이 지혜를 적용해야 한다.

우리는 사울과 다윗과 솔로몬의 삶을 통해 매 순간 하나님과 동행해야 한다는 교훈을 얻을 수 있다. 하나님께서 과거에 은혜를 베풀어주셨다고 해서 현재를 안일하게 살아서는 안 된다. 하나님의 은혜를 기다린다고 하면서 나태하게 앉아 막연한 꿈만 꾸고 있어서도 안 된다. 처음에 올바른 길로 힘차게 출발했다 할지라도 결승점에 도달할 때까지는 달리기를 중단하지 말아야 한다.

11

CHAPTER

분열된 두 왕국 모두 하나님을 거역하는 길을 걷다

분열 시대 : 왕상 / 왕하 / 대하 / 옵 / 욜 / 욘 / 암 / 호 / 미 / 사

Splits and Splinters

1 분열 시대
(왕상 12장 – 왕하 16장 ; 대하 10–28장)

이스라엘 백성들이 자기들을 다스릴 왕을 세워달라고 원성을 높일 때, 사무엘은 그들의 요구를 기쁘게 여기지 않았다. 사무엘은 인간 왕의 통치를 원하는 백성들에게 왕정(王政)이 시작되면 건장한 청년들은 전장(戰場)으로 끌려가 다치거나 혹은 죽을 것이고, 아리따운 처녀들은 후궁으로 들어갈 것이며, 그 왕이 갖가지 정책과 건축 사업을 실행하느라 무거운 세금을 물리는 탓에 마침내 나라에 분란이 생길 것이라고 경고했다.

더욱이 왕을 원하는 백성들의 동기가 옳지 않았다. 이스라엘 백성은 헷 족속, 모압 족속, 가나안 족속 등 주변 민족들을 보고 '인간 왕'을 원했고 그 과정에서 만왕의 왕이신 하나님을 거부했기 때문이다.

2 히브리의 두 왕국

왕관 시대의 처음 세 왕(사울, 다윗, 솔로몬)은 그런 대로 나라를 번영시켰다. 그러나 그들은 산더미 같은 문제를 남겨놓은 채 세상을 떠났다.

솔로몬이 죽자 그의 아들 르호보암이 왕위를 계승했다. 르호보암이 권력을 차지하자 북쪽에 거주하던 열 지파가 여로보암과 함께 찾아와서 세금 감면을 요청했다(왕상 12:1-5). 솔로몬이 성전과 왕궁 건축, 군사력 강화 등 공공사업에 소용되는 재정을 충당하기 위해 백성들에게 무거운 세금을 부과했기 때문이다.

르호보암은 부왕(父王) 솔로몬 생전에 행정을

담당하던 원로들에게 조언을 구했다. 그들은 르호보암에게 "세금을 낮추십시오. 그러면 백성이 왕을 위해 무엇이든 할 것입니다. 종의 본을 보이십시오. 그러면 백성이 왕의 종이 될 것입니다!"라고 충고했다.

그러나 르호보암은 원로들의 조언을 받아들이지 않고 예루살렘 대학 동문인 자기 친구들의 의견을 물었다. 그리고 그들은 낮은 안목으로 문제에 접근하여 "백성에게 엄히 말해야 합니다. 오히려 세금을 더 올려야 합니다. 처음부터 주도권을 잡아야지 지금 하나를 양보하면 나중에 열을 요구할 것이고 그러면 그들이 왕을 아주 우습게 여길 것입니다!"라고 대답했다.

결과는 어떻게 되었을까? 르호보암은 원로들의 지혜로운 충고를 무시했고, 결국 나라가 둘로 쪼개지고 말았다. 여로보암이 이끄는 북쪽 열 지파가 르호보암에게 세금 바치기를 거부하고 따로 나라를 세웠던 것이다. 나중에 르호보암은 그들에게 강제노동 감독관을 보냈지만 그들은 그를 돌로 쳐 죽였다.

여기까지의 이야기가 열왕기상의 처음 열두 장에 자세히 묘사되어 있다. 이후 2세기가량 지속된 이 분열 시대 동안 히브리의 두 왕국(북이스라엘과 남유다)은 동맹자라기보다는 원수에 가깝게 지냈다.

3 분열 시대 지혜를 모으면 인생이 평탄해진다

솔로몬은 교훈과 경험이라는 두 가지 방법을 통해 자기 아들에게 지혜로운 조언자의 소중함을 가르치려고 했다. 잠언은 솔로몬이 자기 아들에게 쓴 것인데(잠 1:1, 2:1) 그 아들은 분명 르호보암이었을 것이다.

성구사전을 참조하여 잠언이 '지혜'에 대해 몇 차례나 언급하고 있는지 확인해보기 바란다. 잠언의 기록 목적은 이 책을 읽고 주목하는 사람의 지혜를 증대시키는 데 있다. 솔로몬은 이 책에서 "모사가 많으면 평안을 누린다"라는 말을 세 차례나 반복하고 있다(잠 11:14, 15:22, 24:6).

이 부분에 대해 자문해보라. 당신은 하나님 말씀에 들어 있는 충고를 착실히 따르고 있는가? 부모님의 조언을 진지하게 숙고하고 있는가? 아마도 많은 사람들이 "아니요"라고 대답할 것이다. 그러나 하나님은 훌륭한 교사이시기 때문에 단지 옳은 길을 가르치는 데서 그치지 않고 때로 그 길을 직접 보여주신다. 우리가 선택한 일의 결과를 경험하게 하심으로써 옳은 길이 무엇인지 가르치신다는 말이다.

르호보암이 지혜롭지 못한 조언을 따름으로 말미암아 통일왕국은 둘로 쪼개졌고, 그 영향은 오늘날까지 계속되고 있다. 앗수르에 의해 주변 각 나라에 흩어진 북쪽 열 지파가 지금까지 세계 각국에 흩어져 살고 있기 때문이다.

하나님은 지혜의 원천이시다. 하나님께서는 하나님을 경외하는 마음으로 지혜를 구하는 모든 자에게 그것을 선물로 주신다(잠 1:7 ; 약 1:5). 하나님께서는 대개 자신의 독생자와 성경을 통해 자기 뜻을 분명하고 확고하게 말씀하시는데, 때로는 지혜로운 조언자를 통해 그 뜻을 전달하기도 하신다.

지식을 원하거든 학교에 가서 배우거나 책을 읽어라. 그러나 지혜를 원한다면 하나님께 가서 그분의 말씀에 귀를 기울여라. 다윗의 본을 따라 규칙적으로 말씀을 묵상하라(시 119:97). 인생의 온갖 중대한 결정을 내리는 데 지혜와 도움을 얻기 원한다면 경건함과 영적 성숙함을 갖춘 나이 지긋한 조언자를 찾아가라.

당신은 지금 어떤 문제에 직면해 있는가? 그래서 하나님의 말씀을 탐색하고 있는가? 지혜의 원천이신 하나님을 찾고 있는가? 경험이 많고 나이 지긋한 조언자에게 도움을 구하고 있는가? 사람과 사건을 통해 하나님의 뜻을 밝히 알려달라고 간절히 구하고 있는가?

르호보암의 치명적인 실수를 통해 배워라. 지혜로운 조언자들에게 귀를 기울이면 기울일수록 안전하다는 것을!

4 분열 시대 멸망을 향해 달리는 두 왕국

여로보암이 르호보암 왕에게 반기를 들고 통일왕국에서 뛰쳐나온 이후, 총 18명의 왕들이 북왕국 이스라엘을 통치했다. 여로보암은 단과 벧엘에 금송아지 우상을 세우고 백성들로 하여금 그것을 숭배하도록 했다. 그 옛날 출애굽 세대들이 시내산에서 저지른 죄를 그들이 되풀이했던 것이다. 제사를 지내러 가기 위한 예루살렘 순례가 금지되자, 레위 지파는 이런 악행에 반발하여 그 땅을 떠났다(대하 11:13-17).

그렇다면 르호보암의 잘못이 여로보암의 반역을 정당화하는 것일까? 여로보암은 하나님을 배신하고도 잘 살았을까? 두 질문에 대한 대답은 모두 "아니요"이다. 열왕기상 14장을 읽어보면 하나님께서 여로보암에게서 무엇을 어떻게 징발하셨는지 확인할 수 있다. 열왕기와 역대기의 나머지 부분(왕상 15-22장 ; 왕하 ; 대하 13-36장)은 하나님께서 영적 도둑질을 반복하는 이스라엘에게서 무엇을 어떻게 징발하셨는지 잘 보여준다.

북왕국 이스라엘이 앗수르에 멸망당하기 전까지 208년 동안 무엇을 수확했는지 보라. 이스라엘 백성들은 하나로 똘똘 뭉쳐 오로지 한 방향, 즉 하나님으로부터 등을 돌리는 방향으로만 내리달았다. 그들을 통치한 19명의 왕에게도 한 가지 공통점이 있었는데, 그것은 바로 그들이 하나님 보시기에 모두 악을 행했다는 것이다.

부자간의 왕위 계승이 아홉 차례나 깨졌고, 왕위가 공석(空席)으로 있던 것이 두 차례 총 20년에 달했다. 19명의 왕 가운데 자연사(自然死)한 사람은 7명뿐이고, 나머지 12명 가운데 1명은 하나님이 쳐서 죽었고, 2명은 전사(戰死)했고, 1명은 자살했고, 1명은 2층에서 떨어져 죽었고, 6명은 무참히 살해당했고, 1명은 포로로 잡혀가 죽었다. 19명의 왕 가운데 12명만이 12년가량을 통치

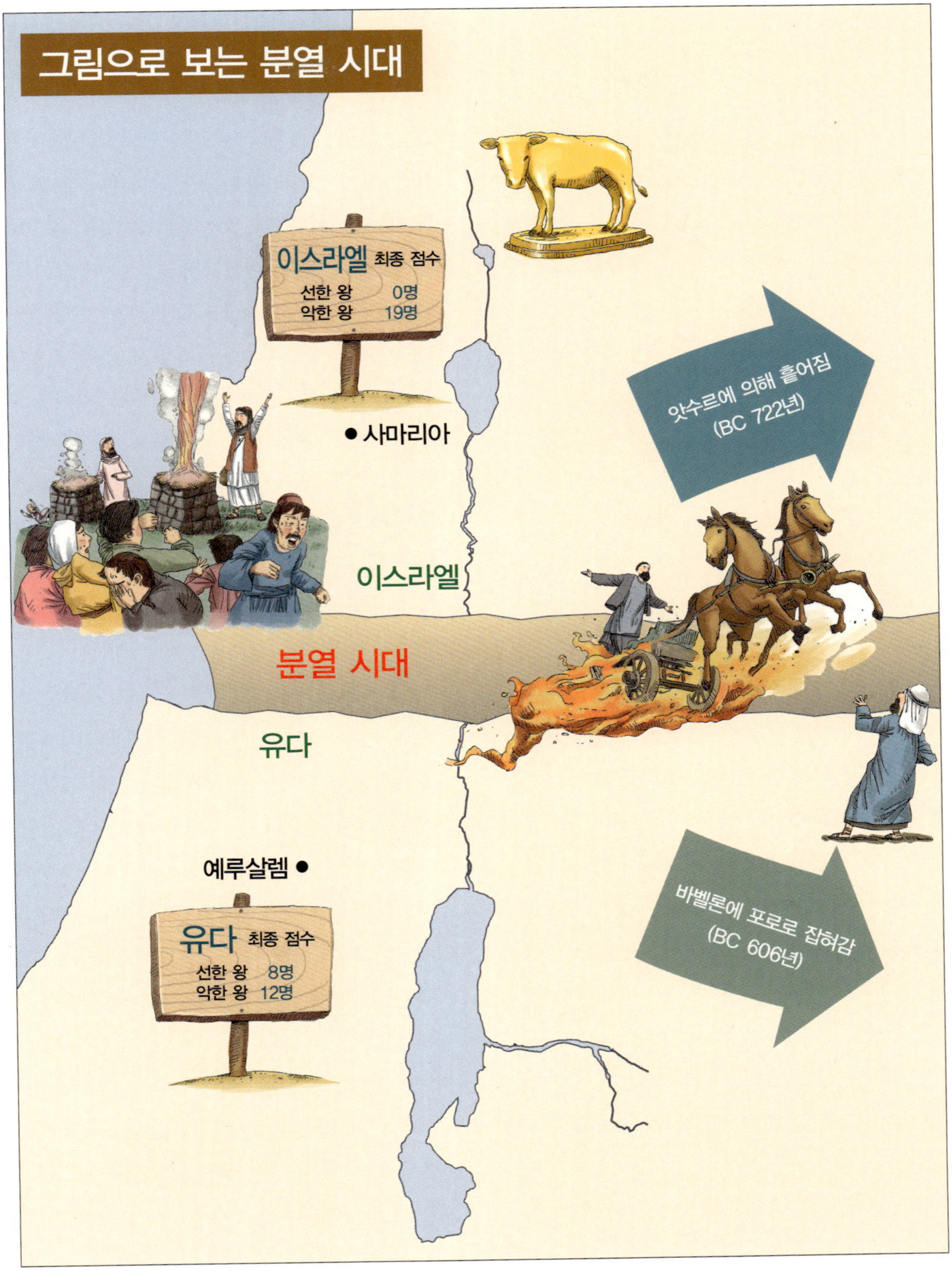
그림으로 보는 분열 시대
이스라엘 최종 점수
선한 왕 0명
악한 왕 19명
사마리아
이스라엘
분열 시대
유다
예루살렘
유다 최종 점수
선한 왕 8명
악한 왕 12명
앗수르에 의해 흩어짐
(BC 722년)
바벨론에 포로로 잡혀감
(BC 606년)

했고, 1명은 6개월, 1명은 1개월, 어떤 왕은 단 일주일을 통치했다. 19명의 왕 가운데 10명이 큰 전쟁에 연루되었다.

하나님을 배신한 북이스라엘은 마침내 앗수르에 의해 멸망당했고, 백성들은 주변 여러 지역으로 뿔뿔이 흩어졌다. 이때 히브리인들이 이방인들과 통혼(通婚)함으로써 '사마리아인'이라 불리는 혼혈족이 생겨나기 시작했다.

통일왕국 분열 이후, 남왕국 유다의 역사는 비교적 안정적이었다. 남유다에서는 총 20명의 왕이 다윗의 뒤를 이어 백성을 통치했다. 그러나 이들 가운데 오직 8명만이 하나님으로부터 '선하다'라는 평가를 받았다. 열왕기와 역대기는 각각의 왕들이 치세하는 동안에 어떤 보상과 질책을 받았는지 자세히 기록하고 있다. 남유다 역시 결국 바벨론에 멸망당하여 백성들이 포로로 끌려가고 말았다.

이 분열 시대에 관해서는 열왕기상 12-22장, 열왕기하, 역대하 10-36장에 자세히 기록되어 있다.

5 분열 시대 영적 각성을 촉구하는 사람들

하나님은 두 왕국의 백성들에게 충분히 경고하셨다. 이것은 하나님께서 남북에 총 30명의 선지자들을 급파하여 백성들의 회개를 촉구하신 데서 알 수 있다. 이때 활동한 선지자들 가운데 8명이 '예언서'(선지서)를 기록했다. 엘리야와 엘리사를 비롯한 몇몇 선지자들은 하나님 말씀을 선포하는 일에 전념하여 책을 쓰지 않았다. 또한 3명의 선지자는 선교사로서 외국에 나가 하나님 말씀을 전했다. 에돔에 하나님의 메시지를 전한 오바댜, 앗수르에 말씀을 전한 요나와 나훔이 그들이다. 이때 악에서 돌이켜 하나님께 돌아온 자들은 은혜로 용서를 받았지만, 회개하기를 거부한 자들은 혹독한 대가를 치러야 했다.

선지자들의 설교는 이중(二重)의 기대로 가득했다. 하나는 백성들을 향한 하나님의 기대였고, 다른 하나는 하나님을 향한 백성들의 기대였다. 하나님께서 세우신 이 대변자들은 장차 임할 하나님나라에 관해서도 많이 말했지만, 그보다는 그들 세대의 잘못을 엄중히 책망하는 데 더 많은 시간과 열정을 쏟았다.

하나님께서는 '구약의 포도원'이 열매 맺기를 기대하셨다. 하늘의 농부께서는 일꾼들을 고용하여(선지자들을 세워) 가지치기를 하심으로써(다가올 멸망에 대해 경고하심으로써) 깨달을 만한 이스라엘 민족이 깨닫고 제자리로 돌아오기를 원하셨다. 그래서 선지자들은 고통 받는 자들은 위로했고 안일하게 사는 자들은 괴롭게 했다.

선지자들은 창조주 하나님께서 이스라엘 민족에 대한 '리콜'(recall, 어떤 상품에 결함이 있을 때 생산 기업에서 그 상품을 회수하여 점검·교환·수리해주는 제도) 계획을 갖고 계시다고 선포했다. 이스라엘 민족이 자기들을 향한 하나님의 계획에 따라 살지 않음으로써 창조주 하나님의 성품에 크나큰 누(累)를 끼치고 말았기 때문이다.

선지자들은 적절한 비유의 말과 상징적인 행동을 활용해 바닥까지 실추된 하나님의 기준을 회복시키려 애썼다. 선지자들은 유대인들이 하나님의 경고를 듣지 않으면 약속의 땅에서 쫓겨날 것이라고 경고했다. 선지자들은 이런 딱딱한 메시지를 전했으므로 백성의 인기투표에서 좋은 점수를 얻지 못했다.

사실 이스라엘 백성들이 보인 반응은 오늘날 대부분의 사람들이 하나님의 메시지에 통상적으로 보이는 반응과 별반 다르지 않았다. 그 반응이란 다름 아니라 '설교자가 심기를 건드리면 그를 핍박하라!'라는 것이다.

선지자들은 모진 박해를 받았지만 하나님을 신실하게 믿었으므로 견고한 자세로 백성들에게 믿음과 순종과 회개를 촉구했다. 사실 남유다의 일부 선지자들은 경건한 왕들의 후원을 등에 업고 간헐적으로 회개와 부흥을 일으키기도 했다. 하지만 남북 두 왕국의 백성은 하나님을 거역하는 일방통행로로 걷기를 고집하여 마침내 외세의 침략을 받아 포로가 되고 말았다. 히브리 민족은 선지자들의 엄중한 경고를 무시함으로써 결국 고난과 불행을 자초했다.

성경에는 하나님께서 사전 경고 없이 자기 백

성을 심판하신 사례가 단 한 번도 나오지 않는다. 하나님께서는 경고하셨을 뿐만 아니라 회개하고 돌아오면 용서해주셨다. 하나님께서는 지금도 여전히 그렇게 하신다. 하나님께서 지금 당신 삶의 어떤 특정한 영역에서 징계를 되풀이하심으로써 무언가를 계속 말씀하고 계신 것은 아닌지 잘 생각해보기 바란다. 하나님은 무엇보다 우리가 자발적으로 순종의 길을 걷기를 바라시지만, 우리의 순종을 격려하기 위해 필요한 일이라면 무엇이든 다 하신다.

선지자들은 하나님 말씀을 '대언'하는 일은 물론 미래를 '예언'하는 일도 맡았다. 선지자들이 미래를 예언한 까닭은 백성의 변화를 촉구하고 그들로 하여금 하나님의 심판을 주목하도록 하기 위함이었다. 따라서 선지자들이 살던 당대에 성취된 예언들은 그 예언이 어떤 분으로부터 나온 것인지를 확실히 입증했다.

한편 먼 장래에 관한 예언들(아직까지 성취되지 않은 예언들을 포함하여)은 하나님의 징계가 하나님의 싫어하심을 뜻하는 것은 아니라는 것을 보여준다. 하나님의 회초리는 언제나 자녀들을 가르쳐서 바르게 하기 위한 것이지, 집에서 내쫓기 위한 것이 아니다. 하나님의 자녀들에게 최선의 것은 아직 오지 않았다. 우리는 메시아께서 장차 이루실 나라에서 그것을 맛볼 것이다.

6 분열 시대 예언서들의 위치

구약의 예언서(선지서) 17권은 모두 구약의 마지막 세 시대(분열 시대, 포로 시대, 건축 시대)에 기록되었다. 구약의 예언서 가운데 히브리 왕국의 분열 이전에 기록되었거나 유대인들의 바벨론 포로 시기 이후에 기록된 책은 한 권도 없다.

분열 시대에 활동한 7명의 선지자들은 네 나라(북이스라엘, 남유다, 앗수르, 에돔)에서 말씀을 전했다. 다음에 제시한 '그림으로 보는 분열 시대의 선지자들'을 참조하라. 참고로 한데 묶여 있는 예언서들은 성경에 배열된 순서가 아니라 연대 순서대로 기입한 것이다.

오바댜 선지자는 에돔에서 말씀을 선포했고, 요나 선지자는 앗수르의 수도 니느웨에서 말씀을 선포했다. 아모스와 호세아 선지자는 북이스라엘에서 사역했고, 분열 시대의 나머지 세 선지자 요엘과 미가와 이사야는 남유다에서 사역했다.

7 분열 시대 선지자들의 메시지

이제부터 분열 시대에 활동한 일곱 선지자들의 주요 메시지를 간단히 요약해보기로 하겠다. 그래야 당신이 장차 영광 가운데 그들을 만났을 때 당황하지 않을 테니 말이다. 다음에 제시한 예언서들의 순서는 성경에 배열된 순서가 아니라 선지자들의 활동 연대 순서를 따른 것이다. 그리고 예언서 바로 옆에 그 책의 주제와 선지자들의 활동 연대와 장소를 덧붙여 두었으니 참조하기 바란다.

오바댜서 에돔의 멸망, BC 848-841년, 에돔

에돔의 수도였던 페트라(Petra)는 에돔을 향한 오바댜 선지자의 예언이 정확히 성취되었음을 묵묵히 증언하고 있다. 붉은 사암 덩어리로 이루어진 거대한 바위 틈새에 건설된 이 도시가 지금은 자칼과 독수리만 우글거리는 폐허가 되었기 때문이다. 대체 에돔이 무슨 중한 죄를 지었기에 수도가 폐허가 되고 거기에 살던 백성들이 멸절을 당한 것일까? 왜냐하면 그들이 자신들의 형제 민족인 유대인이 공격을 당할 때 돕기는커녕 오히려 유대인을 공격하는 적의 편을 들었기 때문이다(에돔 민족이 에서의 후손이고 이스라엘 민족이 야곱의 후손이라는 것을 기억하라).

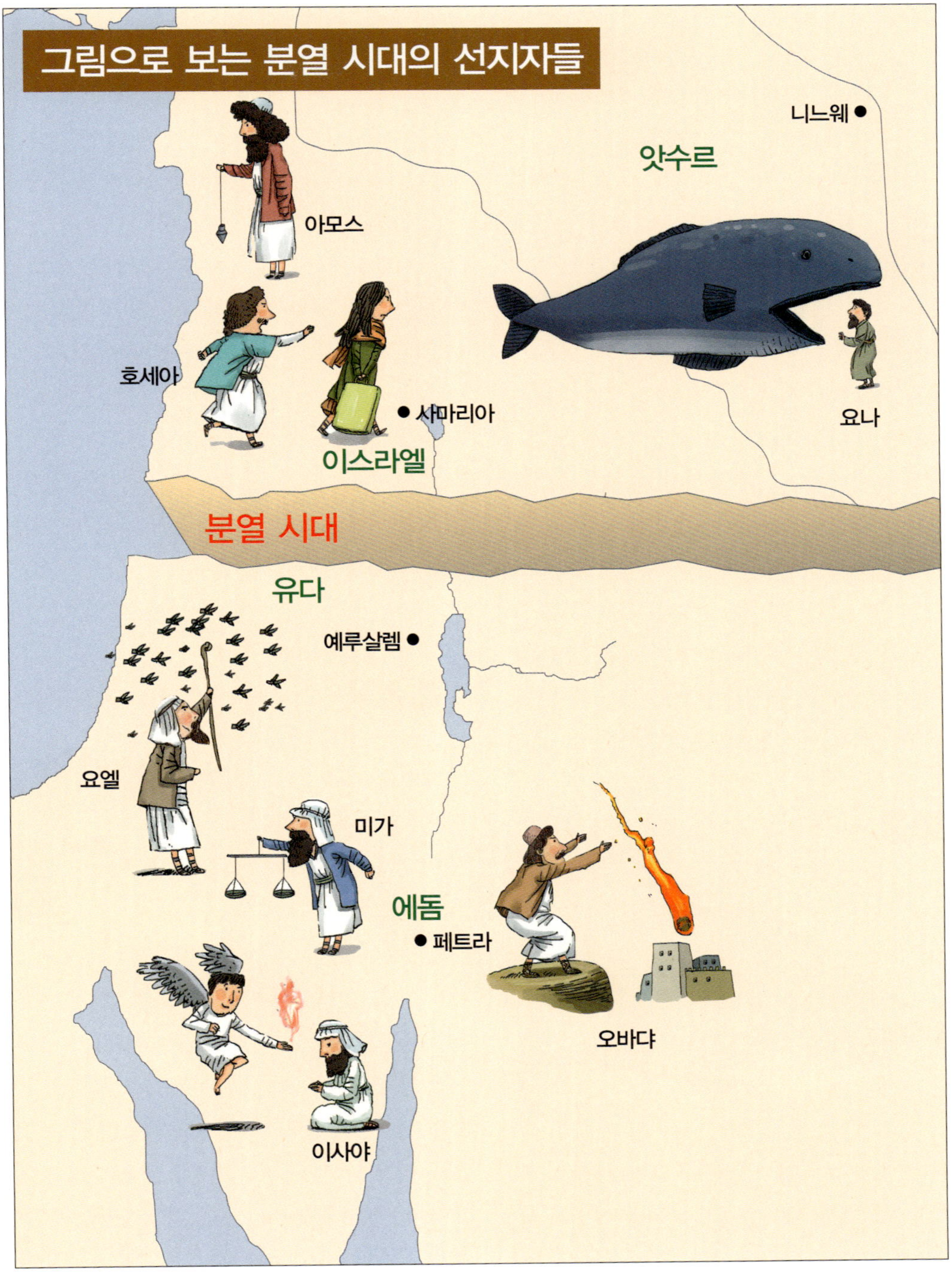
그림으로 보는 분열 시대의 선지자들
니느웨
앗수르
아모스
호세아
사마리아
이스라엘
요나
분열 시대
유다
예루살렘
요엘
미가
에돔
페트라
오바댜
이사야

요엘서 유다의 심판의 날, BC 835-796년, 남유다

요엘 선지자는 어디에선가 갑자기 몰려와 모든 농작물을 초토화시키고 지나가는 메뚜기 떼를 상징으로 들어 이방 군대가 하나님을 저버린 유다 백성에게 자행할 일을 경고했다. 하나님은 여느 때와 마찬가지로 요엘 선지자를 통해 회개하고 돌아오면 용서와 구원을 베풀어주겠다고 약속하셨다.

결국 유다 백성은 회개하고 돌아오기보다 심판받기를 택했지만, 하나님께서는 미래 세대들에게 하나님의 영(靈)을 부어주겠다고 약속함으로써 소망의 여지를 남기셨다. 자기 멋대로 행하기를 고집하는 자들은 '심판자로서의 하나님'을 만날 것이지만, 죄에서 돌이켜 하나님께 나아오는 자들은 '구원자로서의 하나님'을 만날 것이다.

요나서 심판을 모면한 니느웨, BC 782-750년, 앗수르

하나님께서 요나를 큰 물고기 배 속에서 보호해주신 것보다 더 큰 이적은 1백만의 인구가 사는 이방 도시에 회개와 영적 부흥이 일어난 것이라 할 수 있다. 이는 당신 교회에서 파송한 한 선교사가 하나님을 전혀 모르는 어떤 도시에 가서 그 도시의 멸망을 선포했을 때, 그 도시 사람들이(시 당국의 고위 간부로부터 하층민에 이르기까지) 그 메시지를 듣고 하나님께 돌아와 용서를 구한 경우와 같은 엄청난 사건이다.

하나님께서는 그 누구도 차별하지 않으신다. 아무리 회개해도 용서받지 못할 것처럼 보이는 죄인도 진심으로 회개하면 용서받을 수 있다. 불순종했던 선지자 요나도 그릇된 길에서 돌이켜 옳은 일을 행하지 않았는가? 요나 이야기를 통해 우리가 얻을 수 있는 교훈은 무엇인가? 그것은 바로 누구든지 회개할 수 있으며, 어느 누구도 진실로 회개하고자 하는 자를 막아서는 안 된다는 것이다.

아모스서 율법에 대한 태도, BC 782-739년, 북이스라엘

옳지 못한 행동을 하지 않더라도 마음으로 율법을 범할 수 있다. 북왕국 이스라엘 백성이 그랬다. 그래서 아모스 선지자는 하나님과 하나님의 율법을 무시하는 이스라엘 백성의 태도를 비판했다. 아모스 선지자는 출세를 위해 애쓰는 야심가들을 금수(禽獸)에 비유하며 사회 여러 계층의 사람들을 비판했다(암 4:1). 그리고 사람들의 마음이 완고해질수록 아모스 선지자의 메시지의 강도도 점점 더 세졌다. 그러나 하나님께서는 방탕한 이스라엘 백성에게 소망을 제시하셨다. 이는 우리가 분명히 주

목해야 할 점이다. 전능하신 하나님께서는 우리의 태도를 변화시킬 수 있다. 그러나 그에 앞서 하나님께서는 우리에게 순종을 요구하신다.

호세아서 거룩한 마음, BC 755-715년, 북이스라엘

신명기와 호세아서는 하나님의 사랑과 거룩하심을 강조한다는 점에서 서로 유사하다. 절대적으로 거룩하면서 거룩하지 못한 인간을 사랑할 수 있는 분은 오로지 하나님 한 분뿐이다.

하나님은 온전히 거룩하신 분이지만 더러움을 뒤집어쓰고 사는 모든 피조물에게 가장 좋은 것을 주신다. 하나님은 피조물을 지극히 사랑하시지만 절대적으로 거룩하시다. 거룩하신 하나님께서 어떻게 거룩하지 못한 인간과 교통하신단 말인가? 이를 위한 하나님의 해결책은 죄를 뉘우친 반항아에게 사랑으로 의로움의 선물을 주시는 것이다.

그렇지만 여기서 핵심은 '죄인의 회개'이다. 호세아 선지자는 우리에게 하나님께서 지속적으로 사랑하고 계시니 즉시 돌아오라고 촉구한다. 그는 하나님께서 길을 이탈한 이스라엘 백성과 재결합하기를 원하신다는 점을 보여주기 위해 심지어 고멜이라는 창녀와 결혼을 하기도 했다.

하나님은 우리를 변함없이 사랑하신다. 그러므로 우리는 하나님을 떠난 상태에서 즉시 돌이켜 우리를 창조하신 하나님을 구원자로서 의지해야 한다.

미가서 사회의 도덕성, BC 740-690년, 남유다

북왕국에 아모스 선지자가 있었다면 남왕국에는 미가 선지자가 있었다. 미가가 활동할 당시의 유다 사회는 도덕성이 완전히 결여되어 있었다. 이런 상태는 메시아께서 직접 통치하시는 완전히 새로운 사회가 도래할 때 궁극적으로 치료될 것인데, 하나님께서는 베들레헴에서 태어날 한 아기와 더불어 계획한 그 일에 본격적으로 착수하셨다(미 5:2). 그 아기는 세상의 구원자요 주권자가 될 것이었다. 미가 선지자의 메시지는 오늘날 우리에게도 그대로 적용된다. 장차 주 예수께서 이 땅에 오셔서 왕국을 세우실 때 그 나라에 참여하려면 우리는 지금부터 하나님나라의 백성에 속해야 한다.

이사야서 이스라엘의 고난과 영광, BC 740-680년, 남유다

구약의 선지자들이 활동한 시기와 장소

	바벨론 포로 이전 (BC 930-586년)	바벨론 포로 시기 (BC 586-516년)	바벨론 포로 이후 (BC 516-424년)
분열 왕국 시대 (BC 930 – 722)	오바댜(848-841년, 에돔) 요엘(835-796년, 유다) 요나(782-750년, 앗수르) 아모스(782-739년, 이스라엘) 호세아(755-715년, 이스라엘) 미가(740-690년, 유다) 이사야(740-680년, 유다)	다니엘(606-534년, 바벨론) 에스겔(593-571년, 바벨론) 예레미야애가(586년, 유다)	학개(520년, 유다) 스가랴(520-518년, 유다) 말라기(435-424년, 유다)
남왕국 존속 시대 (BC 722 – 586)	나훔(661-612년, 앗수르) 스바냐(630년, 유다) 예레미야(627-586년, 유다) 하박국(610-599년, 유다)		

✤ 괄호 안의 연대는 선지자의 사역 기간 및 지역을 나타냄.

총 66장으로 구성된 이사야서는 가히 성경의 축소판이라 칭할 만하다. 이사야서 66장 가운데 전반부 39장이 이스라엘의 과거 고난에 관한 내용이며, 후반부 27장이 메시아의 왕국에서 맛보게 될 미래의 영광에 관한 내용이기 때문이다. 이사야서 안에 있는 '두 성경'은 분량이나 주제 면에서 구약과 신약에 상응한다. 이사야서의 후반부(40-66장)는 다시 9장씩 세 부분으로 나누어지는데 이 세 부분은 각각 영광의 찬가로 그 내용이 끝난다. 이사야서 후반부의 중심에 위치한 53장은 그리스도의 십자가에 대해 기록한다. 메시아와 이스라엘의 경우와 마찬가지로 우리의 경우에도 현재의 고난은 장차 하나님의 자녀로서 맛보게 될 영광과 족히 비교할 수 없다(롬 8:18).

8 분열 시대 인생의 점수를 매겨보라

분열 시대 동안 니느웨 백성은 최고의 점수를 얻었다. 그들은 잔인한 이방 민족으로 등장했지만, 요나 선지자의 설교를 듣고 죄를 회개했다. 그들은 하나님의 선지자의 지혜로운 충고에 귀를 기울임으로써 마땅히 받아야 할 끔찍한 심판을 모면할 수 있었다. 그러나 불행하게도 다음 장에 나오는 나훔 선지자의 사역을 통해 확인할 수 있듯이 결국 니느웨는 150년 후에 파멸되고 만다.

북이스라엘의 19명의 왕들은 208년의 기간 동안 선지자들의 음성을 철저히 무시했고, 그 결과

남유다보다 먼저 포로 시대에 들어가고 말았다. 북이스라엘은 하나님께서 실시하신 지혜 테스트에서 낙방하고 말았다.

반면에 남왕국 유다는 복합적인 평가를 받았다. 이 분열 시대 동안에 남유다의 12명의 왕 가

운데 6명이 선지자들의 음성을 청종한 덕에 남왕국은 북왕국이 앗수르에 의해 멸망을 당한 뒤에도 136년을 더 존속했다.

하나님께서 영원의 역사책에 당신의 인생 점수를 기록하실 때, 당신은 지혜로운 조언자의 충고를 경청하는 과목에서 과연 몇 점을 받으리라고 예상하는가? 지혜로운 조언자를 찾지도 하나님의 말씀을 듣지도 않는 상태를 '0점'으로, 하나님을 가까이하여 언제나 그분의 말씀을 듣는 상태를 '20점'으로 설정한 뒤에 자신의 점수를 매겨보기 바란다.

오늘부터라도 이런 과업을 시작한다면, 당신은 인생의 마지막 장이 기록되기 전에 자신의 점수가 놀랍게 올라가는 것을 볼 수 있을 것이다.

12
CHAPTER

하나님의 것을 도둑질한 대가를 철저히 치르다

포로 시대 : 왕하 / 대하 / 나 / 습 / 렘 / 합 / 단 / 겔 / 애

Time for a Rest

1 포로 시대

(왕하 17-25장 ; 대하 29-36장)

분열 시대에 기록된 예언서(선지서)가 7권인 것과 마찬가지로 포로 시대에 기록된 예언서도 7권이다. 이 시대에도 선지자들은 두 개의 이방 국가(나훔은 앗수르, 다니엘은 바벨론)와 두 그룹의 히브리 민족에게 하나님의 메시지를 전했다. 스바냐, 예레미야, 하박국 선지자는 유다 땅에 있는 유대인들에게 말씀을 선포했고, 에스겔 선지자는 바벨론에 포로로 잡혀간 유대인들에게 말씀을 선포했다. 다음에 제시한 '그림으로 보는 포로 시대의 선지자들'을 참조하기 바란다.

앞서 우리는 이스라엘 열두 지파 가운데 북쪽 열 지파가 르호보암이 이끄는 다윗 왕조에 반기를 들고 새로운 국가를 세우는 과정을 살펴보았다. 그리고 이런 반란을 일으킨 북쪽 열 지파가 앗수르에 의해 정복당하여 이방 국가에 뿔뿔이 흩어지면서 쓰라린 종말을 맞는 것을 보았다(왕하 17장, BC 722).

앗수르는 고대 세계에서 가장 잔인한 약탈 민족 중 하나였다. 앗수르 전사(戰士)들은 포로들의 수족을 자르고 코를 베어내고 해골들을 산더미처럼 쌓아 공포심을 조장하곤 했다. 이스라엘 백성은 형제자매가 장대에 매달려 산 채로 살가죽이 벗겨져 죽어가는 모습을 보면서 앗수르 민족을 두려워하게 되었을 뿐 아니라 그들의 말이라면 무조건 복종해야 한다고 생각했다. 북이스라엘 백성은 실로 엄청난 죄의 대가를 치러야 했던 것이다.

이런 앗수르 민족의 수도 니느웨에 가서 말씀을 전하라는 하나님의 명(命)을 처음으로 받은 선지자는 누구일까? 바로 요나였다. 요나(Jonah)라는 영어 이름의 마지막 세 철자는 요나 다음으로

그림으로 보는 포로 시대의 선지자들
앗수르
니느웨
이스라엘
이스라엘
사마리아
나훔
유다
예루살렘
바벨론
유다
스바냐
예레미야
(예레미야애가)
다니엘
하박국
에스겔

앗수르에 가서 말씀을 전한 선지자 나훔(Nahum)의 이름을 연상시킨다.

나훔서 니느웨의 멸망 선포, BC 661-612년, 앗수르

부흥의 기운은 예나 지금이나 오래가지 않는 모양이다. 요나 선지자의 설교를 듣고 회개한 니느웨 사람들도 예외가 아니었다. 부흥의 기운이 일어나고 나서 100년쯤 지난 뒤에 앗수르의 죄악의 잔이 다시 넘치기 시작했기 때문이다. 결국 그들은 나훔 선지자에게 파멸을 선고받았다. 심지어 나훔 선지자는 견고한 성벽과 해자(垓字)와 망대로 둘러싸인 난공불락의 요새 니느웨가 불과 물로 폐허가 될 것이라 예고했다(나 1:8, 3:15). 그러나 니느웨 백성은 인간이 세운 방벽이 아무리 견고하다고 해도 하나님께서 셈하시는 날에는 그것이 무용지물이 될 수밖에 없다는 사실을 깨닫지 못했다. 우리의 안전을 보장해주는 유일한 길은 영원하신 하나님과의 친밀한 교제밖에 없다.

2 포로 시대 남은 자의 축복

두 왕국 중에서 북이스라엘이 먼저 이방 민족에 의해 멸망당했다는 사실은 그리 놀랄 일이 아니다. 북왕국 19명의 왕들이 하나같이 악의 길로 치달았으니 말이다. 반면 남왕국 유다는, 솔로몬 통치기에서 바벨론 포로기까지 백성을 다스렸던 20명의 왕 가운데 8명이 하나님께 좋은 평가를 받아 더 오래 존속할 수 있었다.

포로 시대는 앗수르가 북이스라엘 백성을 세계 각지에 강제로 이주시킨 BC 722년에 시작되어 바벨론에 포로로 끌려갔던 남유다 백성이 고향으로 귀환하는 BC 536년에 끝난다. 북왕국 몰락 이후 남왕국은 열심히 분발하여 그와 같은 처지를 모면할 시간을 136년이나 허락받았다. 이 시기 동안 유다를 통치한 왕은 8명이었지만, 그 중에서 겨우 2명(히스기야와 요시야)만이 하나님 보시기에 정직하게 행했다는 평가를 받았다. 그리고 이때 활동한 선지자들이 스바냐, 예레미야, 하박국이다.

스바냐서 시온의 남은 자들의 구원, BC 630년, 남유다

어느 시대에나 소수의 신실한 사람들만이 하나님을 따르기 마련이며, 시대가 아무리 악해도 신앙의 계보를 잇는 소수의 신자들은 존재하기 마련이다. 유다 왕국이 바벨론에 의해 멸망당하기 직전, 스바냐 선지자는 이런 신실한 소수를 격려했다. 그는 비록 유다가 심판을 당하겠지만 그들 가운데 남은 자들이 다시 '시온'(예루살렘의 다른 이름)으로 돌아올 것이라고 말했다. 스바냐 선지자의 다음과 같은 메시지는 70년 동안 타국에서 포로

생활을 하는 백성에게 크나큰 위로가 되었다.

"너의 하나님 여호와가 너의 가운데 계시니 그는 구원을 베푸실 전능자시라 그가 너로 인하여 기쁨을 이기지 못하여 하시며 너를 잠잠히 사랑하시며 너로 인하여 즐거이 부르며 기뻐하시리라"(습 3:17).

스바냐 선지자는 하나님께서 여전히 자기 백성과 함께하실 것이며, 백성을 향한 사랑 안에 거할 것이며, 백성을 인하여 기뻐하실 것이며, 때가 이르면 전능하신 손으로 그들을 구원하실 것이라 단언했다.

당신이 넘어졌을 때 손을 잡아 일으켜줄 누군가가 필요한가? 휴무 상태에 있는 당신의 영적 행보를 옳은 길로 인도해줄 누군가가 필요한가? 그렇다면 앞에 제시한 스바냐서 말씀을 종이에 적어 아침에 일어나 가장 먼저 볼 수 있는 곳에 붙여라. 그리고 그 말씀을 볼 때마다 하나님께 큰 소리로 읽어드려라! 그 안에 담긴 진리를 묵상하며 감사하라!

예레미야서 유다의 포로됨과 귀환, BC 627-586년, 남유다

예레미야 선지자는 유다 왕국의 백성이 바벨론에 포로로 잡혀가 70년 동안 포로생활을 하게 될 것이라고 줄기차게 선포했다. 그리고 그는 이런 메시지를 전한 탓에 백성들의 인기투표에서 꼴찌를 차지하고 말았다. 예레미야 선지자는 백성에게 유다를 침공하려고 하는 바벨론의 느부갓네살에게 대항하지 말고 협력하라고 촉구했다. 그리고 나중에는 포로로 잡혀간 백성을 향해 마음을 가라앉히고 70년을 보내라고 권고했다(렘 30-52장). 예레미야 선지자는 그들이 다시 고향으로 돌아오게 될 것이지만, 70년을 꼬박 채워야 할 것이라고 예언했다. 하나님의 징계는 엄하지만 그것은 하나님 백성의 유익을 위한 것이다. 이는 예나 지금이나 마찬가지다.

다음에 나오는 '그림으로 보는 예레미야서'는 예레미야의 생애에 있었던 사건들과 그의 입에서 나온 말들을 그림으로 나타낸 것이다. 당신은 이 가운데 몇 가지나 알아맞힐 수 있는가?

하박국서 인간성과 하나님의 주권, BC 610-599년, 남유다

하박국 선지자는 유다 사회에 죄악이 만연한 것을 보면서 하나님께서 자신이 택한 백성에게 너무 무관심하신 것이 아닌지 의문을 품었다. 그의 이런 생각이 오늘날 우리의 생각과 비슷하지 않은가? 그리고 하나님께서 바벨론을 들어 유다를 심판할 것이라 말씀하셨을 때 그의 의문은 더욱 증폭되었다. 지극히 거룩하신 하나님께서 부정한 도구를 사용하여 자신의 일을 하시다니 말이나 되는가? 하박국 선지자는 하나님께 질문하지 않을 수 없었고, 이에 하나님께서는 부정한

그림으로 보는 예레미야서

설명을 참조하기 전에 번호와 그림을 따라가며 사건의 내용을 떠올려보라. 일련번호는 성경에 나타난 사건 순서를 따랐다.

❶ 살구나무 가지 환상을 봄(렘 1:11,12)
❷ 눈물을 흘리며 통곡하는 선지자 예레미야(렘 9:1)
❸ 토기장이 비유로 말함(렘 18장)
❹ 두루마리를 불태운 여호야김에게 하나님의 말씀을 전함(렘 36장)
❺ 반역 죄인으로 몰려 투옥됨(렘 37장)
❻ 진흙 구덩이에 던져짐(렘 38:1-13)

침략자들 역시 그들의 죄악 때문에 때가 되면 심판을 받게 될 것이라 대답하셨다. 하나님께서 어떤 민족을 도구로 사용하신다고 해서 그 민족이 거룩하게 되거나 심판을 면제받는 것은 결코 아니다. 하나님께서는 원하는 수단은 무엇이나 사용하여 정하신 뜻을 이루실 수 있고 또 그렇게 하신다. 그러나 하나님의 도구로 사용이 되든 안 되든 인간은 누구나 자신의 행위에 책임을 져야 한다.

우리는 하나님을 의심해서는 안 된다. 그러나 하나님께서는 정직한 질문에 기꺼이 답변해주신다. 하나님께서는 하박국 선지자가 질문했다고 꾸짖지 않으셨다. 그러나 하나님을 '우리의 생각'이라는 상자 속에 넣고, 그분께서 우리가 예상하는 방법 말고 다른 방법으로는 역사하지 않으실 것이라 짐작하는 것은 실로 위험천만한 발상이다. 하나님께서는 자신의 말씀이나 속성에 위배되는 일을 하시지 않지만 언제나 자신의 방식대로 역사하신다.

3 포로 시대 하나님의 징수(徵收)

바벨론의 느부갓네살 왕은 남왕국 유다를 세 차례나 침공했다. BC 606년에 처음 침공하여 저항 세력을 진압한 뒤에 다니엘을 포함한 사회 지도층 일부를 포로로 잡아갔고, BC 597년에 다시 침략하여 에스겔 선지자를 포함한 더 많은 백성들을 포로로 잡아갔다. 그리고 BC 586년에는 유대인들의 봉기를 완전히 잠재우고 예루살렘과 성전을 초토화시켰다.

유다 백성의 바벨론 포로생활은 두 가지 측면에서 70년 동안 지속되었다. BC 606년(유대인들이 처음 포로로 잡혀간 때)에서 BC 536년(유대인들이 포로생활을 끝내고 고향으로 처음 귀환한 때)까지의 정치적 포로생활이 그 하나이고, BC 586년(예루살렘 성전 파괴)에서 BC 516년(성전 재건)까지의 종교적 포로생활이 다른 하나이다.

그런데 왜 하나님께서는 바벨론 포로생활을 70년으로 정하신 것일까? 단지 예레미야를 통한 예언(렘 25:11,12, 29:10)을 이루시기 위해서인가? 유다 백성이 무슨 죄를 범했기에 70년 포로생활이라는 가혹한 징벌을 받은 것일까? 우리는 이 질문에 대한 대답을 그리 친숙하지 않은 성경구절에서 발견할 수 있다. 그 성경구절은 바로 역대하 36장 20,21절이다. 하나님께서 자신의 백성이 약속의 땅에서 사는 820년 동안 자신에게서 도둑질한 '안식'의 가치에 근거하여 70년의 기간을 정하신 것이다.

일찍이 하나님께서는 7일에 하루(안식일), 7년에 1년(안식년), 7년씩 일곱 번 지난 뒤 다음 해 1년(희년)은 땅과 백성이 쉬어야 한다고 그들에게 명하셨다(레 23-26장). 그러나 그들은 세대와 세대를 거듭하면서 이 규례를 지키지 않았다. 이런 기만의 순환을 처음 시작한 사람이 분명 있을 텐데 그 사람이 무슨 생각으로 이런 짓을 했는지 궁금할 따름이다. 돌연 벼락에 맞아 죽을지도 모른다는 생각이 들지는 않았을까? 모세 시대에 안식일을 범한 사람은 정녕 돌에 맞아 죽었다는 사실을(민 15:32-36) 몰랐단 말인가?

어린 시절, 나는 완전 범죄를 꿈꾼 적이 있다. 부모님이 먼 곳으로 외출을 하셨기 때문에 내가 친구들과 자전거를 타고 출입이 금지된 저수지에 가서 수영을 하고 왔다는 사실을 아무도 알리 없었다. 혹시라도 발각되면 어쩌나 불안한 마음에 제대로 흥이 나지는 않았지만, 집에 돌아와 보니 부모님이 그때까지 도착하시지 않아 안도의 한숨을 쉴 수 있었다. 그런데 한 가지 문제가 있었다. 엉덩이에 시퍼런 회초리 자국이 생긴 뒤에야 알게 된 사실이지만 큰형이 줄곧 나를 감시하고 있었던 것이다.

약속의 땅에 들어간 히브리 민족은 하나님께서 명하신 안식에 대한 규례를 범하기 시작했고, 세월이 흐르면서 안식에 대한 규례를 범하는 것이 그들의 민족적 습관이 되어버렸다. 아마 그들은 하나님께서 자기들의 소행을 묵인해주신다고 생각했을 것이다. 그러나 그들은 오늘날 기독교 신앙을 조롱하는 사람들이 저지르고 있는 것과 같은 우(愚)를 범하고 있었다. 그들은 하나님의 오래 참으심과 묵인을 혼동했던 것이다(벧후 3:9). 하나님께서 인간의 잘못을 오래 참아주시는 까닭은 단 한 사람이라도 멸망하지 않고 하나님께로 돌아오기를 바라시는 데 있다. 인자하신 하나님께서는 그들을 회개로 이끌기 위해 선지자들과 환경을 통해 질책하시면서 오래 참으시며 인내하셨다(롬 2:4).

그러는 동안 하나님께서는 히브리 민족이 진 빚을 정확히 셈하여 기록하고 계셨다. 그러다가 하나님께 드려야 할 '안식'을 횡령한 그들의 빚이 축적되어 70년의 세월로 갚아야 할 상태에 이르렀을 때 그들로부터 직접 거두어들이신 것이다.

당신은 혹시 중대한 잘못을 저지르고도 아무 일 없이 무사히 넘어갔다는 생각에 자족하면서 뻔뻔스러운 얼굴로 다닌 적은 없는가? 당신이 저지른 죄에 대해 아무도 모른다고 다행스럽게 생각한 적은 없는가? 그렇다면 열왕기하와 역대하를 읽으면서 하나님께서 모든 것을 보고 계시며 정확히 기록하고 계시다는 사실을 상기하기 바란다. 하나님께서 당신에게 무제한한 자유를 허락하신 것처럼 느껴지는 그 잠깐의 시간은 당신 스스로 판단하여 고칠 기회를 주기 위해 하나님께서 인내하고 계시는 시간이다. 그러나 하나님의 오래 참으심에도 한계가 있다는 사실을 잊지 말라. 마침내 때가 이르면 하나님께로 돌려야 할 것들을 그분께서 직접 징수하실 것이다.

4 섬김 중의 고난

포로 시대

사탄은 우리를 곁길로 이끌어 우리의 모든 고난이 우리의 죄에서 비롯된 것이라 믿게 만든다. 물론 인간의 모든 고난의 근거를 추적해보면 에덴동산에서의 원죄까지 거슬러 올라간다. 그리고 장차 새 하늘과 새 땅이 임하여 죄가 영원히 사라지면 성도의 고난도 사라질 것이다. 그러나 우리의 모든 고난이 우리의 죄 때문이라는 것은 사실이 아니다. 예수님이 이 점에 대해 잘못 생각하고 있던 제자들의 오해를 어떻게 풀어주셨는지 주목하기 바란다(요 9:1-3).

그림으로 보는 다니엘서

설명을 참조하기 전에 번호와 그림을 따라가며 사건의 내용을 떠올려보라. 일련번호는 성경에 나타난 사건 순서를 따랐다.

❶ 느부갓네살 왕이 꿈에서 큰 신상을 봄(단 2장)
❷ 다니엘의 세 친구가 풀무 불 속에 던져짐(단 3장)
❸ 소처럼 풀을 뜯어 먹는 느부갓네살(단 4장)
❹ 벨사살에게 임박한 재앙을 경고함(단 5장)
❺ 사자 굴에 던져진 다니엘(단 6장)
❻ 숫양과 숫염소의 환상을 봄(단 8장)

또한 하나님께서는 욥의 고난이 가증스러운 죄에서 기인했다고 주장한 욥의 친구들의 잘못된 생각도 고쳐주셨다(욥 42장). 하나님을 신실하게 섬기는 사람들이 자신의 과오와 무관하게 고난을 당하는 경우가 종종 있다.

하나님 백성이 바벨론에서 고통스러운 삶을 살고 있는 동안 하나님은 그들을 격려하셨고, 혹독한 징계를 당하고 있는 자녀들에게 사랑을 거듭 확인시켜주셨다. 유대인들이 70년의 포로생활을 하는 동안 예레미야, 에스겔, 다니엘 세 선지자가 사역을 했다. 예레미야 선지자는 상당수의 백성이 포로로 잡혀간 후에 유다 땅에 남아 예루살렘의 파괴를 목도했고, 고향 땅에 남은 소수의 유대인들을 위로하다가 그들과 함께 애굽으로 피난했다.

하나님께서는 바벨론 궁정과 바벨론에 포로로 끌려간 백성 가운데 각각 선지자를 한 명씩 보내 메시지를 전하게 하셨다. 바벨론 궁정에서 사역했던 특별한 은사를 받은 선지자의 이름을 기억하는가? 바벨론 왕이 제공하는 부정한 음식으로 자기 몸을 더럽히지 않겠다고 확고히 뜻을 정했던 그 사람을 기억하는가? 그가 바로 백성과 함께 가장 먼저 포로로 끌려갔던 다니엘이다.

다니엘서 이방 세계의 운명, BC 606-534년, 바벨론

에스겔 선지자가 성전에 대한 희망적인 메시지로 포로생활을 하는 유대인들을 격려한 반면, 다니엘은 바벨론의 귀족들에게 이방인을 향한 하나님의 계획을 밝히면서 바벨론, 페르시아, 그리스(헬라), 로마 네 강대국에 관한 일련의 구체

적인 예언을 베풀었다. 파란만장한 다니엘의 생애야말로 다른 어떤 선지자들의 생애보다(요나 선지자에 대한 이야기만 빼고) 더 자주 인구(人口)에 회자(膾炙)되지 않나 생각한다. 앞에 제시한 '그림으로 보는 다니엘서'에서 당신은 그림을 몇 개나 설명할 수 있는가?

에스겔서 성전에 대한 기대, BC 593-571년, 바벨론

에스겔은 이사야와 예레미야와 마찬가지로 유다의 징계에 대해 먼저 설명한 다음 기쁨에 대해 설명했는데, 각각 24장씩 균등하게 배분해 기록을 남겼다. 그러나 에스겔서의 핵심은 무엇보다 '성전'이라 할 수 있다. 하나님 백성이 예루살렘 성전을 더럽히자 하나님의 영(靈)이 성전을 떠나셨고, 하나님의 영이 성전을 떠나자 백성도 그 땅을 떠나지 않을 수 없게 되었다. 에스겔 선지자의 메시지는 장래에 새 성전이 엄청난 규모로 재건되리라는 희망적인 내용을 포함하고 있다.

그림으로 보는 에스겔서

⚜ 설명을 참조하기 전에 번호와 그림을 따라가며 사건의 내용을 떠올려보라. 일련번호는 성경에 나타난 사건 순서를 따랐다.

❶ 네 바퀴의 환상을 봄(겔 1:15–21)
❷ 벽돌 위에 예루살렘 성읍을 그림(겔 4:1–3)
❸ 왼쪽으로 390일, 오른쪽으로 40일 동안 옆으로 누워 있음(겔 4:4–8)
❹ 머리털과 수염을 깎고 저울로 달아 나누어둠(겔 5:1–4)
❺ 끓는 가마 솥에 비유해서 심판을 전함(겔 24장)
❻ 파수꾼의 사명을 받은 에스겔(겔 33장)
❼ 마른 뼈들이 살아나는 환상을 봄(겔 37:1–14)
❽ 새 성전에 관한 환상을 봄(겔 40–43장)

에스겔 선지자는 시청각 자료를 어느 누구보다(예수님만 빼고) 더 효율적으로 사용한 빼어난 메신저라 할 수 있다. '그림으로 보는 에스겔서'는 상징적 요소가 풍부한 에스겔 선지자의 설교를 그림으로 나타낸 것이다. 그림을 몇 가지나 설명할 수 있는지 확인해보기 바란다.

예레미야애가 예루살렘에 대한 비가

예레미야는 선지자들 중에서 유일하게 두 권의 예언서를 기록했다. 그는 자신의 두 번째 책의 제목을 '예레미야Ⅱ'라고 칭하는 대신 '애가'(哀歌, Lamentations)라 붙였다. 바벨론 침공과 예루살렘 멸망을 목격한 예레미야가 비통한 어조로 기록한 이 책은 성경에서 가장 슬픈 노래이다. 오늘날에도 정통 유대인들은 예루살렘 통곡의 벽에서 이합체 형식(이 책 2장 참조)으로 짜인 이 책을 낭독하고 있다.

바벨론 포로 시대에 기록된 예언서들을 기억하려면 "세 선지자가 포로로 끌려갔다"(Three prophets who were **led** into captivity)라는 문장에서 '끌려갔다'(LED)만 기억하면 된다. 'L'은 '예레미야애가', 'E'는 '에스겔서', 'D'는 '다니엘서'의 첫 자와 일치하기 때문이다. 이 세 권의 예언서를 역사 흐름에 따라 읽으려면 'LED'를 거꾸로 배열하여 다니엘서, 에스겔서, 예레미야애가 순서로 읽으면 된다. 이는 유다 백성들이 바벨론 포로가 되어, 가던 길에서 돌이켜 하나님으로부터 도둑질한 안식을 갚았던 것을 상기시킨다.

5 포로 시대 현재의 고난과 미래의 영광

다니엘과 에스겔과 예레미야의 경우, 한 사람은 바벨론 왕족에게 메시지를 전하고 다른 두 사람은 포로로 끌려간 동족에게 메시지를 전했다. 사역의 외적 형태는 서로 다르지만, 주님을 신실하게 섬기는 과정에서 엄청난 고난을 당했다는 점에서 내적 형태는 서로 비슷하다.

다니엘은 사자 굴에서 기적적으로 살아 나온 것으로 유명하지만, 바벨론의 1차 침공으로 예루살렘이 파괴되는 참상을 겪어야 했고 고향에서 무려 1,500킬로미터나 떨어진 타국으로 끌려가야 했으며, 세 친구와 함께 사형 판결을 받은 채 한동안을 지내야 했으며, 환상을 본 뒤에는 몇 주 동안을 슬픔 속에 잠겨 지내야 했다.

에스겔은 불길한 메시지를 전했다는 이유로 유대인 동족에게 모진 박해를 받았다. 그는 한쪽으로만 누워 430일을 지내야 했으며, 머리털과 수염을 깎아야 했으며, 사랑하는 아내가 죽었을 때 눈물을 흘려서도 안 되었다.

예레미야는 동족의 고통을 심히 슬퍼했기 때문에 '눈물의 선지자'라 불렸다. 그는 여러 날 동안 토굴 속 감옥에 갇히기도 하고 거기서 나와서는 진흙 구덩이에 던져지기도 했다.

이 신실한 종들은 무고하게 고난을 당하는 것을 자신들의 소명의 일부로 여겼다. 사도 베드로는 자신의 책에서 주 예수 그리스도께서 본을 보이셨으니 그분을 따라 그리스도인도 고난을 받아야 한다고 강조했다(벧전 4장). 또한 사도 바울은 우리가 그리스도와 함께 하나님의 공동 상속인이 되었으므로 그리스도와 함께 영광을 받으려면 고난도 함께 받아야 할 것이라고 권고했다(롬 8장). 욥의 이야기는 성도들이 겪는 고난 가운데 어떤 것들은 하나님의 영광을 위한 것이라는 사실을 상기시킨다. 하나님께서 우리를 위해 세우신 선한 계획 가운데 고난을 통과하는 것 외에 다른 방법으로는 이루어질 수 없는 것들이 있다.

그렇다고 우리가 무고히 고난을 받기 위해 애쓸 필요는 없지만, 고난이 하나님을 섬기는 일의 일부라면 그것이야말로 가치 있는 일이라는 것을 명심해야 한다. 옳은 일을 하고도 고난을 받는 것에 대해 예수님과 바울이 어떻게 말했는지 잘 읽어보기 바란다(마 5:11,12 ; 롬 8:18 ; 고후 12:1-10).

고난이 어떤 보상을 가져올까? 장차 영광 가운데 다니엘과 에스겔과 예레미야 선지자를 만나게 되거든 직접 물어보기 바란다. 나는 그들이 무엇이라 대답할지 잘 알고 있다.

13
CHAPTER

한 손에 연장을, 다른 한 손에 성경을 들다

건축 시대 : 스 / 느 / 에 / 학 / 슥 / 말

Three Trips Back

1 건축 시대 건축 시대
(에스라서-에스더서)

왕궁 벽에 새겨진 글씨가 바벨론 포로 시대의 막이 내려감을 알리는 표시가 되었다.

바벨론은 수려한 공중(空中) 정원과 비길 데 없는 궁궐과 최신식 거리를 모두 갖춘 이상적인 도시였다. 당대의 세계를 거의 모두 정복한 바벨론 백성은 흥에 겨워 먹고 마시며 흥청망청했다.

BC 536년 어느 날 밤, 그날도 벨사살 왕의 궁정에서는 떠들썩한 잔치가 벌어지고 있었다. 바벨론제국에서 내로라하는 유력한 인사들이 모두 왕의 연회에 참석했다. 그런데 갑자기 찬물을 끼얹은 듯 술잔치의 떠들썩한 분위기가 침묵 속에 조용해졌다. 사람의 손가락이 연회장에 나타나 왕궁 벽에 뜻 모를 글씨를 쓰기 시작했기 때문이다.

"메네 메네 데겔 우바르신!"

이 낯선 글자의 뜻을 풀 수 있는 사람은 다니엘 한 사람밖에 없었다. 다니엘은 이 글자를 해독한 덕택에 바벨론제국 제3인자의 자리에 올라앉게 되었다. 그러나 바로 그날 밤, 바벨론의 벨사살 왕은 죽임을 당했고 바벨론제국은 그 글자가 예견한 그대로 신흥 바사(페르시아)제국에 의해 멸망당했다. 그 글자의 의미는 "하나님께서 네 통치 연한(年限)을 셈하여 이제 네 시대를 끝내기로 하셨다. 너를 저울에 달아 보니 무게가 모자라는구나. 너의 나라를 나누어 페르시아에게 줄 것이다"라는 것이었다. 호기심이 발동하는 사람은 다니엘서 5장을 읽어보기 바란다.

2 건축 시대 손 대면 다쳐!

남왕국 유다 백성이 바벨론에서 포로생활을 하고 있는 동안 페르시아가 바벨론을 정복하고 새로운 강자(强者)로 등극했다. 그런데 페르시아 사람들은 사사기 순환 시대의 히브리 민족과 달리 역사로부터 한 가지 교훈을 얻었다. 과거에 히브리 민족을 박해한 민족들이 하나같이 좋지 않은 종말을 맞이했다는 사실을 깨달은 것이다. 애굽의 바로는 이스라엘 백성을 놓아주지 않으려고 완강히 고집을 부리다가 10가지 끔찍한 재앙을 당했으며 나중에는 앗수르에 의해 멸망당하고 말았다.

앗수르 역시 이스라엘을 정복하여 백성을 세계 각지에 흩어버렸지만 바벨론에 의해 정복당하고 말았다. 바벨론은 거기서 한 걸음 더 나아가 예루살렘을 파괴하고 백성들 대부분을 잡아다가 자기 나라에 가두고 강제 노역을 시켰지만 페르시아가 등장하여 패권을 장악하면서 역사의 뒤안길로 물러나야 했다.

엘리 제사장 시대의 블레셋 사람들이 하나님의 언약궤에 함부로 손을 대면 안 된다는 사실을 깨달았던 것처럼, 페르시아 사람들은 히브리 민족을 계속 포로로 억류하고 있어봤자 좋을 것이 없다는 사실을 깨달았다.

그래서 페르시아 왕 고레스는 바벨론에 억류되어 있던 히브리 민족에게 자유를 허락하여 고향으로 돌아갈 수 있게 했다. 그때가 BC 536년, 남유다 백성이 처음으로 바벨론에 포로로 끌려간 때(BC 606년)로부터 정확히 70년이 지난 뒤였다.

3 건축 시대 1,2,3차 포로 귀환

에스라서와 느헤미야서는 바벨론 포로생활을 마치고 예루살렘으로 귀환하는 유대인들의 세 차례에 걸친 여정에 대해 기록한다. 그들은 아라비아 사막을 가로지르는 대신에 비옥한 초승달 지대를 따라 고국으로 돌아왔다.

에스더는 1차로 바벨론 포로지를 떠난 유대인들이 예루살렘에 도착한 이후와 2차로 떠난 사람들이 도착하기 이전의 시기에 페르시아 왕비가 되었다. 구약의 마지막 시대인 이 건축 시대(유대인들이 고향에 돌아와 예루살렘 성전과 성벽을 재건한 시대)의 주요 사건을 간추려보면 다음과 같다.

BC 536년 스룹바벨이 예루살렘 성전을 재건하기 위해 이스라엘 백성 일부를 이끌고 예루살렘으로 돌아왔다(스 1-6장). 하나님께서 스룹바벨을 세워 바벨론의 느부갓네살 왕이 잿더미로 만든 예루살렘 성전을 재건하게 하셨다.

BC 478년 에스더가 '미스 페르시아 대회'에서 진(眞)으로 입상하여 동족을 죽음의 위험에서 구출했다. 에스더서에 기록된 사건들은 에스라서 6장과 7장 사이의 기간 동안 일어난 것이다. '에스라서'와 '에스더서' 두 권의 이름이 비슷하기 때문에 당신은 이 두 책이 동시대를 가리키고 있는 책이라는 것을 기억하기 쉬울 것이다.

하나님께서 스룹바벨과 함께 예루살렘에서 무너진 성전을 재건하시는 동안 사탄은 하만과 함께 바사(페르시아)의 수산 궁에서 유대인들을 죽일 음모를 꾸미고 있었다. 그러나 하나님은 사탄의 의표(意表)를 찔러 유대 여인 에스더를 페르시아의 왕비로 세우심으로써 택하신 자기 백성을 죽음의 위기에서 건지셨다. 따라서 에스더서의 주제를 두 단어로 줄이면 "위기 탈출"이라 할 수 있다.

BC 458년 에스라가 2차로 이스라엘 백성을 이끌고 고향으로 귀환하여 대대적인 영적 부흥 운동을 일으켰다(스 7-10장). 스룹바벨이 1차로 동족을 이끌고 귀환한 지 78년이 지난 뒤, 에스라가 2차로 귀환하여 영적으로 맥없이 주저앉아 있던 백성들을 격려하고 가르쳤다. 그런데 에스라서에서 에스라의 이름이 7장부터 등장하는데, 이것은 앞의 여섯 장에서 스룹바벨이 주도적 역할을 했기 때문이다.

BC 444년 에스라가 2차로 귀환하고 나서 14년이 지난 뒤에 느헤미야가 3차로 동족을 이끌고 귀환하여 예루살렘 성벽을 재건했다. 에스라는 이 시기에도 느헤미야와 함께 백성을 영적으로 소생시키기 위해 힘썼다.

바벨론에서 포로생활을 하는 70년 동안 예루살렘의 돌들이 너무 더러워졌기 때문에 성전과 성벽을 재건하는 일꾼들은 'ZEEN'이라는 상표의 강력 세척제를 사용해야 했다. 갑자기 무슨 세척제 광고냐고? 이 네 철자 'ZEEN'은 구약의 건축 시대에 주요 역할을 했던 네 사람, 곧 스룹바벨(Zerubbabel), 에스더(Esther), 에스라(Ezra), 느헤미야(Nehemiah)의 영어 이름 첫 자를 연대순으로 배열한 것이니 오해가 없기 바란다.

4 건축 시대 균형 잡힌 생활

예루살렘 성전과 성벽 재건에 관한 기록인 에스라서와 느헤미야서가 육적 활동을 강조하는 전반부와 영적 활동을 강조하는 후반부로 각각 절반씩 나누어진다는 것은 매우 흥미로운 사실이다. 에스라서 1-6장에서는 예루살렘 성전이 재건되고, 느헤미야서 1-6장에서는 예루살렘 성벽이 재건된다. 에스라서 7-10장에서는 백성이 영적으로 소생하고, 느헤미야서 7-13장에서는 백성이 영적으로 재건된다.

균형을 이루는 쌍둥이 책

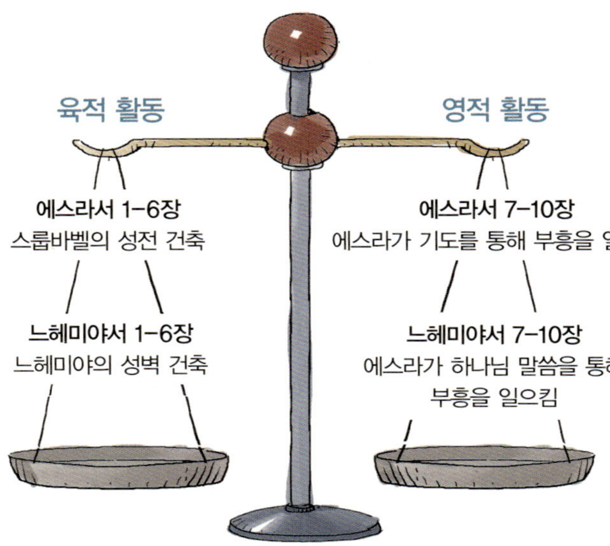

그림으로 보는 건축 시대

▶ 설명을 참조하기 전에 번호와 그림을 따라가며 사건의 내용을 떠올려보라. 일련번호는 성경에 나타난 사건 순서를 따랐다.

1 바벨론 포로에서 풀려난 유대인들이 예루살렘을 향해 떠남(스 1장)
2 스룹바벨이 학개 선지자와 스가랴 선지자의 메시지에 힘을 얻어 예루살렘 성전을 재건함(스 5:1,2)
3 페르시아의 왕비 에스더가 동족을 구출함(에스더서)
4 에스라가 백성들에게 이방인과 결혼한 것을 회개하도록 촉구함(스 7–10장)
5 느헤미야가 예루살렘 성벽을 재건함(느 1:1–7:3)
6 에스라가 하나님 말씀으로 느헤미야와 함께 귀환한 동포를 격려함(느 8,9장)
7 말라기 선지자가 하나님의 말씀을 기록함(느헤미야서, 말라기서)

에스라서에는 '성전 건축'이라는 제목을 달 수 있고, 느헤미야서에는 '예루살렘의 새 성벽'이라는 제목을 붙일 수 있다.

이 두 권의 쌍둥이 책은 육적 활동과 영적 활동의 균형에 대해 말한다. 건강한 신체를 위해서 건전한 육적 활동이 필요한 것처럼 건강한 영적 삶(하나님을 더욱 사랑하고 하나님 안에서 더욱 성장하는 것)을 위해서는 영적 활동이 필수적이다.

예를 들어보자. 지난 한 주간을 돌이켜보라. 아마 당신은 여러 신체 활동을 했을 것이다. 어떤 활동은 생존에 필요한 것이지만 그렇지 않은 것도 있었을 것이다. 그럼 이제 지난 한 주간을 돌이켜보며 영적 삶(말씀대로 살면서 하나님과 교제하는 것)을 증진시키기 위해 당신이 7일(168시간) 가운데 과연 얼마만큼의 시간을 투자했는지 생각해보기 바란다. 이번 주에 시간을 따로 떼어놓고 성경을 읽은 적이 있는가? 하나님 말씀을 연구하고 암송했는가? 곰곰이 묵상했는가? 하나님 말씀을 생활에 적용하려고 노력했는가? 기도했는가? 그렇다면 단순히 달라고 간청하는 수준을 넘어서 전능하신 하나님을 찬양하고 경배하는 데까지 도달했는가? 지독한 갈증으로 힘들어하는 이웃들에게 사랑과 관심의 냉수를 건넸는가? 수입의 십분의 일을 하나님께 드렸는가?

에스라와 느헤미야는 육적 활동과 영적 활동이 절묘한 조화를 이루는 복된 상태에 이르러야 한다고 가르친다. 영적으로 성숙해지는 것을 삶의 우선순위에 두겠다고 의식적으로 결심하지 않으면 당신은 자신도 모르는 사이에 육적인 것들이 당신의 가장 중요한 위치를 차지하는 것을

경험하게 될 것이다. 영적 목표가 없는 분망함은 우리의 삶을 황폐한 불모지로 만들 뿐이다!

5 건축 시대 단호한 결심

나는 한때 목회생활의 중압에 짓눌려 영적으로 규칙적인 삶을 살지 못했다. 그러던 차에 빌 가서드(Bill Gothard, 미국의 복음주의 강연가이자 저술가)의 세미나에 참석하여 육적 활동과 영적 활동의 균형을 유지하는 법을 깨달았다. 그는 참석자들에게 하루에 적어도 5분 이상 성경을 읽겠다고 서원하라고 제안했다. 처음에는 그까짓 5분이 무슨 도움이 될까 적이 미심쩍었지만 막상 실천해보니 그것을 지킨다는 게 여간 힘든 일이 아니었다.

사탄은 우리를 성경으로부터 멀리 떼어놓기 위해 최고의 정교한 기술(우리를 분주하게 만드는 것)을 구사한다. 사탄은 우리보다 말씀의 능력을 더 잘 알고 있기 때문이다(약 2:19). 크리스천들이 기도하지 않고 일주일만 그냥 보내도 영적으로 엄청나게 쇠약해진다.

아무튼 일단 서원을 하자, 나는 그 능력을 제대로 알게 되었다. 그것이 나를 강력하게 몰아붙여 그로부터 12년 동안 하루도 빼놓지 않고 경건의 시간을 갖도록 했기 때문이다. 물론 어떤 날에는 하나님께 약속한 대로 딱 5분만 말씀을 읽기도 했지만 약속을 어긴 날은 단 하루도 없다.

하나님께서는 우리의 서원을 농담으로 받아들이지 않으신다. 그러니 성급하게 서원하지 말고 그 전에 반드시 전도서 5장 1-7절을 읽어보기 바란다. 또한 하나님께서는 우리가 서원했다는 사실을 날마다 일깨워주신다. 가끔 피곤에 지쳐 서원한 것을 잊고 잠에 곯아떨어지려고 할 때면 내 머릿속에서 '서원했잖아! 서원했잖아!'라는 소리가 큰북을 울리는 것처럼 둥둥거리기 때문이다. 하나님께서 그렇게 강력하게 일깨워주시는데도 잠든다면 그것보다 더 명백하고 뻔뻔스러운 죄는 없을 것이다.

6 건축 시대 마지막 세 설교자

구약의 마지막 세 선지자는 학개, 스가랴, 말라기다. 구약의 '마지막'(last) 선지자이지만 결코 '시시하지'(least) 않은 이 세 선지자의 메시지를 간추려보면 다음과 같다.

학개서 하나님의 집, BC 520년

바벨론 포로에서 돌아온 스룹바벨은 학개 선

지자와 스가랴 선지자의 메시지에 힘을 얻어 예루살렘 성전을 재건했다. 학개 선지자는 포로생활을 끝마치고 귀환한 유다 백성들에게 개인의 집보다 하나님의 집을 먼저 재건할 것을 강력하게 촉구했다. 학개 선지자의 설교를 한 문장으로 요약한다면 마태복음 6장 33절이 될 것이다.

"너희는 먼저 그의 나라와 그의 의(義)를 구하라 그리하면 이 모든 것을 너희에게 더하시리라."

어느 시대 어떤 환경에서나 하나님을 최우선으로 삼는 것이 합당하다. 그렇게 하기만 하면 하나님께서 책임지고 우리의 다른 모든 필요를 채워주실 것이기 때문이다.

스가랴서 시온의 남은 자들의 구원, BC 520–518년

스가랴 선지자는 시간의 복도 저 멀리까지 시야를 확장하여 '두 차례'에 걸친 메시아의 도래를 내다보았고 특히 메시아의 두 번째 강림을 강조했다. 유다 백성이 예루살렘 성전을 재건하는 육적 활동을 하고 있는 동안, 하나님께서는 백성들의 영적 상태를 회복시키는 데 관심을 가지셨다.

장래의 꿈이나 과거 자신의 전성기와 비교했을 때, 현재 자신의 모습이 너무 초라한 것 같아 낙심한 적이 있는가? 사탄이 당신이 과거에 저지른 실수를 자꾸 들춰내 하나님께 쓰임 받을 자격이 없는 무익한 인간이라고 속삭이고 있는가? 그렇다면 하나님께서 당신 안에서 그리고 당신을 통하여 당신이 상상할 수 있는 어떤 것보다 더 큰 일을 이루실 수 있다는 스가랴 선지자의 메시지를 통해 힘을 얻어라(렘 33:3 참조). 하나님의 엄청난 역사 가운데는 다윗이나 요나처럼 하나님을 몹시도 실망시켰던 사람들에 의해 이루어진 일들이 많다. 하나님의 뜻과 영광에 초점을 맞추는 한 당신에게는 소망이 있다!

말라기서 메시아 이전의 사자(使者), BC 435–424년

말라기는 구약의 선지자 활동에 막을 내린 마지막 선지자이다. 그러나 그는 다음에 일어날 장면을 위해 무대를 재정비하고서 그곳을 떠났다. 연극의 주인공이 아직 등장하지 않았기 때문이다. 결정적인 다음 장면은 엘리야의 심령과 능력을 가지고 주인공에 앞서 나타날 조연의 등장과 더불어 시작될 것이었다(말라기 선지자의 이 예언은 세례 요한의 등장과 함께 그대로 성취되었다).

또한 말라기 선지자는 아브라함 시대 이후 2천 년을 내려오면서 하나님의 계시와 해방과 영적 부흥을 체험했던 하나님 백성들의 영적 상태에 대해 기술했다. 하나님의 택함을 받은 이스라엘 백성은 그렇게 오랜 세월 동안 하나님의 은혜를 체험했지만 더 이상 하나님을 신뢰하지 않았고 하나님과 거리를 두었다. 이런 상태는 메시아

께서 그들 가운데 직접 나타나셨을 때에도 지속되었다.

하나님의 창조로 시작된 구약 기사(記事)가 하나님의 저주로 끝나야 했다는 것은 매우 슬픈 일이다. 그 저주는 구약 마지막 장 마지막 절(말 4:6)에서 확인할 수 있다. 저주로 끝나는 구약의 마지막 절과 축복으로 끝나는 신약의 마지막 절(계 22:21)이 얼마나 대조적인지 주목하라.

말라기 선지자는 장차 오실 메시아를 고대하면서 구약의 문을 닫았다. 어떤 사람이 성경에 대한 사전 지식이 전혀 없는 상태에서 창세기 1장부터 말라기서 4장까지 쭉 읽는다 해도, 하나님의 이야기가 말라기서에서 끝나는 게 아니라는 것을 쉽게 알 수 있을 것이다. 왜냐하면 주인공이 아직 등장하지 않았기 때문이다. 인간은 하나님과 선(善)에 대해 여전히 완강하게 반항하고 있었다. 완벽한 선지자이며 완벽한 제사장이며 완벽한 왕이 오시리라는 약속이 이루어지지 않고 있었다. 이 세 가지 요건을 온전히 충족시키는 분이 오실 때라야 그 약속은 이루어질 것이었다.

7 건축 시대 실천에 옮기기

모세 시대에서 말라기 시대까지 실로 많은 사건들이 있었고 실로 다양한 이야기가 전개되었다. 그런데 그것이 우리 개인의 이야기는 아닌지, 그들과 하나님의 관계가 오늘 우리와 하나님

구약의 열두 시대	적용 원리
1. 창조 시대(Creation)	피조물은 자기 행위에 대해 창조주께 책임을 져야 한다.
2. 씨족 시대(Clan)	대개의 경우 하나님께서는 사람들과 함께 새로운 일을 시작하신다.
3. 노예 시대(Confinement)	육적 구원과 영적 구원 둘 다 필요하다.
4. 계명 시대(Commandments)	하나님의 명령은 인간의 행복한 삶을 위한 것이다.
5. 야영 시대(Camping)	하나님께서는 가르치신 뒤에 테스트하신다.
6. 언약 시대(Covenant)	우리는 하나님을 사랑하겠다고 결심해야 한다.
7. 정복 시대(Conquest)	인생에서 성공하려면 하나님과 협력해야 한다.
8. 순환 시대(Cycles)	과거를 무시하는 자들은 과거의 오류를 반복할 수밖에 없다.
9. 왕관 시대(Crowns)	시작이 좋다고 반드시 끝도 좋은 것은 아니다.
10. 분열 시대(Chasm)	지혜로운 조언자들의 충고에 귀를 기울이는 것이 안전하다.
11. 포로 시대(Captivities)	하나님의 것을 도둑질하고서 무사할 수 있는 사람은 단 한 명도 없다.
12. 건축 시대(Construction)	육적 활동과 영적 활동이 균형을 이루어야 한다.

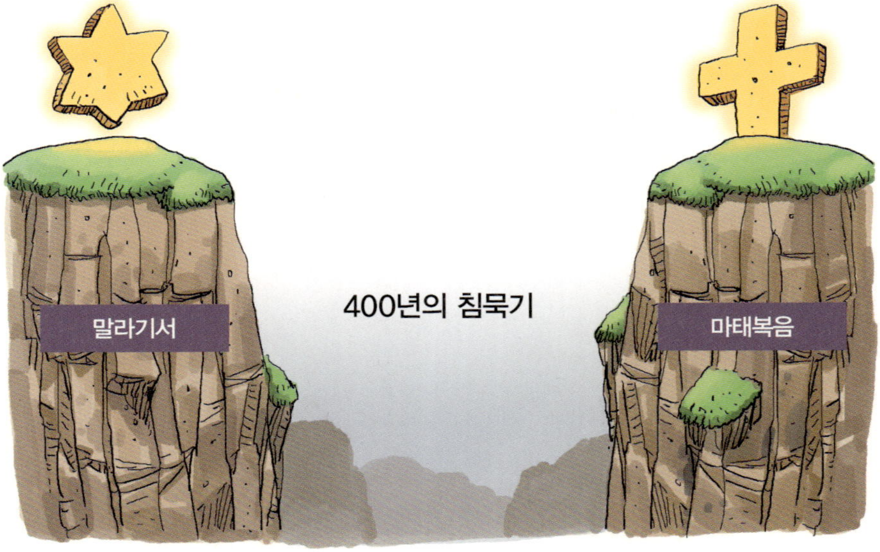

의 관계를 그대로 비추는 것은 아닌지, 그들의 이야기가 여전히 변하지 않는 두 가지(하나님의 사랑과 인간의 죄악)가 있음을 입증하는 것은 아닌지 곰곰이 생각해보기 바란다.

하나님께서는 지금도 우리를 신실하게 대하신다. 그렇다면 당신도 하나님을 신실하게 대하는가? 하나님께서는 지금도 이적을 베풀어주신다. 그러나 우리는 이적을 체험하자마자 투덜거리기 시작한다. 하나님은 지금도 말씀으로 자신을 계시하신다. 그러나 우리는 말씀을 듣거나 읽거나 따르기를 거부한다.

우리는 쉽게 배울 수도 있고 어렵게 배울 수도 있다. 우리가 쉽게 배울 수 있는 방법은 어렵게 배워야 했던 사람들을 통해 배우는 것이다. 선택은 우리의 몫이다. 그러나 한 가지 분명한 사실은 쉽게 배우든 어렵게 배우든 우리는 반드시 배워야 한다는 것이다.

구약의 역사와 체험과 예언을 단순한 사실과 정보로만 받아들이는 것은 매우 위험하다. 대신 구약의 이스라엘 백성이 겪은 역사와 체험과 예언을 통해 구체적인 교훈을 얻어야 하며 그 교훈을 따라 행동해야 한다. 당신은 어쩌면 실천해야 할 사항들이 너무 많아 지레 위축될지도 모르겠다. 그러나 한꺼번에 모든 것을 다 할 수 없다는 것이 한 번에 하나도 할 수 없다는 것을 의미하지는 않는다. 나는 오늘 모든 것을 다 할 수 없다는 핑계로 할 수 있는 것 한 가지마저 포기하는 과오를 저지르지 않을 것이다.

구약의 열두 시대와 우리 삶에 적용해야 할 원리들을 다음과 같이 정리해보았다. 열두 가지 원리 가운데 당신에게 가장 필요하다고 생각하는 한 가지를 선택하라. 그리고 기도하는 가운데 그 원리를 실천하기 위한 구체적인 방안 두세 가지를 설정하고 차근차근 실천하기 바란다.

BIBLE EXPRESS

PART 3

신구약 중간기 익스프레스

구약이 혼돈의 대륙이라면 구약과 신약 사이의 중간기는 미지의 대륙이라 할 수 있다. 이 400년간의 세월을 '침묵기'라 일컫는다. 그러나 하나님은 침묵하지 않으셨다. 세상이 메시아를 영접하도록 준비시키면서 여전히 활발하게 역사하고 계셨다. 우리는 고대 근동의 패권, 유대 민족의 분파, 당시 문헌들을 살펴봄으로써 이 시기 동안 하나님께서 어떻게 예비하셨는지를 파악할 수 있다.

주인공이 등장하기 위한 무대 설치를 마치다 | 신구약 중간기

14 CHAPTER

주인공이 등장하기 위한 무대 설치를 마치다

신구약 중간기

Getting the World Ready

지금까지 당신이 준비한 일 가운데 가장 크고 대단했던 일은 무엇인가? 졸업식? 애인을 위한 특별 이벤트? 부모님 환갑잔치? 아니면 대통령 접견? 그리고 그 대단한 일을 준비하기 위해 언제부터 계획을 세웠는가? 6개월 전부터? 1년 전부터? 또 얼마나 많은 사람들이 그 일에 관련되었는가? 열댓 명? 수백 명?

온 인류와 관련된 한 특별한 사건을 위해 누군가 4천 년이 넘도록 준비했다고 생각해보라. 오직 하나님만이 그런 엄청난 일을 계획하고 진행하실 수 있다. 그리고 그 엄청난 일이란 바로 하나님의 아들을 맞이하도록 세상을 준비시키는 것이었다.

심지어 하나님은 세상을 창조하기 이전부터 그리스도를 이 땅에 보내기 위한 계획을 갖고 계셨다(엡 1:4). 하나님의 계획은 세상 전체를 포괄하는 거대한 규모의 계획이었다(창 12:1-3 ; 요 3:16). 그리고 하나님은 인류 역사 초창기부터 자신의 아들을 보내리라는 강한 암시를 주셨다(창 3:15).

1 중간기 침묵에도 뜻이 있다

구약이 혼돈의 대륙이라면 구약과 신약 사이의 중간기는 미지(未知)의 대륙이라 할 수 있다. 이 400년간의 세월을 '침묵기'라 일컫는 것은 백성들이 서로 말을 하지 않았기 때문이 아니다. 이 시기는 영적 침묵기였다. 말라기서에서 마태복음 사이의 기간 동안 하나님께서 선지자를 세우셨다는 기록이 어디에도 없다. 그러나 하나님은 세상이 메시아를 영접하도록 준비시키면서 여전히 활발하게 역사하고 계셨다. 우리는 고대 근동의 패권, 유대 민족의 분파, 당시 문헌들을 살펴봄으로써 이 시기 동안 하나님께서 어떻게 예비하셨는지를 파악할 수 있다.

2 중간기 고대 근동의 패권

오늘날 강대국들이 세계를 지배하기 위해 벌이고 있는 패권 다툼은 결코 새로운 것이 아니다. 인류 역사에 관한 책을 어디든 펴보라. 거기서 우리는 인간이 동식물은 쉽게 다스렸어도 인류 최초 세대에 에덴으로 들어온 '반항적 기질'은 결코 다스리지 못했다는 점을 어렵지 않게 확인할 수 있을 것이다.

신약에 직접적인 영향을 끼친 권력 다툼은 구약의 르호보암 왕 시대부터 시작되었다. 솔로몬의 아들 르호보암의 세금 증대 정책으로 인해 히브리 통일왕국이 남북으로 분열되었다(BC 930년)는 사실을 우리는 이미 잘 알고 있다.

BC 900년경에는 앗수르제국이 근동의 패권을 차지했지만, 그로부터 900년이 지난 신약 시대에는 로마제국이 세상사를 좌지우지했다. 이 두 제국의 전성기 사이에 다른 세 제국들(바벨론, 페르시아, 그리스)이 차례대로 발흥했다. 한편 이스라엘 민족은 내내 외세의 압제를 받았지만 한 세기 동안은 독립을 누리기도 했다.

이 시기에 근동의 패권을 차지했던 강대국들을 떠올리려면 다음의 표어를 기억하라(벧전 3:2,15 참조).

"항상 정결하여라! 정당한 이유를 제시하라(Always Be Pure, Giving Just Reasons)!"

다음 표어에 사용된 영어 단어들의 첫 글자가 고대 근동의 패권을 차지했던 강대국들의 이름을 순서대로 나열한 것과 일치한다.

앗수르(**A**ssyria)	→	바벨론(**B**abylon)	→
페르시아(**P**ersia)	→	그리스(**G**reece)	→
유대인의 독립	→	로마(**R**ome)	

다음 페이지에 제시한 '고대 근동의 강대국들'을 보라. 이 지도에 BC 900년에서 신약 시대에 이르기까지 팔레스타인을 지배했던 강대국들(이스라엘은 제외하고)의 명칭과 수도를 통치 순서대로 표기해놓았다. 물론 이 다섯 강대국들이 동시에 패권 다툼을 벌인 것은 아니며, 각각의 강대국들이 전성기에 달했을 때에는 이 지역 전체를 통치할 만큼 넓은 영토를 차지했다.

앗수르제국 앗수르는 북이스라엘 왕국을 정복하여 그 백성을 세계 각 지역에 흩어 놓았다(BC 722년). 이때 이스라엘 백성이 이방인과 통혼(通婚)하여 생긴 혼혈족을 '사마리아인'이라 하는데, 예수님 당시의 유대인들(남유다 후손들로서 순수 혈통을 보존하고 있던)은 이들을 몹시도 혐오했다. '사마리아인'이라는 명칭은 당시 북왕국 이스라엘의 수도였던 '사마리아'에서 유래한다.

앗수르는 북왕국 이스라엘을 침공하여 멸망시켰지만 남왕국 유다는 그대로 놔뒀다. 덕분에 남유다는 이후 한 세기 반 동안 더 존속할 수 있었다. 전통에 충실했던 남유다 유대인들은 이방인과 결혼하느니 차라리 죽는 편이 낫다고 생각했다. 그런 점에서 예수님이 야곱의 우물가에 앉아 사마리아 여인과 대화를 나누셨을 때, 제자들이 그 장면을 보고 충격을 받았던 것은 결코 이상한 일이 아니다(요 4:1-42).

예수님 당시 팔레스타인의 인구가 북쪽으로부터 이방인, 사마리아인, 유대인의 순으로 분포된 것은 앗수르가 사마리아를 정복한 결과이다. 앗수르는 BC 612년까지 존속하다가 신흥 바벨론제국에 멸망당했다.

바벨론제국 바벨론은 BC 612-536년까지 팔레스타인 지역에서 패권을 휘둘렀다. 바벨론의 느부갓네살 왕은 BC 606년에 남왕국 유다를 침공하여 BC 586년에 예루살렘 성전과 성벽을 파괴했다. 다니엘서를 읽어보면 느부갓네살이 유대인들을 잔혹하게 대한 것에 대해 하나님께서 어떻게 보응하셨는지 알 수 있다.

남유다 백성들은 바벨론으로 끌려가 70년 동안 포로생활을 했다. 이로 인해 예루살렘 성전에서 예배드릴 수 없게 된 유대인들은 '회당'에 모이기 시작했다. 이때부터 회당은 유다 땅 외곽에 살고 있는 모든 유대인들을 위한 예배 처소로 자리 잡게 되었다(유대인이 10명 이상 사는 곳이라면 어디에나 회당이 건립되었다). 예수님도 가버나움 회당에서 사람들을 가르치고 치유의 이적을 베푸셨다. 사도들 역시 회당을 전초 기지로 삼아 낯선 지역에 복음을 전파했다.

페르시아제국 바벨론은 BC 536년에 페르시아에 의해 멸망당했다. 바벨론을 정복한 페르시아제국의 초대 왕 고레스는 유대인들을 풀어주어 고향으로 돌아가게 했다. 예루살렘으로 돌아온 유대인들은 비록 솔로몬 성전보다 작은 규모이지만 성전을 재건했고, 이때부터 서기관들이 하나님의 율법을 가르치고 해석하는 공식 집단으로서 활동하기 시작했다.

구약 시대는 페르시아(혹은 메대와 바사)가 세상을 지배하는 상태에서 종결된다. 페르시아의 팔레스타인 지배는 BC 332년까지 지속되었다.

그리스제국 페르시아제국은 그리스(헬라)에 의해 멸망당했고, 그리스의 알렉산더 대왕은 영토 확장을 통해 그리스 문명을 피정복 국가들에 확산시켰다. 그러나 그는 자신의 탐욕을 정복하지 못해 32세라는 젊은 나이에 요절하고 말았다. 그리스제국의 지배는 약 150년 동안 지속되었다(BC 332-176년).

예수님 당시에는 그리스어(헬라어)가 세계적으로 통용되었기 때문에 사도들이 복음을 전하기 위해 따로 어학원에 다닐 필요가 없었다. 또한 신약성경이 기록(참고로 구약은 히브리어로, 신약은 헬라어로 기록되었다)되자마자 많은 사람들에게 급속히 확산되어 널리 읽힐 수 있었던 것도 당대의 주된 언어가 헬라어였기 때문이다. 헬라어는 복음의 내용을 더욱 간결하고 정교하게 표현하는 데 일조했다.

▲고대 근동의 강대국들(숫자는 이 지역을 정복한 순서를 가리킨다)

유대인의 독립 시대 그리스제국의 영화(榮華)가 시들어 갈 무렵, 남유다의 마카비 일가(Maccabees)가 대대적인 민중 봉기를 일으켜(BC 176년) 유대인의 독립을 이루었고, 하스모니아 가문(Hasmoneans)이 약 1세기 동안(BC 176-63년) 팔레스타인의 자치(自治)를 구현했다. 이 시기에 400년의 침묵기 동안 잠자고 있던 영적 활동이 활발하게 되살아났다.

로마제국 유대인의 독립 시대는 BC 63년 로마의 폼페이우스 장군의 예루살렘 침공으로 종식되고 말았다. 이때부터 시작된 로마의 팔레스타인 지배는 AD 500년까지 지속되었다. 그리스도께서는 로마의 아우구스투스 황제의 치세기에 태어나셨다. 이때 로마 황제에게 팔레스타인의 통치를 위임 받은 헤롯 대왕은 메시아가 탄생했다는 소식을 듣고 베들레헴의 남아(男兒)들을 모조리 살해하는 만행을 저지르는 한편 유대인들의 환심을 사기 위해 예루살렘 성전을 더욱 크게 확장하고 미화했다.

3 중간기 로마 세계

로마제국은 '팍스 로마나'(Pax Romana, 로마에 의한 평화) 시대에 전 세계를 하나의 이웃으로 만듦으로써 기독교의 확산에 여러 모로 기여했다. 당시의 사도들이 1세기 전에만 더 일찍 태어났더라도 이 나라에서 저 나라로 복음을 전하기가 그렇게 쉽지는 않았을 것이다. 왜냐하면 수만 명의 노동자들이 로마를 위해 도로를 닦아놓은 덕분에 사도들이 전도여행을 하는 데 수월했기 때문이다. 예수님 당시 여행자들은 도보로 하루 평균 50~80킬로미터 가량을 걸었는데, 이는 로마의 도로가 건설되기 이전에 15~30킬로미터 가량을 걸었던 것에 비해 엄청나게 향상된 거리였다. 로마제국의 지배 아래서도 사람들은 세계 공용어로 여전히 그리스어(헬라어)를 사용했다.

그러나 예수님 당시 로마의 경제 사정은 무척 심각했다. 어림잡아 백성의 3분의 2가 노예였고, 6천만에 달하는 가난한 부랑자들이 사회 불안을 조장하고 있었다. 또한 세금 징수 관리들은 직위를 남용하여 백성의 조세 부담을 가중시켰는데, 그들은 나라에서 요구하는 그 이상의 금액을 백성에게 부과하여 그 차액을 착복했다.

유대 제사장들 역시 희생제물의 판매로 부당하게 이익을 챙김으로써 백성들을 착취했다. 예수님이 성전 뜰 안에서 장사하는 사람들을 엄히 꾸짖으며 그 좌판을 두 번이나 엎으신 것도 바로 이 때문이다.

로마 세계는 점점 도덕의식이 마비되고 영적으로 퇴폐하기 시작했다. 로마 군대가 새로운 영토를 점령할 때마다 새로운 신(神)들을 들여온 탓에 철학자들은 올림포스산이 거기 사는 신들로 너무 북적거린다고 비아냥거렸다. 로마 사람들은 헬라 철학마저도 버리고 말았다.

4 중간기 유대 민족의 분파

한편 유대교는 여러 분파로 나뉘어 상대방을 물어뜯고 싸우면서 형식적인 종교로 쇠퇴했다. 유대 종교 지도자들은 예수님이 그들의 규칙과 의식(儀式)을 의도적으로 어긴다고 여겨 예수님을 맹렬히 비난했다.

그들의 그런 모습은 구약 시대에 우상숭배를 하던 것이 장황한 규칙을 준수함으로써 종교성을 추구하며 헛된 노력을 하는 것으로 바뀐 것에 지나지 않았다. 이때 대제사장이 이끄는 '산헤드린'(Sanhedrin)은 유대 사회의 종교 및 민사 문제에 관해 재판하는 최고 의결기관으로 기능했지만, 법적으로 중요한 문제들은 여전히 로마 당국의 재가(裁可)를 받아야 했다. 회당은 로마제국 곳곳에 흩어져 사는 유대인들을 위한 가르침과 만남의 장소로 계속 기능했다.

당시 백성의 지지를 얻기 위해 서로 경쟁한 6개의 유대 분파를 간략히 살펴보면 다음과 같다.

바리새파 보수파로서 구약의 율법과 전통을 엄격하게 지켰으며, 복잡한 규칙과 의식을 준수할 것을 강요했다.

사두개파 종교적, 정치적 자유주의자들로서 부활과 영혼 불멸을 믿지 않았다. 전통을 반대하는 한편 바리새인들과 첨예하게 대립했다.

서기관 직업적 율법 교사로서 구약과 전통을 연구하며 유대 사회에서 존경을 받았다. 이들은 율법의 세세한 부분을 놓고 종종 불필요한 논쟁을 벌였으며, 예수님을 몹시도 미워했다.

헤롯당 로마 당국 편에 서서 헤롯 일가의 권력을 지속시키기를 원했던 사람들로서 예수님을 정치적 반동주의자로 간주했다.

열심당 헤롯당의 정치적 적수(敵讐)로서 로마에 대항하기 위해 폭력을 사용하는 것도 서슴지 않았다. 이들은 팔레스타인의 정치 형태를 모세 시대처럼 신정(神政)으로 되돌리기를 원했다.

에세네파 쿰란 지역(사해 북서쪽)에 은거함으로써 부패한 사회와 타락한 종교로부터 도피했다. 혹자는 세례 요한이 에세네파와 관련이 있다고 주장한다.

5 중간기 고대 문헌들

1947년, 쿰란 지역에서 고대 문서 더미가 발견된 이후에 에세네파의 존재가 세상에 널리 알려지기 시작했다. '사해사본'(Dead Sea Scrolls)이라 불리는 이 문서에는 이전에 발견된 어떤 사본보다 연대가 더 오래된 구약성경 사본 상당 부분과 그들의 수도생활을 위한 훈련 지침서가 포함되어 있었다.

사해사본 외에 침묵기 동안 나온 또 다른 중요한 문헌은 아마도 '70인역 성경'(Septuagint)일 것이다. 히브리어로 기록된 구약을 헬라어로 번역한 이 성경은 BC 250년경 이집트의 알렉산드리아에서 편찬되었다. '70인역'이라는 이름은 이 성경 번역 작업에 참여한 학자들이 총 72명(이스라엘 12지파에서 각각 6명씩 선발된)이라는 데서 유래한다. 당시 히브리어가 점차 사어(死語)가 되어가고 있었기 때문에 당대의 공용어인 헬라어(그리

그림으로 보는 신구약 중간기

▶ 신구약 중간기에 일어난 사건 한눈에 보기

1 그리스에서 소크라테스와 플라톤과 아리스토텔레스가 철학을 가르침
2 유대 서기관들이 페르시아 통치 아래서 율법을 필사하고 해석하기 시작함
3 알렉산더 대왕이 세계 정복 전쟁을 감행함
4 알렉산드리아에서 구약이 헬라어로 번역됨(70인역)
5 마카비 일가가 유대인의 봉기를 이끎
6 바리새인들이 장황한 종교 규칙을 만들기 시작함
7 에세네파 사람들이 사해 근처의 동굴에 성경 두루마리를 감춤
8 로마의 폼페이우스 장군이 팔레스타인을 정복함
9 헤롯 대왕이 예루살렘을 다스림
10 예수님이 베들레헴에서 태어나심

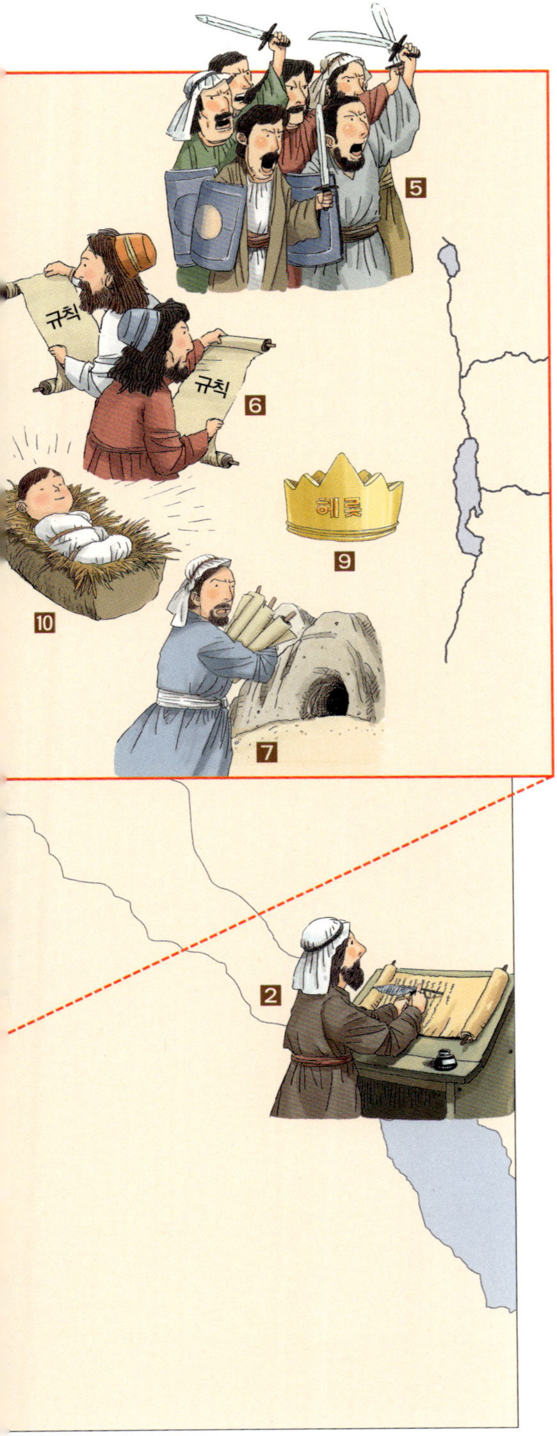

스어)로 성경을 번역할 필요가 있었던 것이다.

침묵기 동안 이 두 문서(사해사본과 70인역)가 필사되고 편찬되었으며 또 다른 여러 저작들이 기록되었다. 우리는 이런 사실을 통해서 예수께서 완벽하게 세팅된 세상에 오셨음을 확인할 수 있다. 하나님은 구약 시대뿐 아니라 침묵기 동안에도 구세주의 등장을 위해 무대를 설치하고 계셨다. 하나님은 4천 년 이상의 역사를 투자하여 이 세상이 자신의 아들 예수 그리스도의 탄생을 맞이하도록 하셨다.

하나님께서는 자신이 유용하게 쓰실 사람을 준비시키는 것을 매우 중요하게 여기시는데, 우리는 이것을 성경 곳곳에서 발견할 수 있다. 하나님은 모세의 40년 사역(이스라엘 민족을 약속의 땅으로 인도하는)을 위해 80년 동안 준비시키셨는데, 이때 준비 기간과 사역 기간의 비율이 2대1이다. 또한 하나님은 예수님의 3년 사역을 위해 30년을 준비시키셨는데, 이 경우에는 준비 기간과 사역 기간의 비율이 무려 10대1에 달한다.

우리는 준비를 적절하게 함으로써 주어진 시간 내에 많은 것을 이룰 수 있다. 하나님께서 우리를 이끌어 개인적인 사역이나 일상의 일들이나 평생의 과업을 위한 준비를 하게 하실 때, 우리는 영적 민감성을 가지고 그분의 손길을 재빠르게 포착해야 한다.

유대인의 왕
BIBLE EXPRESS

PART 4

신약성경 익스프레스

바이블 특급열차를 타고 신약의 세계로 들어가다 | 신약의 열두 시대

사복음서에 나타난 예수님은 복음의 진리 그 자체이시다 | 사복음서 개관

나사렛의 그 목수는 무엇을 주장했나? | 목수 시대와 주장 시대

예수님 편에 설 것인지 세상 편에 설 것인지 선택하라 | 선택 시대

예수님의 제자가 되는 강도 높은 교육을 받다 | 교육 시대

예수님의 십자가와 부활로 하나님의 구원 계획이 완성되다 | 십자가 시대

성령의 역사로 그리스도의 교회가 세워지다 | 교회 시대

한 사람의 변화된 선교사가 첫 번째 전도여행을 떠나다 | 1차 전도여행 시대

바울 일행이 서쪽으로 순회하며 교회를 세우고 훈련시키다 | 2,3차 전도여행 시대

바울이 로마로 압송되어 감옥에서 복음을 전하다 | 옥중 시대

네 명의 마감기자가 일곱 권의 편지를 쓰다 | 마감기자 시대

승리하신 주인공이 다시 오실 것이다! | 완성 시대

15

CHAPTER

바이블 특급열차를 타고 신약의 세계로 들어가다

신약의 열두 시대

Flying High

역사상 이보다 더 놀라운 출판 프로젝트는 없었다. 처음의 출판 전략에 대해 잠시 살펴보자. 10개 나라에 거주하는 20종의 다양한 직업을 가진 40명의 기자들이 3가지 언어로 무려 1,600년에 걸쳐 원고를 작성했다. 여기에는 2,930명의 등장인물과 1,551개의 지명이 나오며, 총 1,189장으로 이루어진 66권이 한 책 안에 짜임새 있게 배열되었다. 그런데 문제는 이것을 책임지고 출간할 출판사도 편집장도 없다는 것이었다.

이 방대한 책은 시, 산문, 수필, 전기, 미스터리, 과학, 역사 등 갖가지 문학 형태로 표현되어 인생의 중대한 주제를 전부 다루고 있다. 그렇게 해서 나온 책이 무엇일까? 《리더스 다이제스트》(Reader's Digest)? 아니다. 성경이다! 성경이 하나님께서 지으신 초자연적인 책임을 입증하는 것이 무엇인가? 그것은 이 책의 기자들과 그들 문화와 표현 방식이 매우 다양하고 상이함에도 불구하고 성경이 전체적으로 통일성을 유지하고 있다는 사실이다.

1 신약성경 성경의 줄거리

성경은 처음부터 끝까지 하나의 줄거리로 전개된다. 거룩하고 사랑이 많으신 하나님께서 에덴이라는 가장 이상적인 환경을 만드시고 거기에 인간을 거하게 하셨지만, 사악한 대적 사탄은 끊임없이 하나님을 대적했다. 선과 악이 온갖 형태로 거세게 충돌했다. 때로는 악이 승리하는 것처럼 보이기도 한다. 그러나 하나님은 악의 세력을 정복할 영웅이 등장할 것이라는 소망을 제시하셨다(창 3:15). 마침내 그분께서 악의 세력을 제압하고 승리하셨다. 그 주인공께서는 장차 백마를 타고 돌아와 이 전쟁을 영원히 끝낼 것이라 약속하셨다. 수없이 많은 영적 전쟁을 치른 뒤, 하나님께서 마침내 하나님 편에 서서 거룩하게 살고 있는 성도들과 함께 영원히 승리를 만끽하실 것이다.

성경은 창세기에서 요한계시록까지 다음과 같은 사실들을 일관되게 묘사한다.

- ✓ 모든 생명과 선(善)의 근원이신 유일하게 참되고 영원하신 하나님
- ✓ 가장 이상적인 환경에서조차 하나님께 신실하지 못한 인간의 무능력 상태
- ✓ 친밀한 교제를 맺기 위해 계속해서 사람을 찾으시는 하나님
- ✓ 어둠의 세력을 이끄는 사악한 수뇌(首腦)
- ✓ 죄와 사망으로부터의 구원, 믿음으로만 받을 수 있는 하나님의 선물
- ✓ 예수 그리스도를 향한 초점 - 구약은 그리스도의 오심을 고대하며 신약은 그리스도의 삶과 죽음과 부활에 대해 기록함과 아울러 그분의 재림을 예고함

하나님이 아니면 이처럼 완벽하게 일관된 책을 인간에게 줄 수 있는 이가 없을 것이다. 성경 66권 가운데 아무 부분이나 택하여 읽어보라. 그렇다면 당신은 당신을 향한 하나님의 계획(plan)과 예수 그리스도라는 분(person)과 성령의 능력(power)을 만나게 될 것이다.

2 신약성경 큰 그림 보기

비행기를 타고 높이 올라가야만 볼 수 있는 경치가 있다. 높은 곳에서 내려다보면 모든 것이 낮은 곳에서 볼 때보다 훨씬 더 정연하게 보인다. 맑고 화창한 날, 당신이 비행기를 타고 어느 낯선 도시에 있는 장소를 찾아간다고 해보자. 이때 비행기에서 그 도시를 내려다보면 상업 지구가 공항의 어느 방향에 있는지, 강과 고속도로 진입로가 어떻게 연결되는지, 주요 고층 건물들이 어느 위치에 있는지 선명하게 볼 수 있다. 그리고 이렇게 머릿속에 큰 그림을 그린 상태에서 공항에 도착하면 자동차를 타고 목적지에 찾아가기가 훨씬 수월해진다. 이 책은 총 27권, 260장으로 이루어진 신약성경의 도시에서 길을 찾도록 도움을 줄 것이다. 성경에서 읽었거나 들었던 사건들과 등장인물들을 성경 이야기의 전체 그림 안에 짜 맞출 수 있을 때, 그(것)들이 이전과는 전혀 다른 의미로 다가올 것이다.

오랜만에 낯선 지역에 다시 갔을 때 표지물을 기억하여 방향을 찾는 것이 중요한 것처럼 성경을 처음 공부할 때에도 주요 인물들과 사건들을 기억하는 것이 매우 중요하다. 이 책은 그런 작업을 용이하게 만들어줄 암기 도구들로 가득하다. 그것들을 제시된 그대로 사용하든지 아니면 당신에게 알맞게 바꾸어 사용하든지 적절하게 사용하기 바란다. 그러면 성경에 등장하는 인물들의 이름이나 사건을 기억하는 데 큰 도움을 얻을 수 있을 것이다.

3 신약성경 조각 맞추기

신약성경은 총 27권으로 이루어져 있는데, 그 중 처음 5권은 과거 역사에, 마지막 1권은 미래에 이루어질 일에, 그 사이에 있는 21권은 현재 그리스도인들이 체험하는 일에 초점을 맞추고 있다. 신약성경은 하나님께서 이미 하신 일과 지금 하고 계신 일과 앞으로 하실 일에 대한 것이라 할 수 있다. 성경은 하나님의 감동으로 된 것으로 오늘날 우리에게 매우 유익하다(딤후 3:16,17).

신약의 역사(history)는 하나님께서 나사렛 예수의 몸으로 이 땅에 오시어 자신의 교회를 시작하셨음을 기술하는 '하나님의 이야기'(His story)이다. 신약성경의 큰 줄거리를 파악하려면 전체 27권의 5분의 1 분량에 해당하는 처음 5권만 읽으면 된다. 이 다섯 권에서 사건이 발 빠르게 전개되기 때문이다. 그러나 사도행전 이후에는 신약성경의 '줄거리'가 계속되지 않는다. 신약성경의 첫 번째 책인 마태복음(Matthew)의 처음 두 글자 'MA'를 떠올리면 신약의 역사 이야기가 '마태복음'에서 시작되어 '사도행전'(Acts)에서 끝난다는 것을 쉽게 기억할 수 있다. 신약성경의 나머지 22권의 책들은 이 큰 줄거리를 보완한다.

신약의 역사서는 그리스도의 나타나심에 초점을 맞추고 있다. 역사서 중에서도 처음 4권[마태, 마가, 누가, 요한복음을 '사복음서'라 일컫는데, 여기서 '복음'(Gospel)이란 "좋은 소식"을 뜻한다]은 육신을 입고 이 땅에 오셔서 인간들과 함께 살았던 그리스도의 생애를 기록하고, 다섯 번째 책인 사도행전은 성령을 통해 성도 안에서 살고 계시는 그리스도에 대해 기록한다.

신약의 체험서 21권은 모두 편지로서 하나님을 믿는 자녀들을 향한 그분의 가르침을 담고 있다. 신약성경의 1,051개 명령의 대다수가 여기에 들어 있다. 신약의 서신서 대부분은 사도행전 시대에 기록된 것들이다.

신약의 마지막 책이자 예언서인 요한계시록은 '지구'라는 행성을 향한 하나님의 계획의 완성에 대해 미리 기록한 역사라고 할 수 있다.

구약이 역사와 예언을 강조한 반면 신약은 압도적으로 체험에 초점을 맞추고 있다(신약성경 총 27권 가운데 역사서가 5권, 체험서가 21권, 예언서가 1권이다). 이는 구약이 메시아의 도래를 위한 '준비'를 강조한 반면 신약이 메시아의 '권고'와 '가르침'에 초점을 맞추고 있음을 의미한다. 하나님께서 우리에게 말씀을 주셨는데, 그것은 과거나 미래의 사건에 대한 호기심을 충족시키기 위해서가 아니라 현재의 삶을 변화시키기 위해서다. 우리는 성경을 읽거나 공부하는 것에 그쳐서는 안 된다. 성경 말씀 그대로 살아야 한다!

주제별로 본 신약성경

역사
그리스도의 역사

사복음서

- 마태복음
- 마가복음
- 누가복음
- 요한복음

교회의 역사

- 사도행전

체험
바울의 편지

바울서신

- 로마서
- 고린도전서
- 고린도후서
- 갈라디아서
- 에베소서
- 빌립보서
- 골로새서
- 데살로니가전서
- 데살로니가후서
- 디모데전서
- 디모데후서
- 디도서
- 빌레몬서

다른 사람들의 편지

- 히브리서
- 야고보서
- 베드로전서
- 베드로후서
- 요한일서
- 요한이서
- 요한삼서
- 유다서

예언
세상에 대한 예언

예언서

- 요한계시록

▲신약성경의 지도

4 신약성경 신약의 무대 직접 그려보기

신약성경의 줄거리를 지도 한 장에 표시할 수 있다. 우선 '신약성경의 지도'를 보라. 강과 바다를 먼저 살펴보면 우측 상단부터 시계 방향으로 흑해, 갈릴리 바다, 요단강, 사해, 홍해, 나일강, 지중해가 보인다. 이탈리아와 그리스 사이에 있는 만(灣)은 아드리아해이고, 그리스와 아시아 대륙 사이에 있는 만은 에게해이다.

신약성경의 주요 무대가 되었던 로마제국의 영토는 지중해를 빙 둘러싸고 위치해 있다. 이탈리아는 장화 모양으로 유명하고, 지중해를 향해 남쪽으로 돌출한 갑(岬, 바다 쪽으로, 부리 모양으로 뾰족하게 뻗은 육지) 부분에 마게도냐, 아가야, 그리스가 있다.

그 옆으로 보이는 커다란 땅덩어리 중앙에는 갈라디아 지방이 있고, 남서쪽에는 소아시아 지방이 있다. 수리아(시리아)와 이스라엘은 지중해 동부 해안선을 끼고 나란히 자리하고 있으며, 이스라엘의 남동쪽으로는 아라비아가, 남서쪽으로는 애굽이 보인다. 지중해와 아드리아해와 에게해에 점처럼 돋아 있는 수백 개의 섬 가운데 시실리, 그레데, 구브로 세 개의 섬이 눈에 띈다.

지도를 잘 보면 장화를 신은 이탈리아 사람이 시실리섬에 발이 걸려 넘어지는 것처럼 보이고,

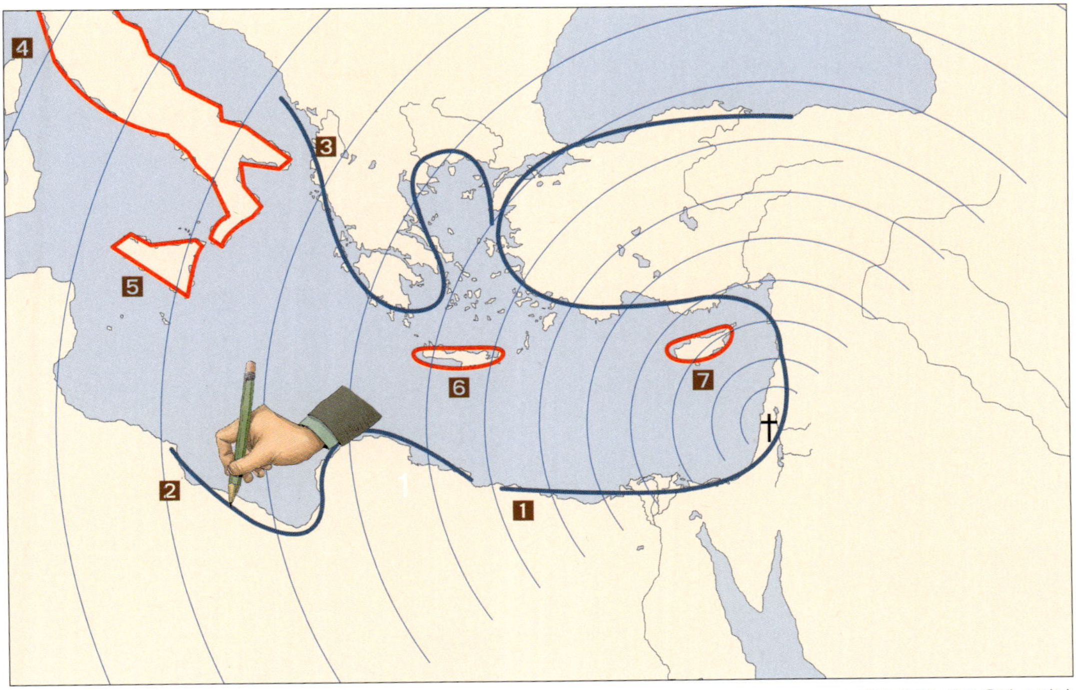

▲신약성경의 지도 윤곽 그리기

그레데섬이 에게해 입구를 지키고 있는 것처럼 보이며, 구브로섬은 수리아를 향해 탱크 포신을 겨누고 있는 것처럼 보인다.

이 지도를 직접 그리기는 그리 어렵지 않으니, 위 지도 '신약성경의 지도 윤곽 그리기'를 참조하며 읽기 바란다. 우선 백지 오른쪽에 영어 대문자 'S'를 비스듬히 그려라1. 그리고 그 왼쪽에 그보다 조금 작은 'S'자 두 개2, 3를 그려 넣고 그 꼬리를 길게 늘여라. 이 두 개의 'S'자가 옆으로 누워 있다는 것을 기억하라. 그리고 좌측 상단에 장화 모양을 그리고4, 장화 신은 사람의 발끝에 놓여 있는 돌부리도 함께 그려라5. 지중해 한가운데 있는 커다란 돌멩이도 그려 넣어라. 이 돌멩이는 에게해 입구를 막고 있는 모양을 하고 있다6. 그리고 지중해 오른쪽 중간 부분에 포신을 동쪽으로 겨누고 있는 탱크 한 대를 그려 넣어라7. 이제 끝이다!

이 윤곽선을 몇 번 따라 그린 뒤에 다시 백지를 꺼내 그림을 보지 말고 처음부터 그려보기 바란다. 또한 우리는 이 지도에 십자가와 그 십자가를 중심으로 하는 방사형의 반원 몇 개를 첨가하여 신약성경의 줄거리를 그림으로 간략히 표시할 수 있다. 예루살렘에 표시된 십자가는 사복음서를 상징한다. 예수님은 예루살렘에서 남쪽으로 약 10킬로미터 정도 떨어진 곳에서 출생하셨고, 예루살렘 성 외곽에서 십자가에 못 박혀 죽으셨으며, 예루살렘 동쪽에서 승천하셨다. 예수님의 제자들(사도 바울을 포함하여)은 예루살렘에서 성령의 능력을 힘입은 뒤에 이스라엘 북서쪽에 위치한 지역에 복음을 전파했다(예루살렘을 중심으로 방사형으로 퍼지는 반원들을 주목하라). 마치 예루살렘에 떨어진 '조약돌' 하나가 로마 세계의 '연못' 위에 물결의 파동을 일으키는 것처럼 보인다. 이 복음은 지금도 예수님의 새로운 제자들, 곧 당신과 나에 의해 전 세계 곳곳으로 확산되고 있다.

5 신약성경 신약의 줄거리

신약성경의 줄거리를 두 문단으로 간략히 줄이면 다음과 같다.

구약과 신약 사이에 400년이라는 침묵의 시간이 흐른 뒤, 하늘이 다시 열리고 천사들이 세례 요한과 예수 그리스도의 탄생을 준비했다. 그리고 그로부터 30여 년이 흐른 후에 세례 요한이 유대인들을 향해 죄를 회개하고 세례를 받으라고 선포했다. 세례 요한의 뒤를 이어 등장한 예수 그리스도(성육신하신 하나님의 아들)는 3년 동안 이 땅에서 사역하면서 하나님이 어떤 분이신지 보여주었고 하나님의 구원의 길에 대해 가르치셨다. 예수 그리스도께서는 열두 제자를 선발하여 이 땅에서 자신의 사역을 계속하게 하신 뒤에 온 인류의 죄 때문에 십자가에 못 박혀 죽으셨고, 죽은 자들 가운데서 다시 일어나 하늘로 올라가셨다.

오순절 성령 강림으로 하늘의 능력을 얻은 열두 제자는 예수 그리스도의 구원의 선물에 관한 좋은 소식을 세상에(주로 유대인에게) 전파했다. 반면 사도 바울은 수차례의 전도여행을 통해 이방 세계에 복음을 전했고 신약성경의 서신 가운데 최소한 13편을 기록했다. 사도 요한은 편지 3통과 신약의 마지막 책인 요한계시록을 기록했다.

요한계시록을 잘 읽어보면 성경의 시작과 끝이 동일하다는 사실을 알 수 있다. 하나님께서 악한 대적의 저항을 받지 않고 완벽한 세상을 창조하셨던 것처럼 마지막 날에도 하나님의 뜻대로 하나님나라를 완성하실 것이기 때문이다.

6 신약성경 신약의 열두 시대

앞에서 그린 지도에 신약성경 12개의 상징을 그려 넣으면 신약의 이야기를 좀 더 명확히 파악할 수 있다. 앞서 구약을 공부할 때, 구약 역사를 열두 시대로 나누고 그 시대를 나타내는 상징들을 구약의 지도에 표시한 것이 기억날 것이다. 여기서도 마찬가지로 신약의 역사를 영어 대문자 'C'로 시작하는 열두 시대로 나누고, 그 시대를 나타내는 상징들을 지도에 표시해볼 것이다. 12개의 상징들은 각각 신약 역사의 특정한 시대를 나타낸다. 따라서 이 상징들을 잘 기억해두면 신약의 특정 시대에 속하는 인물과 장소와 사건을 등장 또는 발생 순서대로 기억할 수 있다.

다음 페이지에 제시한 '열두 가지 상징으로 보는 신약성경'을 참조하며 읽기 바란다.

목수 시대 Carpenter(눅 1,2장)

목수의 톱이 이 시대를 상징한다. 세상이 메시아를 맞을 준비를 끝마쳤을 때, 예수 그리스도께서 '하나님이시며 사람이신' 유일하신 분으로서 동정녀 마리아에게서 태어나셨다. 예수님은 베들레헴과 애굽에 잠시 머물러 사셨고, 수양아버지 요셉을 도와 목수 일을 하며 나사렛에서 성장하셨다. 첫 번째 목수 시대에서 다섯 번째 십자가 시대까지가 이 땅에 계셨던 예수 그리스도에 관한 시대임을 주목하라.

주장 시대 Claims(눅 3장-6:11)

"나는 … (이)다"라는 예수님의 주장이 이 시대를 상징한다. 예수님은 서른 살 즈음에 요단강에서 세례 요한에게 세례를 받으셨다. 이때 세례 요한은 예수님이 하나님의 아들이요 사람들이 오랫동안 고대하던 메시아라고 선포했으며, 예수님도 자신이 하나님의 아들이요 인류의 구세주라고 주장하셨다. 더불어 예수님이 베푸신 이적은 예수님이 신성(神性)을 소유하신 분임을 뒷받침한다.

선택 시대 Choices(눅 6:12-9:62)

물음표가 이 시대를 상징한다. 이 시기에 예수님은 가버나움을 근거지로 삼고 약 18개월 동안 주로 갈릴리 지역에서 사역하셨다. 예수님이 자신의 정체성에 관한 질문을 던지며 선택을 촉구하셨을 때, 많은 무리가 예수님을 따랐지만 유대 종교 지도자들은 따르기를 거부했다.

교육 시대 Classes(눅 10장-19:28)

사각모가 이 시대를 상징한다. 예수님은 약 6개월 동안 열두 제자를 개인적으로 훈련시키면서 사람들에게 많은 비유를 말씀하셨다. 기초 과정보다 한 단계 수준 높은 이 강의는 하나님의 자녀로서 살아가는 방법에 초점이 맞추어져 있다.

십자가 시대 Cross(눅 19:29-24:53 ; 행 1장)

십자가가 이 시대를 상징한다. 이 시대(시기)는 예수님 생애 가운데 마지막 47일을 일컫는다. 이 시기는 예수님의 죽음과 부활로 이어지는 한 주간(週間)과 부활 이후 승천하기 전까지 40일 동안 제자들과 머물렀던 날들을 포함한다.

교회 시대 Church(행 2-12장)

교회 건물이 이 시대를 상징한다. 예수님이 부활하시고 나서 50일이 지난 뒤에 성령께서 제자들에게 임하여 교회를 시작하셨고, 그들에게 권능을 주어 구원의 복음을 팔레스타인 전역에 전파하게 하셨다. 이 시대부터 열한 번째 시대까지가 땅에 있는 교회에 관한 것임을 주목하라.

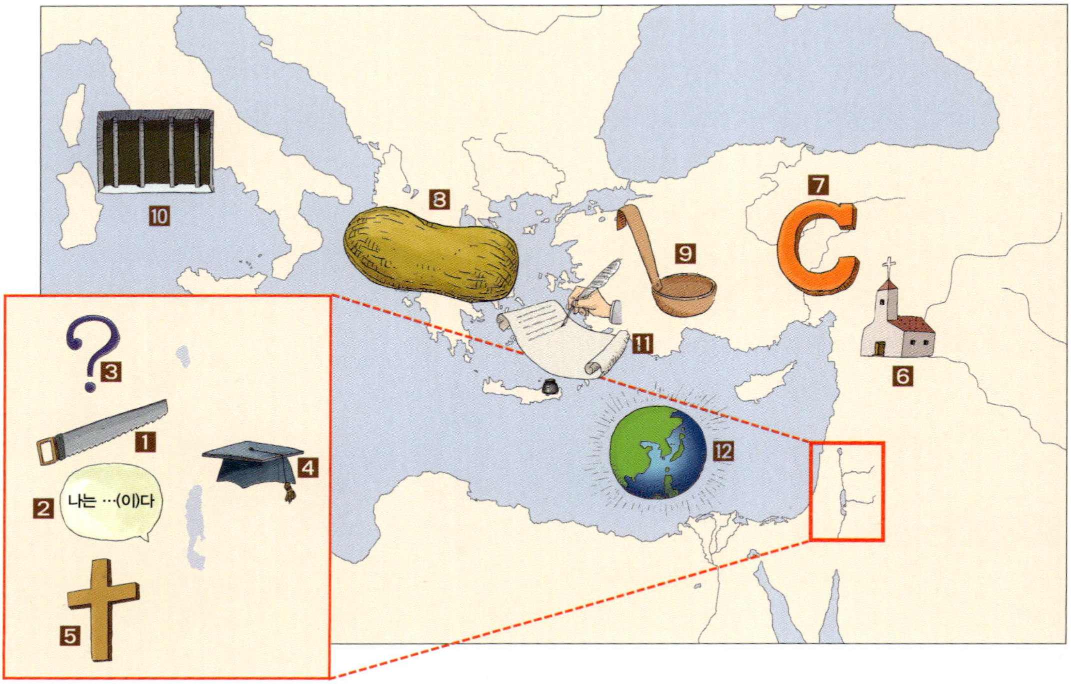

▲열두 가지 상징으로 보는 신약성경

1차 전도여행 시대 Circuit 1(행 13–15장)

영어 대문자 'C'가 이 시대를 상징한다. 바울은 첫 번째 전도여행에서 구브로와 갈라디아 지방까지 복음을 전했으며, 예루살렘교회는 총회를 열어 그리스도를 믿고 회심한 이방인들이 유대인의 전통을 따르지 않아도 좋다고 결의했다.

2차 전도여행 시대 Circuit 2(행 16–18장)

바울의 두 번째 전도여행 경로를 묘사하는 땅콩 모양이 이 시대를 상징한다. 바울은 이 전도여행에서 서쪽으로 멀리 그리스의 고린도까지 가서 교회를 세웠다.

3차 전도여행 시대 Circuit 3(행 19–21장)

바울의 세 번째 전도여행 경로를 묘사하는 국자 모양이 이 시대를 상징한다. 이 시기에 바울은 2차 전도여행에서 지나쳤던 소아시아의 에베소에 교회를 세우고 거기서 오랜 시간을 머물면서 사역했다.

옥중 시대 Custody(행 22–28장)

감옥의 철창이 이 시대를 상징한다. 소아시아에 흩어져 살던 유대인들이 유대교를 어지럽힌다는 이유로 바울에게 격분하자, 로마 당국은 군중 소요가 일어날 것을 우려하여 그를 체포했다. 그는 몇 해 동안 팔레스타인에 감금되었고 세 명의 로

마 통치자에게 재판을 받았지만 확정 판결을 받지 못했다. 이에 로마 시민이던 바울은 황제에게 항소하기 위해 로마로 압송되었다. 결국 바울은 2년 동안 로마에서 가택 연금 생활을 하게 되었다.

마감기자 시대 Closing Writers(히브리서 ; 베드로전서-유다서)

두루마리와 펜이 이 시대를 상징한다. 바울은 신약성경의 편지 22통(요한계시록 포함) 가운데 13통을 기록하고 순교했다. 바울이 세상을 떠난 뒤, 4명의 사도들이 더 오래 생존하면서(예수님의 동생 야고보가 기록한 야고보서는 바울이 세상을 떠나기 전에 기록되었으므로 제외하고) 8권의 서신을 기록했다. 그들은 바로 요한일이삼서와 요한계시록을 기록한 요한, 유다서를 기록한 유다(가룟 유다가 아님), 베드로전후서를 기록한 베드로, 히브리서를 기록한 익명의 기자 한 사람이다.

완성 시대 Completion(요한계시록)

새로운 세계가 이 시대를 상징한다. 장차 이 땅에 그리스도께서 다시 오셔서 새 하늘과 새 땅을 세우실 것이다. 믿지 않는 자들은 심판을 받을 것이나 구속받은 성도들은 새 하늘과 새 땅에서 영원토록 살 것이다.

신약성경 열두 시대 가운데 처음 다섯 시대는 복음서에서 발견할 수 있고, 다음 일곱 시대는 사도행전과 요한계시록에서 발견할 수 있다. 우리는 다음의 두 문장으로 신약 열두 시대를 쉽게 기억할 수 있다. "우리의 목수(Carpenter)는 십자가(Cross)에 대해 배우고(Classes) 선택(Choices)할 것을 주장하신다(Claims). 그리고 교회(Church)의 순례 여정(Circuits)은 하나님의 계획이 완성(Completion)될 때까지 성경 기자들(Closing Writers)의 감독(Custody)을 받을 것이다!"

이 열두 개의 상징을 순서대로 지도에 그려보면서 신약의 역사 흐름을 파악하도록 하라. 신약 사건들을 나타내는 각각의 상징을 기억하면 신약의 전체 그림을 보는 데 도움이 될 것이다.

그렇다면 우리는 지금 어느 시대에 살고 있을까? '마감기자 시대'와 '완성 시대' 사이 어디쯤 살고 있다. 예수님은 우리가 자신에게로 나오기를 기다리고 계신다. 그러나 대부분의 사람들은 예수님이 먼저 다가오기를 기다리고 있다. 당신도 그런가?

16
CHAPTER

사복음서에 나타난 예수님은 복음의 진리 그 자체이시다

사복음서 개관

It's the Gospel Truth

당신은 그리스도의 생애에 대해 얼마나 잘 알고 있는가? 아래에 제시한 10가지 사건들의 발생 순서대로 빈칸에 번호를 매겨보면 다음과 같다. 자신의 실력을 테스트해보라.

4 갈릴리 가나의 혼인 잔치에서 물로 포도주를 만드심
6 니고데모와 거듭남에 대해 이야기를 나누심
3 광야에서 사탄에게 3가지 시험을 받으심
7 제자들에게 산상수훈을 베푸심
1 베들레헴에서 동정녀 마리아에게서 태어나심
5 첫 번째 성전 정화
10 다락방에서 제자들의 발을 씻겨주심
8 하나님나라에 대한 비유를 말씀하심
2 나사렛에서 목수로 생활하심
9 나사로를 살리심

그리스도의 생애에 대해 단편적 지식을 갖고 있는 사람은 많아도 그 조각들을 종합적인 시각으로 바라볼 수 있는 사람은 매우 드문 것 같다. 그래서 이번 장에서는 사복음서(마태, 마가, 누가, 요한복음) 위로 고공비행하여 인공위성에서 사진을 찍듯이 그 전체적인 윤곽을 살펴볼 것이며, 사복음서의 사건들이 발생한 지역의 지도를 그려볼 것이다.

1 사복음서 사복음서 개관

사복음서는 권수(卷數)로 따졌을 때 신약성경의 약 15퍼센트에 지나지 않지만(총 27권 중 4권이므로), 분량으로 따지면 약 45퍼센트를 차지한다. 이는 신약성경 처음 4권의 분량이 나머지 23권을 모두 합친 분량과 거의 비슷하다는 것이다.

사복음서를 그림에 비유한다면 한 가지 대상을 서로 다른 네 각도에서 그린, 서로 유사하면서도 각각 독특한 면을 지니고 있는 4가지 그림이라 할 수 있을 것이다. 따라서 이 그림들을 결합했을 때, 어느 한 가지 관점으로는 보기 불가능한 4차원의 그림을 보게 된다. 사복음서 기자들은 각각 독특한 관점으로 그리스도의 생애를 기록했기 때문에 자신의 주제를 뒷받침하는 사건이나 이적이나 말씀을 선별한 것으로 보인다.

마태는 예수님을 유대인의 왕으로 그린 반면, 마가는 종으로 묘사했다. 그리스도는 하늘의 신성을 소유하신 분이지만, 종의 형체로서 그것을 나타내셨다. 누가는 예수님을 완벽한 인간으로 묘사한 반면, 요한은 완전하신 하나님으로 나타냈다. 이는 누가와 요한 두 기자가 각각 동전의 한 면을 강조한 것이라 할 수 있다. 그리스도께서 완벽한 인간인 동시에 완벽한 하나님이시기 때문이다. 그리스도께서는 완벽한 인간으로서 우리의 연약한 인간성을 온전히 공감하셨으며(죄를 짓는 영역만 빼고) 친구를 위해 자기 목숨을 기꺼이 내놓으셨다. 그러나 그리스도께서는 신성을 소유했기 때문에 하나님의 기준을 충족시킬 수 있었고, 세상의 죄를 대속하기 위해 유일하게 합당한 희생제물이 되실 수 있었다.

왕 종 인간 하나님

2 사복음서 마태복음 유대인들을 위한 메시아

Matthew – Messiah for Jews

마태는 유대인으로서 유대인들을 위해 복음서를 기록했다. 이 복음서의 요점은 그리스도가 유대인들이 그렇게 오랫동안 대망하던 메시아요, 하나님의 기름부음을 받은 자요, 구약 전반을 통해 예언되고 묘사된 그 주인공이라는 것이다. 마태는 자신이 기록하는 복음서와 구약을 자연스럽게 연결하기 위해 구약성경 구절을 99번이나 인용했고, 구약의 10가지 구체적인 예언이 예수님에 의해 성취되었다고 기록했다. 그는 '왕'과 '나라'라는 단어를 75차례나 언급했다.

마태는 마태복음 1-4장에서 예수님을 왕으로 묘사하면서 예수님의 가계도를 다윗에서 아브라함까지 거슬러 올라간다. 예수님이 베들레헴에서 태어나셨을 때, 성경은 물론 하늘의 별과 천사들도 메시아가 탄생하신 사실을 입증했다. 헤롯이 유대인의 모든 남아(男兒)를 살해하려 할 때, 하나님께서는 자신의 아들을 위험으로부터 보호하셨다. 나중에 세례 요한은 그분을 가리켜 "세상 죄를 지고 가는 하나님의 어린양"이라 선포했다. 그리고 예수님이 요단강에서 요한에게 세례를 받을 때, 하나님께서는 하늘에서 음성을 발하여 예수님이 자신의 아들이라고 알리셨다.

마태는 다른 사람들이 그 왕에 대해 말한 것을 증거로 제출한 뒤, 그 왕께서 자신의 백성에게 요구하시는 원칙을 기록했다(마 5-7장). 그리고 예수께서 베푸신 많은 이적들을 소개함으로써 그분께서 세상을 다스릴 권세를 갖고 계시다는 것을 증명했다(8-10장).

유대 종교 지도자들이 예수님을 왕으로 영접하지 않기로 결정한 뒤(11-15장), 예수님은 자신의 임박한 죽음과 부활(21-28장)을 앞두고 제자들을 준비시키셨다(16-20장). 그리고 마침내 메시아이신 예수님이 십자가에 달려 돌아가셨다. 유대 종교 지도자들은 예수님을 조롱하기 위해 십자가에 "유대인의 왕"이라고 적힌 패를 함께 못 박았다.

하나님께서는 자신의 아들을 새로운 건물, 곧 교회의 초석이요 모퉁이 돌로 삼으셨다. 교회 안에는 유대인이나 이방인의 차별이 없다. 그리스도께 속한 자들은 그리스도를 주권자와 구세주로 믿는 믿음 안에서 모두 하나가 된다.

3 사복음서 마가복음 메시아는 종이다

Mark – Messiah is servant

하늘과 땅의 모든 권세를 소유하신 예수께서 그 권세를 어떻게 나타내셨을까? 예수님은 모든 사람의 종이 되셨다! 마가는 섬김을 받으러 오신 메시아가 아니라 섬기러 오신 메시아를 묘사한다. 예수님은 다른 사람을 섬기는 것이 높아지는 길이라고 가르치셨다(막 10:42-45).

마가는 예수님의 탄생과 성장에 대해 기록하지 않았다. '종'의 가족 관계나 가정환경에 누가 관심을 갖겠는가? 마가는 복음서 기자들 가운데서 예수님이 행하신 일들을 가장 많이 기록한 반면, 예수님이 하신 말씀들은 가장 간략하게 기록했다. 그리고 메시아께서 종의 신분으로 이 땅에 오셨다는 사실의 또 다른 징표로서, 마가복음에 등장하는 인물 중 어느 누구도 부활하기 이전의 예수님을 '주님'이라 칭하지 않는다. 마가는 신격(神格)을 소유한 종의 행위를 강조함과 아울러 그리스도께서 하늘의 아버지께 신속하고도 절대적으로 순종했음을 보여주기 위해 '곧', '즉시'라는 뜻의 헬라어 단어를 40여 차례나 사용했다.

마가는 자기 책의 8분의 3(총 16장 가운데 6장)을 십자가 사건 이전 마지막 일주일을 묘사하는 데 할애했다. 그도 그럴 것이 인류의 죄를 구속(救

贖)하는 것이 그 종이 맡은 가장 중대한 임무였기 때문이다. 그리스도께서는 으뜸이 되고자 하는 합당한 길로서 섬김의 모범을 보여주셨다.

마가복음 1-10장은 갈릴리를 무대로 한 그리스도의 섬김과 비유와 이적에 초점을 맞추고 있으며, 11-16장은 예루살렘을 무대로 한 그리스도의 예언과 십자가 희생과 부활에 초점을 맞추고 있다.

4 사복음서 누가복음 인간과 같으신 메시아
Luke – Likeness of man

누가가 그리스도를 일컬을 때 가장 즐겨 사용한 단어는 "인자"(Son of man)이다. 사랑받는 의사 누가는 예수께서 죄 많은 인간들의 처지를 공감하고(물론 예수님은 죄가 없으셨지만) 또 그들을 찾아 구원하기 위해 인성(人性)을 입고 세상에 오셨다는 것(눅 19:10)을 보여주기 위해 가장 긴 복음서를 기록했다[장(章)의 수는 마태복음보다 적지만 분량은 더 길다]. 복음서 기자들 가운데 누가가 가장 많은 역사적 정보를 제공하고 있을 뿐 아니라 그리스도께서 사람들과 나누신 상호 작용에 대해 상세히 기록하고 있는데, 이것은 그가 과학을 공부한 의사였다는 점을 고려할 때 그리 놀랄 일이 아니다. 또한 그는 누가복음 곳곳에 예수님의 감정이 잘 드러나게 했다.

누가는 예수님이 평범한 인간이 아니라고 말한다. 그가 묘사하는 예수님은 동정녀 마리아에게서 태어나 인류의 계보 속으로 들어오신 분, 하나님인 동시에 인간인 유일하신 분이다. 그분의 어머니는 마리아였지만, 그분의 아버지는 다름 아닌 하나님이셨다. 예수님은 십자가에서 죽기 위해 인간이 되셔야 했지만, 그 죽음이 인류의 죄를 대신하는 유효한 죄 값이 되기 위해서는 또한 하나님이셔야 했다.

누가복음은 히브리서 2장 17절과 4장 15절에 대한 주석서라 할 수 있다.

"그러므로 저가 범사에 형제들과 같이 되심이 마땅하도다 이는 하나님의 일에 자비하고 충성된 대제사장이 되어 백성의 죄를 구속하려 하심이라 … 우리에게 있는 대제사장은 우리 연약함을 체휼하지 아니하는 자가 아니요 모든 일에 우리와 한결같이 시험을 받은 자로되 죄는 없으시니라."

그리스도는 한 가지를 제외한 다른 모든 면에서 우리와 같은 인간이시다. 그 한 가지란 바로 죄가 없다는 것이다. 그래서 그분은 우리 죄를 대신 짊어지고 십자가에 달리실 수 있었다.

누가복음의 4가지 주요 부분을 서로 비교해보기 바란다.

1-3장 예수님의 탄생과 유년 시절의 사건에 중점을 둔 처음 30년

4-8장 갈릴리의 이적에 중점을 둔 지상 사역 18개월

9-18장 비유와 가르침에 중점을 둔 베레아에서의 약 6개월

19-24장 십자가 사건으로 이어지는 마지막 8일과 부활 이후 현현(顯現)하신 40일

5 사복음서 요한복음 예수님은 하나님이다

John – Jesus is God

사도 요한은 요한복음에서 하나님의 아들로서 예수님의 역할을 강조했다. 요한복음은 사복음서 중에서도 내용이 매우 독특하여 전체 내용 가운데 8퍼센트만이 다른 복음서들과 겹친다. 요한이 인간 가운데 계신 그리스도의 절대적 특이성을 강조하고 있기 때문이다. 그분은 육신을 입고 이 땅에 오신 하나님이다!

예수 그리스도는 자신이 하나님이라고 주장하셨다. 요한은 이런 그리스도의 7가지 주장을 선별하여 기록했고, 오직 하나님만이 행하실 수 있는 7가지 이적을 예로 들어 이 주장을 보강했다.

요한복음에 나오는 예수님의 7가지 주장

1. 나는 생명의 떡이다(6:35)
2. 나는 세상의 빛이다(8:12)
3. 나는 양의 문(門)이다(10:7)
4. 나는 선한 목자다(10:11)
5. 나는 부활이요 생명이다(11:25)
6. 나는 길이요 진리요 생명이다(14:6)
7. 나는 참 포도나무다(15:1)

요한복음에 나오는 예수님의 7가지 이적

1. 물로 포도주를 만드심(2:1-11)
2. 왕의 신하의 아들을 고치심(4:46-54)
3. 38년 된 병자를 고치심(5:1-9)
4. 5천 명을 먹이심(6:1-14)
5. 바다 위를 걸으심(6:16-21)
6. 소경을 고치심(9:1-7)
7. 죽은 나사로를 살리심(11:1-46)

요한복음의 개요

1. 서론(1:1-18)
2. 그리스도의 주장(1:19-4:54)
3. 유대인들의 반대(5-12장)
4. 제자들에게 설명하심(13-16장)
5. 그리스도의 중보기도(17장)
6. 십자가에 못 박히심(18,19장)
7. 부활하심(20,21장)

6 사복음서의 핵심

사복음서

사도 요한의 목표는 예수 그리스도를 세상의 구세주로 나타내 모든 사람이 믿고 영생을 얻도록 하는 것이었다(요 20:30,31). 요한복음 3장 16절은 복음 전체의 축소판이다.

"하나님이 세상을 이처럼 사랑하사 독생자를 주셨으니 이는 저를 믿는 자마다 멸망치 않고 영생을 얻게 하려 하심이니라."

요한은 예수님의 가르침과 그분에 대한 증거를 낱낱이 기록한다면 이 세상이라도 그 책들을 다 담아 두지 못할 것이라고 말했다(요 21:25). 그러나 요한을 비롯한 복음서 기자들이 충분히 많은 것을 기록했기 때문에 우리가 복음서 안에서 예수님을 하나님의 아들로 믿을 만한 타당한 근거를 찾는 데에는 아무 문제가 없다.

하나님께서는 자신의 몫을 다하셨다. 구세주를 세상에 보내셨고 사도들에게 영감을 주어 그분에 대한 책을 기록하게 하셨다. 이제 남은 것은 우리 몫이다. 우리가 해야 할 몫은 성경을 믿어 그분을 구세주로 영접하는 것이다(요 1:12).

당신은 예수 그리스도를 어떤 시각으로 보고 있는가? 단지 그분을 세계적인 위인이나 훌륭한 교사로 간주하는 것은 당신이 고려할 선택 사항이 아니다. 그리스도께서 말씀과 행위를 통해 자신이 신성(神性)을 지닌 존재라는 것을 나타내셨기 때문이다. 만일 그분이 하나님이 아니시라면 정녕 거짓말쟁이거나 정신병자 둘 중 하나였을 것이다.

나는 자신이 만유(萬有)의 주(主)라는 예수님의 주장을 그대로 받아들이기로 오래전에 결단했다. 하나님이 어떤 분인지 알고 싶다면 예수님을 보라. 그분이 바로 육신을 입고 이 땅에 오신 하나님이기 때문이다.

7 신약의 세계 지리 익히기

사복음서

신약의 세계는 예루살렘에서 이탈리아까지 널리 퍼져 있었지만, 예수 그리스도께서는 그 광대한 지역 가운데 극히 좁은 구역에서 지상 사역을 하셨다. 사실 예수님은 지상 사역을 하는 동안에 고향에서 160킬로미터 이상을 벗어나지 않으셨다. 세상을 바꾸기 위해 굳이 멀리 여행을 하지 않아도 되셨기 때문이다. 그러기는 오늘날 우리도 마찬가지다. 그렇다고 오지(奧地)에 들어가 고통을 감수하며 복음을 전하는 선교사들의 노고를 깎아내리려는 의도는 추호도 없다. 오히려 나는 그런 사역자들을 존경한다. 다만 하나님이 원하시는 곳에서 하나님의 뜻대로 행하기만 한다면 누구든지 세상을 바꿀 수 있다는 말이니 오해가 없기 바란다.

이 책 15장에서 직접 그려본 '신약성경의 지도 윤곽 그리기'를 참고하면 예수님이 사역하셨던 지역의 지도를 쉽게 그릴 수 있다. 다음에 제시한 '예수님의 지상 사역 무대'를 참조하며 읽기 바란다. 적절한 비율로 구도를 잡기 위해 흰 종이의 가로를 절반으로 접은 다음, 세로를 3등분하여 접기 바란다. 지중해 동부 해안선을 따라

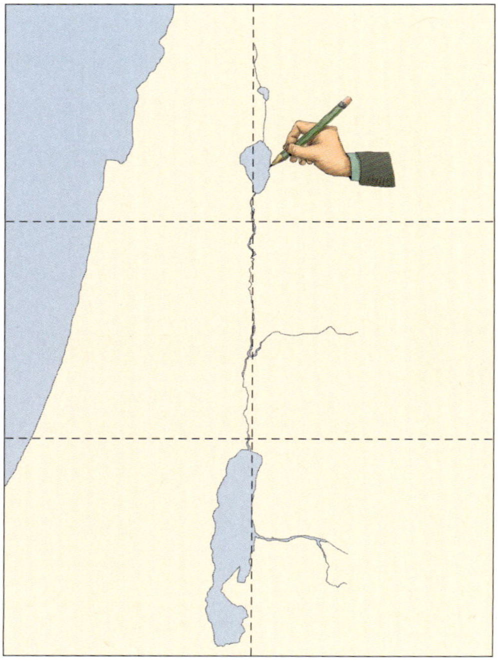

▲예수님의 지상 사역 무대

3분의 1 정도 내려와 툭 튀어나온 지점[갈릴리 바다 정서(正西) 방향]에 갈멜산이 있다. 북에서 남으로 호리호리하게 뻗은 사해가 지도의 맨 아래 부분 중앙에 위치하고 있다. 사해의 남쪽 끝은 지중해 해안선이 서쪽으로 애굽을 향해 구부러지는 지점의 정동(正東) 방향에 있다. 요단강은 갈릴리 바다와 사해를 연결하고 있다.

지상 사역 동안 예수님은 평생 일곱 지역(아기 때 헤롯의 만행을 피해 애굽으로 피신했던 것까지 포함하여)을 여행하셨다. '예수님의 지상 사역 무대'에서 붉은 글씨로 표기된 여섯 지역(갈릴리, 사마리아, 유대, 이두래, 데가볼리, 베레아)을 주목하라. 이 여섯 지역이 요단강을 중심으로 동서(東西) 편에 각각 세 지역씩 위치해 있는 것이 흥미롭지 않은가?

갈멜산과 갈릴리 바다 사이의 지역은 '갈릴리', 사해와 지중해 사이의 지역은 '유대', 유대와 갈릴리 사이의 지역은 '사마리아'이다.

갈릴리 바다 북동쪽은 '이두래', 사해 북동쪽은 '베레아', 이 두 지역 사이에 있는 것이 '데가볼리'이다. 참고로 '데가볼리'라는 이름은 그 지역에 위치한 10개의 주요 도시들의 이름에서 따온 것이다.

예수님의 생애를 연구할 때, 7개의 도시를 알아두는 것이 매우 중요하다. 이 도시들 가운데 지도 상단에 위치한 '가나'(Cana), '가버나움'(Capernaum), '가이사랴 빌립보'(Caesarea Philippi) 이 세 도시의 이름이 모두 영어 알파벳 'C'로 시작된다. 예수님이 첫 번째 이적을 베푸셨던 '가나'에서 남쪽으로 10킬로미터 정도 떨어진 곳에

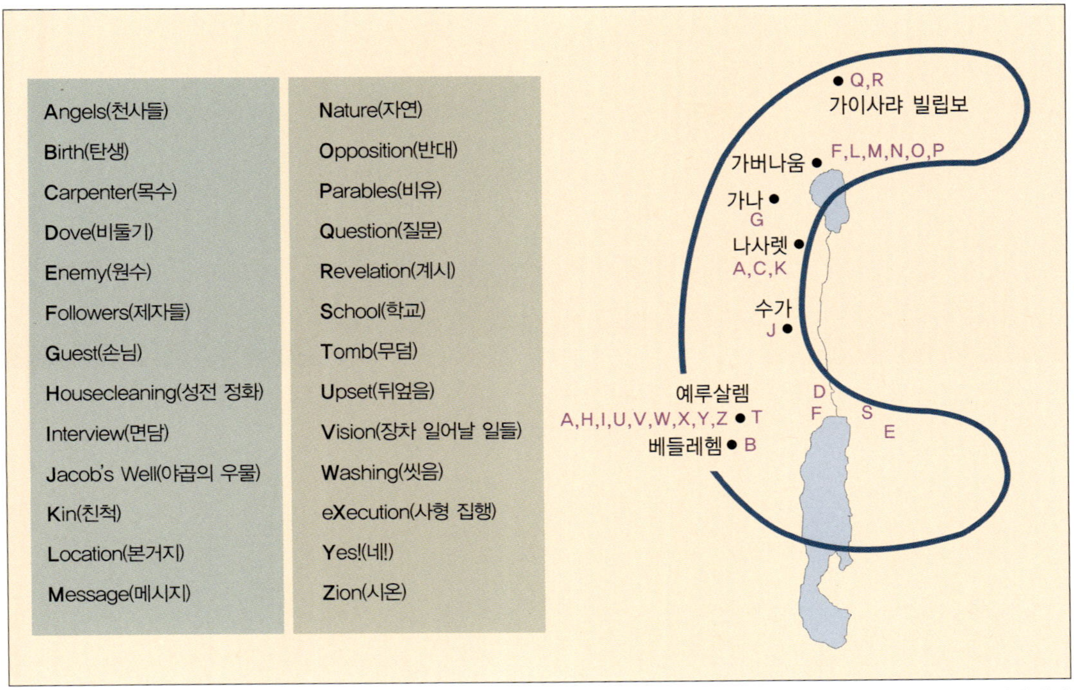

▲예수님 생애의 주요 사건들과 발생 위치

'나사렛'이 위치하고 있다. 이 마을은 예수님이 유년 시절을 보내신 곳이다. 사마리아(Samaria) 지역 중앙에는 '수가'(Sychar)가 자리하고 있고, 수가 성 근처에 '야곱의 우물'이 있다. '사마리아'와 '수가'의 이름이 똑같이 영어 알파벳 'S'로 시작되는 것처럼 '유대'(Judea)와 '예루살렘'(Jerusalem) 역시 똑같이 'J'로 시작된다. 예루살렘 남쪽 10킬로미터 지점에는 우리 구세주께서 탄생하신 '베들레헴'이 있다.

다음 장에서 우리는 예수님의 생애에 발생한 주요 사건 26가지를 선별한 뒤에 'A~Z'의 영어 알파벳을 이용하여 각각의 내용을 간략히 살펴볼 것이다. '예수님 생애의 주요 사건들과 발생 위치'를 참조하기 바란다. 그런데 이 사건들의 각 명칭 첫 자를 그 사건이 발생한 지역에 표시해보면, 우리는 그것들이 그리스도(Christ)의 첫 자인 'C' 모양을 이룬다는 것을 알 수 있다. 이 사건들은 앞서 확인한 신약의 열두 시대 가운데 예수 그리스도에 관한 시대인 목수 시대, 주장 시대, 선택 시대, 교육 시대, 십자가 시대에 해당한다.

17
CHAPTER

나사렛의 그 목수는 무엇을 주장했나?

목수 시대와 주장 시대 : 마 / 막 / 눅 / 요

What the Carpenter Claims

이번 장부터 20장까지는 영어 알파벳 26개를 이용하여 사복음서의 내용을 간략히 살펴볼 것이다. 이런 작업을 통해 우리는 예수님 생애의 26가지 주요 사건들을 발생 순서대로 기억하는 데 큰 도움을 얻을 수 있다. 성경 본문은 누가복음을 기초로 잡았지만 사복음서 모두를 인용할 것이다.

1 목수 시대 목수 시대(눅 1,2장)

Angels 천사들

천사들은 예수님의 탄생을 준비하고 알리기 위해 일곱 차례나 나타났다.

천사 가브리엘이 예루살렘 성전에서 직무를 수행하고 있던 제사장 사가랴에게 나타나 그의 아내 엘리사벳이 주(主)의 길을 예비하는 자, 곧 세례 요한을 낳을 것이라 예고했다(눅 1:5-25). 사가랴는 천사의 말을 믿지 못해 한동안 벙어리로 지내다가, 세례 요한이 태어난 뒤에 마침내 말문이 열려 "이 아이여 네가 지극히 높으신 이의 선지자라 일컬음을 받고 주 앞에 앞서 가서 그 길을 예비하여"(눅 1:76)라고 예언했다.

그 후에 천사 가브리엘은 나사렛에 있던 마리아에게 찾아가 그녀가 성령으로 잉태하여 동정녀의 몸으로 그리스도를 낳게 될 것이라 예고했다(눅 1:26-38).

그리고 주의 천사 하나가 요셉의 꿈에 나타나 그의 약혼녀 마리아가 메시아의 어머니가 될 것이라 전했다(마 1:18-25). 그리스도가 동정녀에게서 탄생한다는 것을 납득하는 데 요셉에게 얼마나 큰 믿음이 필요했을지 상상해보기 바란다.

또한 천사는 구주(救主)가 탄생하셨다는 큰 기쁨의 좋은 소식을 베들레헴 외곽에서 양을 치고 있던 목자들에게 전했으며(눅 2:8-15), 요셉의 꿈에 나타나 헤롯의 만행을 피해 피신할 곳을 일러 주었다(마 2:13-23).

Birth 탄생

동정녀가 아들을 낳았다는 것보다 더 놀라운 사실은 하나님이 인간이 되셨다는 것이다. 영원하신 하나님께서 시간의 제약을 받는 아들이 되셨다. 하나님의 아들이 인간의 아들이 되셨다.

영원 전부터 계셨던 하나님의 아들 예수께서 베들레헴에서 육신을 입고 태어나셨는데, 이것은 그분께서 존재의 새로운 국면으로 접어드셨음을 의미한다(눅 2:1-7 ; 요 1:1-18). 이 땅의 첫 번째 성탄절에 예수께서 자신의 처소를 하늘에서 땅으로 옮기셨을 때, 천사들은 무척이나 어리둥절했을 것이다. 영원 전부터 하늘의 빛나는 영광을 누리고 천사들의 경배를 받으시던 분께서 영광을 숨기고 무력한 인간으로 태어나 비천한 부부의 품에 안기셨으니 말이다.

더욱이 인류의 구세주, 만왕의 왕께서 어떤 아기가 태어날 장소로도 적합하지 않은 마구간에서 태어나시다니! 그곳은 성탄절 카드에 그려진 그림처럼 그렇게 깨끗하고 아늑한 곳이 아니었다. 아기 예수님은 짐승들이 먹이를 먹는 여물통에 누우셨다. 영광의 주님은 그렇게 낮고 비천한 모습으로 지상에서의 삶을 시작하셨던 것이다.

예수님은 자신의 족보를 통해 다윗의 왕좌에 앉아 세상을 다스릴 자신의 권리를 보장 받았다. 오늘날 유대인들 중에 아브라함에서부터 내려오는 요셉의 족보(마 1:1-17)나 첫 사람 아담까지 거슬러 올라가는 마리아의 족보(눅 3:23-38)처럼 단절되지 않은 완전한 족보를 제시할 수 있는 사람은 아무도 없다.

비록 그리스도께서 비천한 곳에서 태어나셨지만, 목자들(눅 2:8-20)과 시므온과 안나(눅 2:22-38)와 동방박사들(마 2:1-12)은 예수가 메시아임을 알아보고 경배했다.

예수 그리스도께서 태어나셨을 때, 헤롯 왕은 유대인의 왕이 탄생했다는 소식을 듣고 그 아기가 자라 권세를 휘두르지 못하게 하려고 베들레헴의 남아(男兒)를 모조리 죽였다. 이때 요셉은 천사의 지시를 받아 마리아와 아기 예수님을 데리고 애굽으로 피신했다(마 2:13-18). 그 뒤 헤롯이 죽고 안전해졌을 때, 그들은 다시 나사렛으로 돌아왔다(눅 2:39).

그림으로 보는 목수 시대

설명을 참조하기 전에 번호와 그림을 따라가며 사건의 내용을 떠올려보라. 일련번호는 성경에 나타난 사건 순서를 따랐다.

1 요셉과 마리아가 호적을 등록하러 베들레헴으로 감(눅 2:1–5)
2 예수님이 마구간에서 태어나심(눅 2:5–7)
3 목자들이 와서 아기 예수께 경배함(눅 2:8–20)
4 예수님이 생후 팔 일 되었을 때 성전에서 정결례를 치르심(눅 2:21–24)
5 시므온과 안나가 예루살렘 성전에 올라온 그 아기가 메시아임을 알아봄(눅 2:25–39)
6 예수님이 두 살 정도 되었을 때 동방박사들이 찾아와 경배함(마 2:1–12)
7 헤롯이 베들레헴의 사내아이들을 모두 죽이라고 명령함(마 2:16–18)
8 요셉과 마리아가 예수님을 데리고 애굽으로 피신함(마 2:13–15)
9 예수님이 나사렛에서 성장하심(마 2:19–23)
10 예수님이 율법학자들과 토론하심(눅 2:41–51)

Carpenter 목수

의사 누가는 다른 복음서 기자들이 침묵하던 나사렛에서의 예수님의 유년기와 성장기에 관해 두 번이나 언급했다. 그리고 두 번 다 예수님이 지혜와 키가 점점 더 자라며 하나님과 사람들에게 사랑을 받았다고 기록했다(탄생~12세 / 눅 2:40, 12~30세 / 눅 2:51,52).

예수님은 성장하는 동안 모친 마리아와 부친 요셉에게 순종했다. 예수님은 분명 '요셉 목공소'의 도제(徒弟)로 일했을 것이다.

예수께서는 정신적, 신체적, 영적, 사회적인 면에서 건강하게 성장하셨다. 하나님께서는 우리 역시 이 모든 영역에서 균형 있게 성장하기를 기대하신다.

"그러므로 형제들아 내가 하나님의 모든 자비하심으로 너희를 권하노니 너희 몸을 하나님이 기뻐하시는 거룩한 산 제사로 드리라 이는 너희의 드릴 영적 예배니라 너희는 이 세대를 본받지 말고 오직 마음을 새롭게 함으로 변화를 받아…"(롬 12:1,2).

그렇다면 이 네 가지 영역에서 골고루 성장했을 때 우리는 무엇을 기대할 수 있는가? 하나님의 선하시고 기뻐하시고 온전하신 뜻이 무엇인지 분별할 수 있게 된다(롬 12:2).

2 주장 시대(눅 3:1-6:11)

목수 시대

Dove 비둘기

예수님은 서른 살 무렵에 요단강에서 사촌인 세례 요한에게 세례를 받고 공식적인 사역을 시작하셨다. 그리고 이때 성삼위(聖三位)가 모두 나타나셨다. 성자(聖子)께서는 물에 계셨고, 성령(聖靈)께서는 비둘기 형체로 임하셨으며, 성부(聖父)께서는 하늘에서 음성을 발하여 "너는 내 사랑하는 아들이라 내가 너를 기뻐하노라"라고 말씀하셨다(눅 3:21-23).

세례 요한은 백성들을 향해 옛길에서 돌이켜 메시아를 맞이할 준비를 하라고 촉구했고, 돌아온 백성들에게 회개의 징표로 세례를 베풀고 있었다. 그는 예수님을 보고서 "보라 세상 죄를 지고 가는 하나님의 어린양이로다"(요 1:29)라고 선포했다. 예수님은 회개할 죄가 없는 거룩하신 분이지만 자신을 죄 많은 인간과 동일시하셨다.

Enemy 원수

예수님은 세례를 받으신 뒤에 성령에게 이끌려 사해 북쪽 끝 광야로 들어가 사탄에게 시험을 받으셨다(눅 4:1-13). 예수님의 원수는 곧 우리의 원수이다. 포효하는 사자처럼 두루 다니며 삼킬 자를 찾고 있기 때문이다(벧전 5:8).

팽팽하게 빚어지던 우주적 갈등인 선과 악의 세력이 유대 광야 한쪽에서 정면으로 충돌한 것이었다. 그런데 예수님이 정말 시험을 받으셨던 것일까? 물론 그렇다. 그렇다면 예수님이 사탄의 시험에 넘어가 죄를 지으실 수도 있었다는 말인가? 인간으로서는 그렇고 하나님으로서는 그렇지 않다.

예수님은 가장 어려운 시험을 받았지만 결코 죄를 범하지 않으셨다. 예수님은 황량한 사막에서 40일 동안 금식하신 상태였다. 사탄은 그런 예수께 음식과 인기와 권력을 제안했다. 그러나 예수님은 사탄이 제안한 것을 얻기 위해 거룩한 능력을 사용하지도, 세상 나라와 사람들의 칭송을 얻기 위해 십자가를 피하지도 않으셨다. 예수님은 잠깐의 유익을 위해 영혼을 파는 어리석은 짓을 하지 않으셨다.

예수님은 세 차례의 시험을 말씀(신명기 말씀을 인용함으로써)으로 이겨 내셨다. 이로 미루어 우리는 예수님이 평소에 구약성경을 즐겨 암송하고 계셨음을 알 수 있다. 당신은 구약성경을 몇 구절이나 암송할 수 있는가? 사탄의 시험과 유혹을 받을 때 위력을 발휘하는 것은 수첩이나 책상 머리에 끼워 놓은 말씀이 아니라 우리의 머리와 가슴에 새겨진 말씀이다. 우리는 죄를 범하지 않기 위해 하나님의 말씀을 마음판에 깊이 새겨 두어야 한다(시 119:9-11).

Followers 제자들

예수님의 열두 제자 가운데 일부는 예수님의 공생애 초기에 베레아에서 예수님을 따르기 시작했고, 어떤 이들은 세례 요한의 제자로 있다가 예수님을 좇기 시작했다. 세례 요한이 사역을 충성스럽게 감당할수록 그를 따르는 무리는 점점

더 줄어들었다. 그러나 그는 진정한 의미에서 성공한 사역자였다. 왜냐하면 그의 역할이 메시아의 길을 예비하고 평탄하게 하는 것이었기 때문이다.

당신은 열두 제자의 이름을 외울 수 있는가? 베드로의 가버나움 집 주소가 '맨 가(街) 52번지'(52 MAN ST.)였다는 가상의 문장 하나만 기억하면 제자들의 이름을 쉽게 기억할 수 있다. 숫자 '5'는 'J'로 시작하는 제자 5명의 이름을, '2'는 'P'로 시작하는 제자 2명의 이름을 'M, A, N, S, T'는 각각 그 철자로 시작하는 제자들의 이름을 나타낸다.

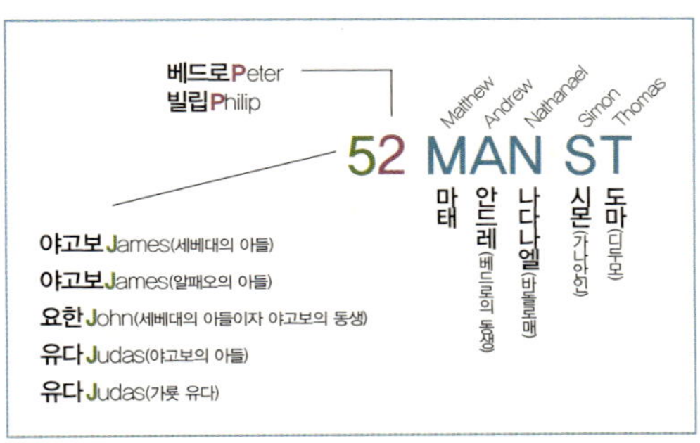

예수님이 열두 제자를 택하여 3년이라는 공생애 동안 그들과 동행하신 까닭이 무엇일까? 예수님은 자신을 추종하는 수많은 무리 가운데서 열두 '사도'("보냄을 받은 자"라는 뜻)를 택하셨다. 열두 명을 뽑기 전날 밤, 주님은 밤을 새워 기도하셨다(눅 6:12-16). 이것은 주께서 열두 제자를 결정하는 일을 얼마나 중요하게 생각하셨는지 보여준다. 위의 질문에 대해 마가가 대답한다.

"이에 열둘을 세우셨으니 이는 자기와 함께 있게 하시고 또 보내사 전도도 하며"(막 3:14).

예수님은 열두 제자를 가까이에 두고 자신의 가르침을 삶으로 익히게 함으로써 그들을 '제자'("배우는 자"라는 뜻)로 훈련시키기를 원하셨다. 그런 다음 예수님은 그들을 세상에 보내 자신의 일을 하도록 하셨다.

우리가 예수님을 구세주로 영접했는데도 우리를 하늘의 영광 가운데 살게 하지 않고 이 땅 가운데 거하게 하시는 까닭은 무엇인가? 우리가 예수님을 만날 준비가 덜 되었다는 것도 이유가 되겠지만, 그보다는 열두 사도의 경우와 마찬가지로 주께서 우리를 주님의 일꾼으로 세상에 보내기를 원하시기 때문이다.

요한복음 1장 35-51절을 천천히 읽으면서 예수님이 한 사람을 부르기 위해 다른 사람을 어떻게 사용하셨는지 주목하기 바란다. 이 부분을 읽으면서 당신은 예수님을 메시아(혹은 그리스도)로 고백한 첫 번째 제자가 안드레이며, 예수님을 하나님의 아들이요 이스라엘의 왕이라고 처음으로 고백한 제자가 나다나엘이라는 흥미로운 사실도 발견할 수 있을 것이다.

그림으로 보는 주장 시대

설명을 참조하기 전에 번호와 그림을 따라가며 사건의 내용을 떠올려보라.
일련번호는 성경에 나타난 사건 순서를 따랐다.

1 세례 요한이 유대인들에게 회개를 촉구함(눅 3:1–17)
2 예수님이 요단강에서 요한에게 세례를 받으심(눅 3:21,22)
3 예수님이 광야에서 사탄에게 시험 받으심(눅 4:1–13)
4 예수님이 나다나엘이 무화과나무 아래 있는 것을 보심(요 1:43–51)
5 예수님이 네 명의 어부를 불러 따르게 하심(마 4:18–22)
6 예수님이 세관에 앉아 있던 세리 마태를 부르심(마 9:9–13)
7 예수님이 공생애 첫 번째 이적으로 가나 혼인 잔치에서 물로 포도주를 만드심(요 2:1–11)
8 예수님이 성전에서 장사꾼들을 내쫓으심(요 2:13–22)
9 예수님이 니고데모에게 거듭남에 대해 가르치심(요 3:1–21)
10 예수님이 수가 성 우물가에서 사마리아 여자에게 진정한 생수를 소개하심(요 4:1–42)

Guest 손님

예수님의 공생애 초기에 예수님과 제자들은 갈릴리 가나의 혼인 잔치에 초대를 받았다. 그런데 주인이 준비한 포도주가 동이 났을 때, 예수님은 은혜를 베풀어 그를 난처한 상황에서 건져 주셨다. 예수님은 물로 포도주를 만드심으로써 자신이 창조주로서 만물을 다스리는 권세를 갖고 있다는 사실을 보여주셨다. 제자들은 이 첫 번째 이적을 통해 예수님이 누구신지 깨닫게 되었다(요 2:1-11).

예수님은 혼인 잔치에 참석해 그곳에서 친히 이적을 베푸심으로써 자신이 결혼 제도를 얼마나 소중하게 여기는지를 보여주셨다. 나중에 예수님은 결혼이 신성한 것이라고 가르치셨다.

인간이 타락하기 이전에 등장한 결혼 제도(창 2장)는 인간의 행복을 위한 하나님의 독창적인 아이디어이다. 한 남자와 한 여자가 사랑 안에서 평생을 함께 살아가는 이런 놀라운 관계를 고안할 만큼 지혜로우신 분은 오직 하나님 한 분밖에 없다.

Housecleaning 성전 정화

이 책 209쪽에 '예수님 당시의 성전 평면도'를 제시했다. 그 그림을 잘 보면 예루살렘 성전이 매우 넓은 공간으로 구획되어 있다는 사실을 알 수 있다. 성전 남쪽에 있는 '이방인의 뜰'은 유대인의 성전 예배에 참석한 이방인들을 위한 공간으로서 이방인들은 이보다 더 안쪽으로 들어갈 수 없었다. 반면 유대인 여자들은 이방인보다 더 안쪽까지 들어가 '여인들의 뜰'까지 접근할 수 있었고, 유대인 남자들은 유대인 여자들보다 더 들어가 '이스라엘의 뜰'까지 들어갈 수 있었다. 제단을 비롯한 그 이외의 구역은 제사장들만 출입할 수 있는 특별한 공간이었다.

그런데 몇몇 유대인들이 넓은 '이방인의 뜰'에 좌판을 설치하고서 예배하러 오는 사람들의 호주머니에 있는 돈을 갈취하고 있었다. 그들은 사람들이 제물로 가져온 동물들을 검수하여 언

제나 흠을 찾아냈다. 율법에 의하면 흠이 있는 동물은 하나님께 바칠 제물로서 부적합했기 때문이다. 그러면 순례자들은 제물로 가져온 동물을 빼앗기고 유대인들이 벌여 놓은 좌판으로 안내되어 그들의 '검수와 승인을 받은' 동물을 억지로 구입해야 했다. 그렇다면 그 유대인 장사꾼들은 소위 '검수와 승인을 받은' 그 동물들을 어디서 구했던 것일까? 그 동물들은 다른 게 아니라 다른 순례자들에게서 빼앗은 바로 그 제물이었다!

게다가 순례자들이 유대인의 '검수와 승인을 받은' 동물을 구입하려면 먼저 세상에서 사용하던 '부정한 돈'을 성전에서 통용되는 화폐로 바꿔야 했다. 물론 유대인 사기꾼들은 터무니없을 정도로 높은 환율을 적용해 환전해주기 마련이었다. 결국 순례자들은 비싼 가격에 제물을 구입해야만 했다. 이보다 더 지독한 착취가 어디 있겠는가?

그러므로 예수님이 의분(義憤)을 참지 못해 돈 바꾸는 자들과 상인들을 성전에서 내쫓으신 것은 결코 이상한 일이 아니었다. 예수님은 "내 아버지의 집으로 장사하는 집을 만들지 말라!"라고 엄중히 꾸짖으셨다(요 2:16).

그러자 유대 종교 지도자들은 예수님이 무슨 권세로 이런 일을 하는 것인지 표적을 보여 달라고 요구했다. 이때 예수님은 예루살렘 성전을 허물고 자신이 사흘 만에 다시 일으킬 것이라는, 그들이 알아들을 수 없는 말씀을 하심으로써 공생애 최초로 부활을 예고하셨다(요 2:18-22).

이 사건으로 예수님은 백성들의 호의를 얻으셨고, 제자들은 예수님이 성전의 권위를 압도하는 권세를 갖고 계시다는 것을 믿게 되었다. 그러나 이 사건으로 예수님의 이름이 '바리새 연방수사국'의 수배자 명단 맨 위에 올라가게 되었다. 바리새인들은 자신들의 체제를 위협하는 예수님을 가만두지 않겠다고 벼르기 시작했다.

Interview 면담

이 일이 있은 지 얼마 지나지 않아 유대 관원이자 바리새인인 니고데모가 한밤중에 예수님을 찾아와 면담을 요청했다. 그는 예수님을 하나님으로부터 온 선생으로 여기고 있었다. 평범한 사람이라면 예수님이 이적을 베푸셨던 것처럼 그렇게 행할 수 없다고 생각했기 때문이다.

예수님은 사람이 거듭나지 않으면 하나님나라를 볼 수 없다고 말씀하셨다. 그러나 니고데모는 거듭남의 의미를 깨닫지 못했다. 이에 예수님은 이 땅에 존재하려면 육신으로 태어나는 과정이 필요하듯이 천국에 들어가려면 영적으로 태어나는 과정이 필요하다고 간단명료하게 설명하셨다(요 3:1-16).

하나님께서는 자신의 사랑하는 외아들을 세상 죄에 대한 희생제물로 내어주심으로써 사랑의 몫을 다하셨다. 우리의 몫은 예수님을 인생의 구세주로 영접하고, 천국의 소망으로서 오직 그분만을 의지하는 것이다. 구원은 오직 믿음을 통해 하나님께 값없이 받는 선물이다. 그러나 그 선물을 받아 소유하는 것은 우리의 몫이다. 그리스도를 구세주로 영접하면 죄로 인해 멸망당하는 것을 모면할 수 있을 뿐만 아니라 하나님이 주시는 영생을 소유할 수 있다.

Jacob's Well 야곱의 우물

예수님은 유대 지역을 떠나 제자들과 북쪽으로 향하셨다. 그리고 사마리아의 수가 성에 다다랐을 때, 예수님은 물을 마시기 위해 '야곱의 우물'이라 불리는 곳에 잠시 머무셨고, 거기서 한 여인을 만나셨다.

주께서 예루살렘에서 만난 니고데모는 존경받는 상류층 사람이었지만, 우물가에서 만난 이 여인은 가련하고 보잘것없는 사람이었다. 주님은 이 여인이 육신의 갈증을 해소할 물을 찾고 있음을 아시고 그녀에게 영적 목마름을 완전히 해소해줄 수 있는 생수를 소개하셨다.

사마리아 여인이 마을로 돌아가 우물가에 있는 어떤 사람이 자기가 저질렀던 모든 행위를 낱낱이 알고 있다고 전했을 때, 수가 성의 많은 남자들은 귀를 쫑긋 세우고 '그 사람이 나에 대해서도 알고 있을까?'라고 생각했을 것이다. 그들이 그 여인과 부적절한 관계를 맺었기 때문이다. 그 부정한 여인의 간증과 예수님의 가르침으로 많은 사마리아인들이 예수님을 믿게 되었다(요 4:1-42).

예수님은 수가 성 사람들에게 구원의 선물을 나눠주고자 하실 때, 사람들의 존경을 받는 상류층에서 시작하여 그 영향력이 아래로 흐르게 하지 않으셨다. 대신 그 마을에서 가장 죄 많은 여인에게서 시작하여 그녀가 철저하게 변화된 모습으로 다른 이들에게 영향을 끼치게 하셨다. 죄 많은 한 여인을 구원하심으로써 다른 모든 이들에게 구원의 소망을 주고자 하셨던 것이다.

18

CHAPTER

예수님 편에 설 것인지 세상 편에 설 것인지 선택하라

선택 시대 : 마 / 막 / 눅 / 요

Getting off the Fence

1 선택 시대 선택 시대(눅 6:12-9:62)

우리는 예수님과 관련해서 둘 중 한 가지를 선택해야 한다. 그분은 하늘에서 오신 분인가 아니면 지옥에서 오신 분인가?

예수님의 권세가 하늘로부터 온 것이라면 우리는 그분을 주님으로 영접하고 그분께 굴복해야 한다. 그러나 지옥으로부터 온 것이라면 절대적으로 멀리해야 한다. 예수님을 그저 훌륭한 도덕 교사 정도로만 간주하는 것은, 그분이 베푸신 수많은 이적과, 신성(神性)을 가지고 계시다는 그분의 주장에 비추어보았을 때 실로 우스꽝스러운 일이다.

예수님은 사람들이 자신에 대해 중립적인 태도를 취하는 것을 결코 간과하지 않으셨다. 예수님이 결단을 촉구하실 때, 우리는 예수님 편에 설 것인지, 세상 편에 설 것인지 결정을 내려야 한다. 그 목수께서는 언제나 우리에게 선택을 요구하신다!

Kin 친척

예수님은 계속 북쪽으로 향하여 가다가 유년 시절을 보낸 나사렛에 당도하셨다. 그리고 그곳

의 친척과 친지들에게 자신이 그들의 메시아라고 공식적으로 밝히셨다(요 4:43-45).

예수님의 모친 마리아는 이것을 믿었지만 형제자매들은 그렇지 않았던 것으로 보인다. 솔직히 나는 인간적인 면에서 그들의 마음을 이해할 수 있을 것 같다. 당신의 형제나 자매가 모든 면에서 완벽하다면 당신은 그와 함께 살고 싶겠는가? 그분은 언제나 장난감을 깨끗이 정돈하고 신발도 가지런히 벗어 놓고 부모님이 부르면 즉각 달려갔다.

유대인들이 예수님을 십자가에 못 박기 전에 그 형제자매들이 먼저 못 박지 않은 것이 가히 기적처럼 느껴진다.

예수님은 육신의 가족과 친구들에게 복음을 전하는 것을 우선으로 생각하셨다. 그러나 그들은 예수님을 거부했다(눅 4:16-30). 예수님의 동생 야고보조차 예수님이 죽은 자들 가운데서 살아나시는 것을 보고 나서야 그분이 메시아라는 것을 확신했다(고전 15:7).

우리도 예수님처럼 각자의 '나사렛'에서 가족과 친구들에게 복음을 전함으로써 하나님의 일을 시작할 수 있다. 물론 그들의 거부와 따돌림을 각오해야 할 것이다. 완벽한 전도자이자 교사이신 예수님조차 자신을 잘 아는 사람들로부터 불신앙의 대답을 들으셨으니 말이다.

예수께서 나사렛 회당에서 자신을 구세주로 나타내시자 나사렛 사람들이 예수님을 다 죽이려고 했다. 그러나 예수님은 이에 굴하지 않고 가버나움을 향해 자신의 길을 계속 가셨다.

Location 본거지

이후 3년 동안 예수님은 가버나움을 사역의 본거지로 삼고 활동하셨는데, 그곳에 계시는 동안 주님은 시몬 베드로의 집에 거하셨던 것으로 보인다. 예수님은 간혹 며칠 동안의 짧은 여정으로 예루살렘을 다녀오시긴 했지만 공생애 대부분을 갈릴리 지역에서 보내셨다. 사복음서에 기록된 예수님의 비유와 이적의 80퍼센트가 가버나움을 본거지로 갈릴리 지역에서 말씀하고 행하신 것들이다.

다음의 '그림으로 보는 선택 시대'는 예수님이 이 시기에 갈릴리 지역에서 행하거나 겪으신 일들을 그림으로 나타낸 것이다. 그림에 대한 설명을 참조하기 전에 각 사건의 내용을 짐작해보기 바란다.

백성들이 예수님을 믿고 따를수록 바리새인들의 반발 또한 거세졌다. 그들은 예수님을 정죄(定罪)할 증거와 핑계를 찾기 위해 혈안이 되어

그림으로 보는 선택 시대

설명을 참조하기 전에 번호와 그림을 따라가며 사건의 내용을 떠올려보라.
일련번호는 성경에 나타난 사건 순서를 따랐다.

1 예수님이 나사렛 회당에서 배척당하심(눅 4:16–30)
2 예수님이 가버나움을 사역의 본거지로 삼으심(눅 4:31–39)
3 산상수훈에 나오는 팔복(八福)을 가르치심(마 5:1–12)
4 가버나움에서 중풍병자를 고치심(막 2:1–12)
5 유대 종교 지도자들이 공식적으로 예수님을 거부함(요 8:48–59)
6 예수님이 많은 비유로 가르치심(마 13:1–52)
7 베드로가 예수님을 메시아로 믿음(마 16:13–20)
8 영광스런 모습으로 변형되신 예수님이
모세와 엘리야와 함께 대화를 나누심(마 17:1–8)

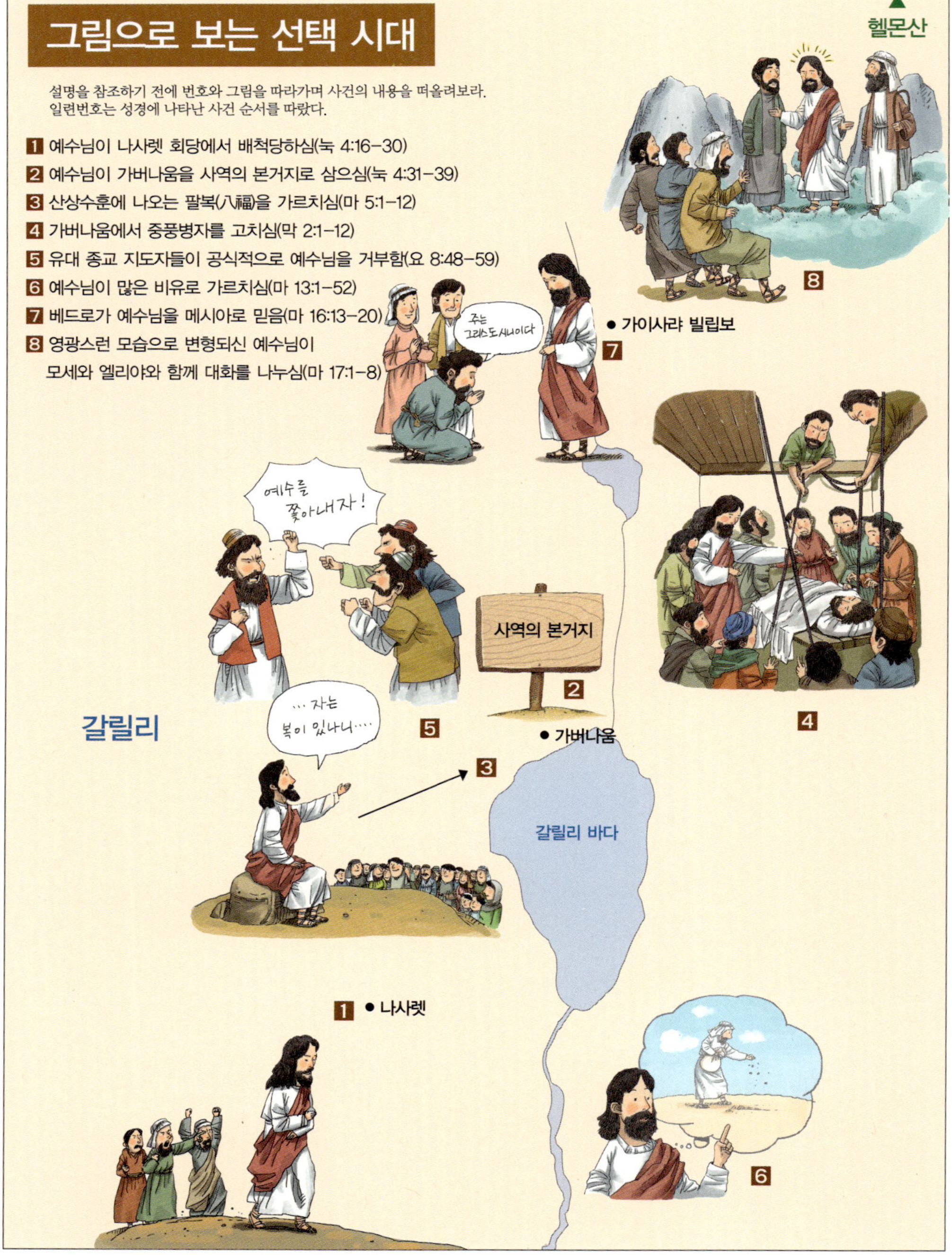

있었다. 예수님은 가버나움으로 사역의 본거지를 옮긴 이후부터 산상수훈(山上垂訓)을 베풀기 전까지 8가지 이적을 베푸셨다. 이제 그 이적들을 발생 순서대로 간단히 살펴보자.

첫 번째 이적 첫 번째로 이적을 베푸신 갈릴리 가나에서 예수님이 왕의 신하의 아들을 고치셨다(요 4:46-54).

두 번째 이적 베드로와 세 명의 어부가 엄청난 양의 고기를 잡았다. 이에 베드로가 예수님의 발 앞에 엎드려 "주여 나를 떠나소서 나는 죄인이로소이다"(눅 5:8)라고 고백했다. 주께 가까이 다가갈수록 우리도 베드로처럼 자기 자신이 죄인이라는 사실을 더욱 절감하게 된다. 그러나 예수님은 베드로에게 말씀하신 것처럼 우리에게도 "무서워 말라"(눅 5:10)라고 말씀하신다.

세 번째 이적 예수님이 가버나움 회당에서 더러운 귀신을 내쫓으셨다(눅 4:31-37). 이때 귀신 들린 사람이 다음과 같이 소리 질렀다.
"아 나사렛 예수여 우리가 당신과 무슨 상관이 있나이까 우리를 멸하러 왔나이까 나는 당신이 누구인 줄 아노니 하나님의 거룩한 자니이다"(눅 4:34).
이것을 통해 우리는 귀신들도 예수님의 신분을 알고 있다는 사실을 확실히 알 수 있다. 귀신들조차도 예수님이 누구인지 안다. 물론 그냥 아는 것과 믿고 의지하는 것은 분명히 다르다(약 2:19).

네 번째 이적 베드로의 장모를 비롯한 많은 사람들이 육신의 고통에서 해방되었다(눅 4:38-44).

다섯 번째 이적 예수께서 문둥병 환자를 고치신 뒤, 자신의 권세에 대한 '증인'으로서 그를 제사장에게 보내셨다(눅 5:12-16).

여섯 번째 이적 친구들에 의해 지붕 위에서 아래로 매달아 내려진 중풍병 환자가 일어나 걸음으로써 예수님이 죄를 용서하는 권세를 지니고 계심을 입증했다(눅 5:17-26).

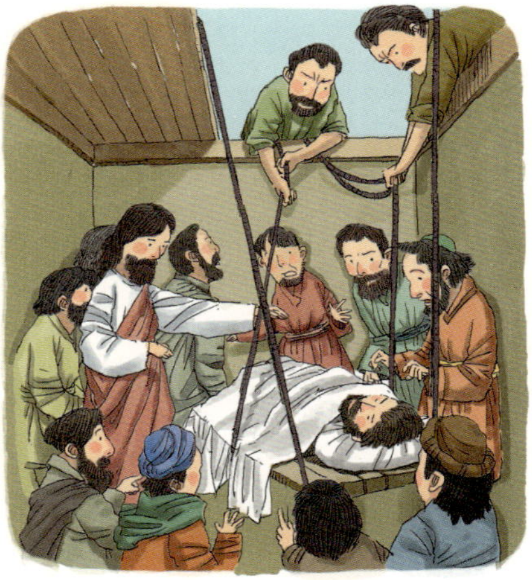

일곱 번째 이적 베데스다 연못가에 있던 병자(病者)가 38년 만에 처음으로 걷는 기적이 일어났다. 이것은 예수님이 예루살렘에서 첫 번째로 행하신 이적이었다(요 5:1-15). 예수님은 이 이적을 베푸신 뒤에 자신이 장차 모든 사람들을 죽음에서 일으키고 각 사람의 인생을 심판할 권세와 능력을 소유하고 계심을 주장하셨다(요 5:25-29).

여덟 번째 이적 예수께서 가버나움 회당에서 손이 오그라든 사람을 치유하셨다(눅 6:6-11). 바리새인들과 헤롯 당원들은 선하신 하나님의 능력이 나타난 것을 목격하고 크게 기뻐하는 대신 그리스도를 살해할 음모를 꾸미기 시작했다(막 3:1-6).

예수님이 가버나움의 마태의 집에서 여러 세리들과 죄인들과 식사를 하고 계실 때, 바리새인들과 서기관들이 세례 요한의 제자들은 자주 금식하며 기도하는데 예수님의 제자들은 먹고 마시기만 한다고 트집을 잡았다. 이에 예수님은 바리새인들처럼 위선적으로 금식하지 않는 제자들을 변호하셨는데, 혼인 잔치에 참석한 하객들이 신랑과 함께 있는 동안에는 금식하는 법이 없다고 하시며 장차 신랑을 빼앗길 날이 오면 그들도 금식할 것이라고 말씀하셨다(눅 5:33-39). 이것은 예수님이 공생애를 시작하신 이후 비유(진리나 교훈을 가르치는 짧은 이야기)를 들어 말씀하신 두 번째 경우였다.

Message 메시지

예수님은 가버나움 근처 갈릴리 해변에 제자들을 모으시고 '산상수훈'이라 불리는 설교를 하셨다(눅 6:17-49 ; 마 5-7장). 이 유명한 메시지 가운데 주기도문과 황금률(黃金律, 남에게 대접을 받고자 하는 대로 남을 대접하라는 가르침)은 우리에게 매우 친숙한 주제이다. 이 부분을 읽으면서 사랑, 결혼, 기도, 베풂, 용서 등에 관한 예수님의 가르침을 다시 한 번 상고하는 시간을 갖기 바란다.

예수님은 메시지의 요점을 강조하기 위해 유머도 사용하셨다. 음식 그릇에서 하루살이는 조심스레 걸러내면서 낙타는 꿀떡 삼키는 사람(마 23:24)이나 다른 사람 눈에 들어간 먼지는 빼내려고 애쓰면서 자기 눈에 박힌 전봇대는 보지 못하는 사람(눅 6:41,42)을 상상해보라.

예수님은 제자들에게 의로움의 표준을 높게 제시하셨다. 제자들의 '의'(義)가 바리새인과 서기관의 그것보다 더 나아야 한다고 말씀하셨기 때문이다. 바리새인들과 서기관들이야말로 모세 율법의 사소한 부분까지 꼬치꼬치 따져서 지키는 사람들이었다. 예수님은 (바리새인, 서기관, 유대 전통으로부터) 제자들이 들은 말과 자신이 하신 말씀을 끊임없이 대조하며 가르치셨다. 바리새인들은 율법을 바탕으로 한 장황한 규칙의 목록을 만들어 그 모든 조항들을 꼼꼼하게 지켜야만 의로운 사람이 된다고 주장했다.

그러나 예수님은 하나님과 이웃을 진심으로 사랑하는 것이 율법의 핵심이며, 외적으로 보이는 행동보다 내면의 생각과 동기가 훨씬 더 중요하다고 가르치셨다. 일례로 예수님은 욕정이 간음이나 혼전 관계의 행위로 발전되는 것을 막으려면 먼저 마음을 다스려야 한다고 가르치셨다.

예수님은 모래 위에 집을 짓는 어리석은 자가 되지 말고 반석 위에 집을 짓는 지혜로운 자가 되라는 권고로 산상수훈의 결론을 맺으신다(눅 6:47-49). 사람이 어떻게 하면 자기 인생을 모래성처럼 허망하게 무너뜨릴 수 있을까? 간단하다. 예수님의 가르침을 듣고도 순종하지 않으면 그렇게 될 것이다.

Nature 자연

이 주제는 예수님이 가버나움과 갈릴리에서 행하신 수많은 이적들을 상기시킨다. 예수님의 이적들은 그분께서 자연을 압도하는 하늘의 권세를 지니고 계심을 입증한다.

예수님은 병들어 죽어가는 로마 백부장의 종을 치유하신 후에 가난한 과부의 외아들을 죽음에서 살리셨다(눅 7:1-17). 죽음에서 생명을 창조하실 수 있는 분은 오직 하나님 한 분밖에 없다. 예수님은 물질계에서 생명과 죽음을 주관하는 권세를 가지고 계셨다. 또한 예수님은 막달라 마리아에게서 일곱 귀신을 쫓아내주심으로써 영적 세계에서도 완벽한 권세를 가지고 계심을 보여주셨다(눅 8:1-3).

복음서에는 수많은 군중이 하늘의 치료자에게 모여들어 치유를 받았다는 일반적인 설명 외에도 35개의 구체적인 이적들이 기록되어 있다. 그 가운데 몇 가지를 발생 순서대로 요약해보면 다음과 같다.

- ✓ 갈릴리 바다의 풍랑을 잠잠하게 하심(눅 8:22-25)
- ✓ 데가볼리에서 귀신 들린 사람을 고치심(눅 8:26-39)
- ✓ 혈루증을 앓던 여인이 예수님의 옷자락을 만지고 치유를 받음(눅 8:42-48)
- ✓ 회당장 야이로의 딸을 살리심(눅 8:40-42, 49-56)
- ✓ 소경 두 사람을 치유하여 보게 하심(마 9:27-31)
- ✓ 귀신 들려 벙어리가 된 사람에게 말할 수 있는 힘을 회복시켜주심(마 9:32-34)
- ✓ 보리떡 다섯 덩이와 물고기 두 마리로 5천 명이 넘는 군중을 먹이심(눅 9:10-17)
- ✓ 물 위를 걸으심(요 6:14-21)
- ✓ 베드로에게 능력을 주어 물 위를 걷게 하심(마 14:25-33)
- ✓ 가나안 여자의 딸에게서 귀신을 내쫓으심(마 15:21-28)
- ✓ 귀먹고 어눌한 사람을 고치심(막 7:31-37)
- ✓ 데가볼리에서 떡 일곱 덩이와 생선 두어 마

리로 4천 명이 넘는 군중을 먹이심(마 15:29-38)

- 벳세다에서 소경의 눈을 뜨게 하심(막 8:22-26)
- 소년에게서 귀신을 내쫓으심(눅 9:37-43)
- 베드로에게 동전을 입에 물고 있는 물고기를 낚으라고 하심(마 17:24-27)

니고데모가 옳았다. 보통의 인간은 예수님이 베푸셨던 이적을 베풀 수 없다. 예수님은 하나님으로부터 온 선생이 틀림없었다. 아니 그 이상이었다.

Opposition 반대

예수님의 지상 사역이 정점에 달한 무렵 예수님에 대한 반대 또한 최고 정점에 달했다. 유대 종교 지도자들이 가버나움에서 예수님의 능력이 사탄에게서 나온 것이라고 모함했기 때문이다. 그들은 하나님의 아들이 가르치신 진리를 그대로 수용하는 대신 그분을 죽이기로 결의했다.

바리새인들은 예수님의 권세가 사탄에게서 나온 것이라고 최종적인 판결을 내렸다. 그렇게 말해야만, 매사에 자기들을 비판하는 눈엣가시 같은 그분을 처리할 합당한 명분을 얻을 수 있었기 때문이다. 예수님은 하나님의 아들의 거룩하신 능력을 사탄에게서 나온 더러운 능력이라고 매도하는 것은 용서받지 못할 죄요, 성령을 훼방하는 죄라고 말씀하셨다. 이에 대하여는 마태복음 12장 22-37절을 읽어보기 바란다.

이제 유대 종교 지도자들에게 남은 일이라고는 예수님을 정식으로 고소하여 유죄 판결을 끌어내어 십자가 처형을 시키기 위한 적절한 때와 장소를 모색하는 것뿐이었다.

예수님은 그런 바리새인들을 강력하고도 격렬한 어조로 질책하셨다. 바리새인들은 사회적, 종교적 영향력을 악용하여 영적 안목이 없는 무지한 백성들을 죄에 빠뜨렸다. 예수님은 그들을 뱀, 위선자, 겉은 회칠하여 아름답게 보이지만 속은 송장의 뼈와 온갖 더러운 것이 가득한 무덤이라 일컬으셨다.

예수님은 불신앙의 세대에게는 한 가지 표적밖에 보여줄 것이 없다고 하시며 요나 선지자의 표적에 대해 말씀하셨다.

"요나가 밤낮 사흘을 큰 물고기 배 속에 있었던 것같이 인자도 밤낮 사흘을 땅속에 있으리라"(마 12:40).

Parables 비유

비유는 진리를 받아들일 믿음이 있는 자들에게는 밝히고, 거부하는 자들에게는(바리새인들처럼) 감추시는 예수님만의 독특한 교수 방법이었다. 이는 성경을 두루 관통하는 기본 원칙과 일치한다. 빛에 순종하면 더 밝은 빛을 얻을 수 있지만 순종하지 않으면 어두움만 얻을 뿐이다. 예수님은 제자들에게 따로 비유를 풀어서 그 의미를 설명해주기도 하셨다. 예수님의 이적들과 마찬가지로 대부분의 비유 역시 갈릴리 가버나움 지역에서 베푸신 것들이다.

복음서에는 최소한 55가지의 비유가 기록되어 있다. 이 시기에 언급하신 비유 몇 가지를 말씀하신 순서대로 요약해보면 다음과 같다.

씨 뿌리는 자의 비유 (눅 8:4-15)

똑같은 씨앗이 길가, 돌밭, 가시덤불, 좋은 땅 이렇게 각기 다른 땅에 뿌려졌다. 그리고 토양에 따라 다른 결과가 나왔다. 마찬가지로 우리 마음이 올바라야 하나님 말씀의 씨앗이 풍성한 열매를 맺을 수 있다.

등경 위의 등불 비유 (눅 8:16-18)

영적인 빛이든 물리적인 빛이든 빛은 사람들에게 밝음을 주기 위한 것이다.

씨앗 비유 (막 4:26-29)

하나님 말씀은 살아 있기 때문에 우리 안에서 하나님의 기뻐하시는 뜻을 이룬다.

알곡과 가라지 비유 (마 13:24-30, 36-43)

심판이 오기 전까지는 하나님의 자녀들과 사탄의 자녀들이 교회 안에 함께 있을 것이지만 최후에 사탄의 자녀들은 맹렬한 풀무 불 속에 던져질 것이다.

겨자씨 비유 (마 13:31,32)

하나님의 나라가 세상에서 놀랍게 확장될 것이다.

누룩 비유 (마 13:33-35)

예수님은 천국은 마치 밀가루 세 포대에 섞여 부풀어 오르는 누룩과 같다고 말씀하셨다. 마찬가지로 그리스도의 가르침이 확산될수록 그 영향력 또한 증대될 것이다.

밭에 감추인 보화 비유 (마 13:44)

하나님께서 주시는 축복은 세상의 재물과 비교했을 때 값으로 매길 수 없을 만큼 귀하다.

값진 진주 비유 (마 13:45,46)

어떤 대가나 희생을 치르더라도 하나님의 뜻을 구하라!

그물 비유 (마 13:47-50)

하나님이 심판의 그물로 모든 사람들을 모아 의인은 구원하고 악인은 심판하실 것이다.

어느 집주인의 비유 (마 13:51,52)
예수님은 천국의 제자가 된 모든 서기관을 새것과 옛것을 자기 창고에서 꺼내주는 집주인과 같다고 말씀하셨다. 이 말씀처럼 예수님 또한 구약을 성취하시고(무효화하는 것이 아니라) 그 위에 새로운 가르침을 더하셨다.

잃은 양 한 마리의 비유 (마 18:12-14)
선한 목자이신 그리스도께서는 한 마리의 양이라도 길을 잃지 않기를 바라시며 혹이라도 길을 잃은 양이 있으면 끝까지 찾아다니신다.

엄청난 빚을 탕감 받은 종의 비유 (마 18:21-35)
예수님이 우리 죄를 용서해주셨으니 우리도 서로의 죄를 용서해야 한다.

Question 질문

가이사랴 빌립보에서 사역하시던 예수님이 어느 날 제자들에게 불쑥 질문을 던지셨다. 자신의 정체에 관한 최근 여론조사의 결과를 물으신 것이었다(눅 9:18-21). 이에 제자들이 "응답자들 가운데 48퍼센트는 주님을 세례 요한으로 생각하고 있고, 32퍼센트는 엘리야로, 10퍼센트는 다른 선지자로 여기고 있고, 또 다른 10퍼센트는 별로 관심이 없다고 합니다"라고 대답했다(물론 이 말은 내가 성경 본문을 토대로 상상해본 것이다).

그러자 예수님이 다시 제자들에게 물으셨다.

"너희는 나를 누구라 하느냐?"

이에 베드로가 정확하게 대답했다.

"주는 그리스도시요 살아 계신 하나님의 아들이시니이다"(마 16:16).

예수님은 자신을 온전한 신성(神性)을 지닌 약속된 메시아로 고백한 베드로를 칭찬하셨다. 예수님은 베드로가 이 사실을 저절로 깨달은 것도 아니고 사람에게서 배운 것도 아니라는 것을 잘 알고 계셨다. 하나님께서 그의 영적인 눈을 열어 주셨기 때문이다.

당신 역시 "예수 그리스도가 누구신가?"라는 질문에 스스로 대답해야 한다. 당신은 예수님이 자신에 대해 말씀하신 그대로 그분을 믿는가? 예수 그리스도는 하나님이시다! 하나님께서 인류의 죄를 속(贖)하기 위해 죄 있는 육신의 모습으로 이 땅에 오신 것이다! 예수님은 하나님이시므로 우리 인생의 왕과 구세주로서 신뢰를 받아 마땅하다!

Revelation 계시

베드로와 요한과 야고보는 예수님이 하늘로

부터 오신 분이라는 특별한 확증을 받았다. 예수님이 높은 산(가이사랴 빌립보 북쪽에 위치한 헬몬산으로 추정)에 올라가 그들 앞에서 변화되셨기 때문이다.

"기도하실 때에 용모가 변화되고 그 옷이 희어져 광채가 나더라"(눅 9:29).

예수님이 최초의 성탄절에 이 비천한 세상에 오시기 위해, 웅대한 천국을 떠나며 스스로 감추셨던 영광의 광채 일부를 세 제자들에게 나타내신 것이다.

또한 예수님은 세 제자가 숨죽여 듣는 가운데 모세와 엘리야와 함께 이야기를 나누셨다. 대화의 주제는 예수님이 세상을 떠나시는 일, 곧 예수님의 임박한 죽음과 부활과 승천에 관한 것이었다.

변화산에 올라갔던 세 제자는 하나님이 주시는 빛을 따르면 더 밝은 빛을 보게 된다는 진리

의 증인이 되었다. 작은 일에 충성하는 사람이 더 큰 일을 주관하게 될 것이라는 예수님의 약속 그대로였다. 이 원칙은 물질을 소유하는 데뿐 아니라 영적 통찰력을 얻는 데에도 그대로 적용된다. 과연 당신은 그리스도께 충성을 다하고 있는지 자문해보기 바란다.

19

CHAPTER

예수님의 제자가 되는 강도 높은 교육을 받다

교육 시대 : 마 / 막 / 눅 / 요

Learning from the Master Teacher

1 교육 시대 교육 시대(눅 10:1-19:28)

구인광고

범세계적인 임무를 위해 모든 것을 버리고 목숨까지 내놓을 수 있는 사람.

독신자 우대 / 자격증 필요 없음
직업 훈련 실시함 / 즉각 현장 배치

혜택 : 세상을 변화시키는 데 한몫한다는 자부심 외에 다른 것은 보장할 수 없음. 감독자가 신청자들을 개별적으로 접촉한 후 결과를 통보할 예정

이런 구인(求人) 광고가 당신 학교의 신문이나 어떤 잡지에 실렸다고 가정해보자. 사람들이 어떤 반응을 보일까?

최소한 70명(눅 10:1,17) 이상이 이 명예로운 직위에 지원했지만 감독자는 12명만을 선발했다. 그리고 3년으로 계획된 사업 기간 동안, 감독자가 세상을 떠날 날이 다가오면서 그들의 훈련은 날로 강도가 높아졌다.

유대 종교 지도자들이 가버나움에서 예수님에 대한 반대를 공식적으로 표명한 때부터 십자가에 달리시기 전까지 6개월 동안 예수님은 제자들을 가르치는 일에 집중하셨다. 그래서 제자들을 훈련시키고 수련하신 이 시기를 '교육 시대'라 명명해보았다.

School 학교

예수님이 유월절 절기를 지키려고 제자들과 함께 예루살렘에 당도하셨을 때, 예루살렘은 온통 예수님에 대한 이야기로 떠들썩했다(요 7:11-52). 유대 종교 지도자들은 예수님의 능력이 사탄에게서 나온 것이라고 가버나움에서 결의한

바 있었으므로 예수님을 유죄 판결을 받아 마땅한 범죄자로 여기고 있었다. 예수님을 기소하여 처형할 절호의 기회가 찾아온 것이었다.

바리새인들은 간음 현장에서 붙잡힌 부정한 여인을 예수님께 끌고 와서 판결을 내려달라고 요청했다. 예수님이 모세의 율법대로 판결하지 않을 경우, 모세의 율법을 범했다는 혐의로 고소할 구실을 얻기 위한 음모였다. 예수님이 뭐라고 판결하셨을까? 모세의 율법에 따라 돌로 쳐 죽여야 한다고 하셨을까? 예수님은 "너희 중에 죄 없는 자가 먼저 돌로 치라"(요 8:7)라고 말씀하심으로써 인간의 악한 본성을 꿰뚫고 계심을 다시 한 번 보여주셨다. 군중이 양심에 가책을 받아 하나둘 흩어지자, 예수님은 그 여인에게 다시는 죄를 짓지 말고 새 삶을 시작하라고 말씀하셨다.

나중에 예수님은 바리새인들의 죄를 지적하심으로써 또다시 그들과 정면으로 부딪히셨다. 이번에는 바리새인들이 광포하게 날뛰면서 예수님을 돌로 쳐 죽이려고 했지만 때가 아직 이르지 않았기 때문에 예수님은 다른 곳으로 피하셨다(요 8:21-59).

하나님께서 정하신 때가 이르기 전까지는 그 누구도 예수님의 목숨을 앗아갈 수 없었다. 우리의 경우도 마찬가지다. 사탄은 예수님이 십자가에 달리기 전에 그분을 죽이려고 했지만, 하나님께서는 예수님이 결정적인 때 인류의 죄를 위해 십자가에 달리기까지 안전하게 지켜주셨다. 사탄이 우리를 아무리 해하려고 해도 하나님께서 우리를 이 땅에서 데려가기로 정하신 때가 이르지 않는 한 그 모든 노력은 수포로 돌아갈 것이다.

2 교육 시대 돌과 돌 사이에 일어난 일들

나중에 바리새인들을 주축으로 한 유대인들은 또다시 예수님을 돌로 치려고 했는데(요 10:1-42), 그들이 처음으로 돌을 들었을 때와 두 번째로 돌을 들었을 때 사이에 많은 일들이 일어났다.

그동안에 예수님은 자신이 세상의 빛이라는 주장(요 8:12-20)을 뒷받침하기 위해 나면서부터 소경 된 자에게 빛을 주셨고, 예언적 비유를 통해 자신이 양 떼를 잘 알고 사랑하며 양 떼를 위해 목숨까지도 기꺼이 내놓는 선한 목자라고 주장하셨으며(요 10:1-21), 70명의 제자들을 둘씩 짝지어 유대 전역에 파송하여 말씀을 선포하고 병자들을 고치게 하셨다(눅 10:1-24).

한편 선한 사마리아인의 비유를 베푸시며 "누가 네 이웃이냐?"라는 질문에 대한 답을 유도하셨다(눅 10:25-37).

또한 예수님은 이 시기에도 비유를 베풀어 제자들을 가르치셨다.

어리석은 부자의 비유 (눅 12:15-21)

곡간을 더 크게 지었지만 갑자기 죽은 부자처럼 세상 것들을 의지할 때 우리는 쓰라린 실패를 맛볼 수밖에 없다. 인간의 삶이 재물을 더 많이 쌓아둔다고 행복해지는 게 아니기 때문이다. 우리의 내면이 중요한 것이지 우리가 소유한 것이나 입고 있는 것이 중요한 게 아니다.

주인을 기다리는 종의 비유 (눅 12:35-48)

종들은 주인이 돌아올 것을 항상 깨어 준비해야 한다. 책임을 맡은 일꾼들에게 가장 중요하게 요구되는 두 가지 자질은 바로 지혜와 충성이다.

안식일 논쟁 중의 비유 (눅 13:10-17)

예수님이 안식일에 귀신 들린 여인을 치유하자 회당장이 즉각 이의를 제기했다. 이에 예수님은 안식일에 가축에게 물을 먹이는 것이 합당한 것처럼 18년 동안 사탄에게 속박되었던 딸을 놓아주는 것이 합당하지 않느냐고 되물으셨다. 이 사건으로 유대 종교 지도자들이 또다시 예수님을 돌로 치려고 했다(요 10:22-39). 그들은 자신이 하나님이라는 예수님의 주장을 절대로 인정할 수 없었기 때문에 예수님을 집요하게 죽이고자 했다.

3 교육 시대 예수 그리스도의 종

이 일이 있은 후에 예수님은 베레아로 이동하셨고, 예루살렘에 승리의 왕으로 입성하기 전까지 3개월 반 동안 제자들을 가르치는 일에 전념하셨다(요 10:40-42). 이 시기에는 수종(水腫)병 환자를 치유하셨다는 기록(눅 14:1-4) 이외에 다른 이적을 베푸셨다는 기록이 없다.

그림으로 보는 교육 시대

⚜ 설명을 참조하기 전에 번호와 그림을 따라가며 사건의 내용을 떠올려보라. 일련번호는 성경에 나타난 사건 순서를 따랐다.

❶ 예수님이 간음하다 현장에서 붙잡힌 여인을 용서해주심(요 8:1-11)
❷ 유대인들이 예수님을 돌로 쳐 죽이려고 함(요 8:12-59)
❸ 나면서부터 눈먼 자를 고치심(요 9:1-12)
❹ 비유를 통해 자신이 선한 목자라고 선언하심(요 10:1-18)
❺ 70명의 제자들을 유대 전역에 파송하심(눅 10:1-24)
❻ 선한 사마리아인의 비유를 말씀하심(눅 10:25-37)
❼ 수종병 환자를 치유하심(눅 14:1-6)
❽ 죽은 나사로를 살리심(요 11:1-44)
❾ 두 번째로 성전을 청결케 하심(눅 19:45,46)
❿ 심판의 징조에 대해 말씀하심(눅 17:20-37)

예수님을 따르던 무리는 자칭 거듭났다고 주장하는 것이 제자가 되기 위한 필수 조건이 아니라 진짜 그리스도인이 되는 것이 가장 중요한 요건이라는 진리를 깨달았다(눅 13:22-35). 예수님의 제자가 되기를 원하는 사람은 그분을 따름으로써 치르게 될 대가를 미리 셈하고 신실한 제자가 되기로 결단해야 한다(눅 14:25-35). 주님은 작은 일에 충성하는 제자에게 더 많은 일을 맡기신다. 그런데 그리스도의 제자가 되려는 사람이 물질도 제대로 관리하지 못한다면 하나님께서 무엇을 믿고 그 사람에게 영적 보화를 맡겨주시겠는가?(눅 16:1-12) 한편 부자와 거지 나사로의 비유는 신실한 자들에게 돌아가는 보상이 있다고 가르친다(눅 16:19-31).

예수님은 제자가 스승 위에 있지 않다고 가르치셨다. 또한 충실한 종은 사례를 바라지 않고 주인이 기대하는 일들을 신실하게 수행한다(눅 17:7-10). 예수님은 성경을 믿는다면 어떤 사람이 죽었다가 다시 살아난 것도 믿어야 할 것이라고 말씀하셨다. 이는 나사로를 살리실 일을 염두에 두고 하신 말씀이었다.

Tomb 무덤

예수님이 십자가 수난을 당하시기 일주일 전, 예루살렘 동쪽 근교 베다니에서 급한 전갈이 왔다. 예수님의 친한 친구 나사로가 죽어가고 있다는 전갈이었다. 그러나 예수님은 나사로의 병세가 점점 더 악화되고 있다는 소식을 듣고도 지체하셨다. 그것은 나사로의 무덤에서 하나님의 강력한 능력을 보여주시기 위함이었다. 결국 예수님의 말씀 한마디에 죽은 나사로가 무덤 밖으로 걸어 나왔다. 주변에서 이 광경을 지켜보고 있던 사람들은 깜짝 놀라 어리둥절했다(요 11장).

요한복음의 기자 요한은 무덤에 누워 있는 모든 사람들이 장차 하나님 아들의 음성을 듣고 영원히 다시 살게 될 것이라고 기록했다(요 5:24-29). 어떤 이들은 무덤에서 일어나 영원한 생명을 얻을 것이지만, 어떤 이들은 영원한 사망을 얻을 것이다. 예수님이 무덤에서 잠자는 모든 육신을 일으켜 심판하실 것이다.

성경을 믿는 사람들은 나사로 사건을 통해 예

수님을 더욱더 신뢰했지만, 불신앙의 바리새인들과 유대 제사장들은 오히려 그리스도를 살해할 음모를 꾸몄다. 더욱이 그들은 나사로까지 함께 살해하려고 했다. 왜냐하면 그가 바로 예수님의 권능을 입증하는 살아 있는 증거였기 때문이다(요 12:9-11). 예수님은 나사로를 살리신 뒤에 기도와 섬김과 삶의 우선순위를 정하는 문제 등에 대해 가르치는 한편 치유 사역도 계속하셨다. 또한 예수님은 자신의 죽음에 대해 다시 한 번 예고하셨다.

야고보와 요한은 스승으로부터 그렇게 많은 가르침을 받았음에도 메시아의 나라에서 가장 높은 자리에 앉혀달라고 청하며 사사로운 이익을 구했다. 심지어 그들은 어머니를 앞세워 예수님께 청탁을 넣기도 했다(마 20:17-28). 다른 열 제자는 두 제자에게 선수를 빼앗긴 것에 격분했지만 예수님은 제자들을 진정시키며 말씀하셨다.

"너희 중에는 그렇지 아니하니 너희 중에 누구든지 크고자 하는 자는 너희를 섬기는 자가 되고 너희 중에 누구든지 으뜸이 되고자 하는 자는 너희 종이 되어야 하리라 인자가 온 것은 섬김을 받으려 함이 아니라 도리어 섬기려 하고 자기 목숨을 많은 사람의 대속물로 주려 함이니라"(마 20:26-28).

Upset 뒤엎음

예수님이 성전 이방인의 뜰에서 장사하는 사람들을 내쫓으신 지 3년 정도 흐르자, 성전은 다시 탐욕스러운 장사꾼들로 우글거렸다. 다시 한

번 아버지의 집을 청소할 때가 되었던 것이다. 예수님은 바리새인들이 아버지의 집을 기도하는 집으로 만드는 대신 강도의 소굴로 만들었다고 매섭게 꾸짖으시며 또다시 장사꾼들의 좌판을 뒤엎으셨다(눅 19:45-48). 아래 '예수님 당시의 성전 평면도'를 참조하기 바란다.

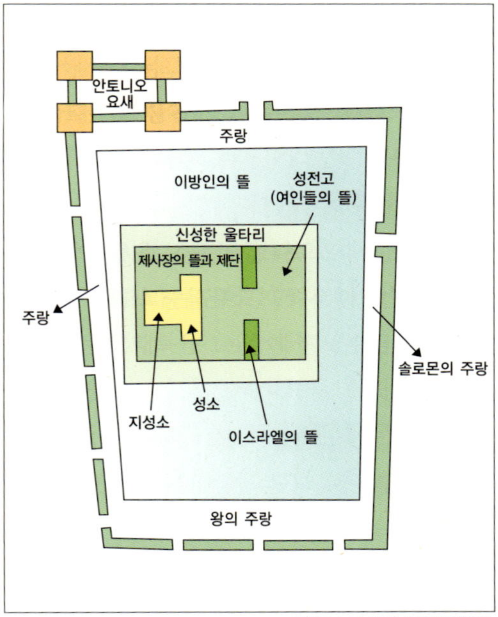

▲예수님 당시의 성전 평면도

유대 종교 지도자들은 예수님의 권세에 끊임없이 도전했고, 예수님의 입에서 유대 백성들이나 로마 당국이 싫어할 말을 끄집어내기 위해 계속 함정을 파 놓았다. 한번은 그들이 예수께 무슨 권세로 백성을 가르치고 복음을 전하는 것이냐고 질문했다. 그러나 예수님은 대답하는 대신 그들에게 어려운 질문을 던지셨다. 그러자 유대 종교 지도자들은 이렇게도 저렇게도 대답하지 못했다. 어떤 식으로 대답하든지 자기들이 오히려 함정에 빠질 것이 뻔했기 때문이다(눅 20:1-26).

이 시기에도 예수님은 비유를 들어 진리를 가르치셨다.

두 아들의 비유 (마 21:28-32)

아버지가 포도원에 가서 일을 하라고 지시했을 때, 맏아들은 대답만 하고 가지 않았지만 둘째 아들은 싫다고 대답한 뒤에 뉘우치고 가서 일을 했다. 그럴듯한 말이나 외양보다는 하나님의 뜻을 실행하는 것이 더 중요하다.

악한 농부 비유 (마 21:33-46)

악한 농부들이 포도원 주인이 보낸 주인의 아들을 살해했다. 예수님을 거부하면 하나님께 거부당하는 결과를 낳게 된다.

혼인 잔치의 비유 (마 22:1-14)

악한 사람이든지 선한 사람이든지 누구나 하나님나라 혼인 잔치에 초대를 받지만 손님들은 반드시 혼인 잔치에 맞는 예복을 입어야 한다. 하지만 누구든지 문 앞에서 값없이 예복을 얻을 수 있다. 아버지께서 우리의 죄를 가릴 예복을 값없이 나누어주시기 때문이다. 그러나 먼저 죄인들이 아버지의 초대에 응해야 할 것이다.

이때 바리새인 율법사 한 사람이 예수께 율법의 순위를 매겨달라고 청했다. 이에 예수님은 구약 율법의 핵심을 다음과 같이 간단하고 명확하게 대답해주셨다.

"네 마음을 다하고 목숨을 다하고 뜻을 다하여 주 너의 하나님을 사랑하라 하셨으니 이것이 크고 첫째 되는 계명이요 둘째는 그와 같으니 네 이웃을 네 몸과 같이 사랑하라 하셨으니 이 두 계명이 온 율법과 선지자의 강령이니라"(마 22:37-40).

Vision 장차 일어날 일들

예수님은 제자들을 예루살렘 동쪽 감람산으로 데리고 올라가 종말의 때에 나타날 일에 대해 설명하셨다(마 24,25장 ; 눅 21:5-36). 이곳의 이름을 따서 이 설교를 '감람산 설교' 또는 '감람산 강론'이라 일컫는다.

이 설교에 들어 있는 일곱 가지 비유를 간추리면 다음과 같다.

무화과나무의 비유 (마 24:32,33)

무화과나무에 새잎이 나면 여름이 오고 있다는 사실을 알 수 있다. 마찬가지로 우리는 시대의 징조를 통해 예수님의 재림이 다가옴을 알 수 있다.

사명을 맡은 문지기의 비유 (막 13:34-37)

성도들은 그리스도의 오심을 대비하여 항상 깨어 있어야 한다.

도둑의 비유 (마 24:43,44)

집주인이 도둑이 언제 들지 몰라 항상 대비하는 것처럼 그리스도인들은 그리스도의 재림을 항상 대비해야 한다.

충성되고 지혜로운 종의 비유 (마 24:45-51)

충성되고 지혜로운 종은 주인이 돌아왔을 때 그에 합당한 상급을 받을 것이다.

열 처녀의 비유 (마 25:1-13)

등불을 준비한 다섯 처녀와 준비하지 않은 다섯 처녀는 신랑이 돌아왔을 때 서로 다른 대접을 받을 것이다.

달란트의 비유 (마 25:14-30)

우리 각자가 받은 달란트를 어떻게 사용하느냐에 따라 그리스도께서 주시는 상급도 달라질 것이다.

양과 염소의 비유 (마 25:31-46)

예수님이 양과 염소를 가르듯 진정으로 거듭난 자녀와 거듭난 것처럼 행세하는 거짓 자녀를 구별하실 것이다. 우리가 어려운 사람들에게 베푼 선한 행실은 (비록 남들이 알아주지 않는다 해도) 실상 그리스도께 베푼 것이므로 장차 그리스도의 상급을 보상으로 받을 것이다.

또한 예수님은 예루살렘 멸망을 포함하는 대환란이 임할 것이라고 예고하셨다. 예수님을 따르는 자들은 그때까지 세상에 남아 하나님나라 복음에 관한 증인으로서 하나님의 일을 해야 할 것이다.

20
CHAPTER

예수님의 십자가와 부활로 하나님의 구원 계획이 완성되다

십자가 시대 : 마 / 막 / 눅 / 요 / 행

The Darkest Day in History

1 십자가 시대
십자가 시대
(눅 19:29-24:53 ; 행 1장)

예수님은 이 땅에 사시는 동안 세상에서 가장 놀라운 가르침을 주셨고 가장 완벽한 모범을 보이셨다. 그런데 그분께서 행하신 모든 일들과 선포하신 모든 말씀을 확증하는 두 가지 사건이 있었으니, 그것은 바로 십자가 죽음과 부활이다.

그리스도께서는 십자가 죽음과 부활을 통해 하나님의 구원 계획을 완성하셨다.

십자가 시대는 가룟 유다의 배신에서 예수님의 승천까지 이어지는 일련의 사건들에 초점을 맞추고 있다. 십자가 시대에 발생한 중대한 사건들을 그림으로 요약하여 제시했으니(216쪽) 설명을 참조하기 전에 그 내용을 짐작해보기 바란다.

Washing 씻음

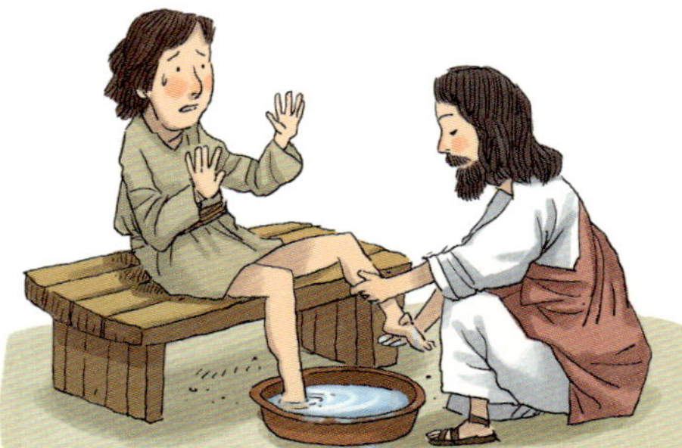

가룟 유다가 예수님을 배신하기 직전의 목요일 밤, 예수님과 제자들이 예루살렘의 한 다락방에 모여 유월절을 기념하고 있었다(눅 22:7-13). 그곳에 시중드는 하인은 없었지만 수건과 물이 담긴 대야가 입구에 마련되어 있었다. 먼지 자욱한 거리에 사람들이 발이 훤히 드러나는 샌들을 신

고 다니던 당시 사회에서는 음식을 먹기 전에 발을 씻는 것이 관습이었다. 그러나 제자들은 자신들을 매우 소중하게 여겼던지라 종의 역할을 자청하여 남의 발을 씻겨주기는커녕 제 발조차 씻으려 하지 않았다.

예수님이 나중 된 자가 먼저 되고 먼저 된 자가 나중 될 것이라고 분명히 말씀하셨음에도 그들은 하나님나라에서 누가 가장 높은 자리에 오를지에 대해 열띤 논쟁을 벌이고 있었다(눅 22:24-30). 이에 예수님은 제자들의 이기심을 꾸짖으시며 누구든지 으뜸이 되고자 하는 자는 먼저 모든 사람의 종이 되어야 한다는 것을 상기시키셨다.

그리고 주님은 수건을 허리에 두르고 대야를 가져다가 제자들의 발을 하나씩 씻기시며 종의 본을 보이셨다(요 13:1-20). 이것은 다음 날 그들을 위해 친히 목숨을 내어줌으로써 자발적으로 담당하실 종의 역할을 미리 보여주신 것이었다.

그리고 예수님은 식탁 위에 있는 떡과 포도주를 들어 제자들에게 나누어주셨는데, 이것들은 곧 부서지게 될 주님의 몸과 곧 뿌려지게 될 주님의 피를 기념하기 위한 가시적(可視的) 수단이었다(눅 22:17-20). 하나님의 사랑을 확신하지 못하겠거든 성찬식에 꼭 참석하기 바란다. 성찬식의 떡과 포도주는 오늘날 우리에게도 하나님의 변하지 않는 사랑을 상기시켜준다.

가룟 유다가 예수님을 배신하기 위해 자리를 떠나자 예수님은 남은 열한 제자에게 새 계명을 주시며 서로 사랑하라고 권고하셨다(요 13:30-38). 이때 베드로가 자기는 예수님을 결단코 부인하지 않을 것이라 단언했다. 그러나 그런 대단한 각오가 무색하게 베드로는 바로 그날 밤에 예수님을 모른다고 세 번이나 부인했다. 다른 제자들도 위험이 눈앞에 닥치자 예수님을 버리고 황급히 도망쳤다.

예수님이 겟세마네 동산에서 고뇌에 가득하여 기도하시는 동안 제자들은 한시라도 깨어 주님과 함께 기도하지 못하고 잠들어버렸다(눅 22:39-46). 다가올 고난과 죽음의 사건을 예수님 혼자서 맞닥뜨릴 수밖에 없었다. 예수님은 십자가를 앞에 두고 근심하며 괴로워하셨지만 아버지의 뜻에 기꺼이 순종하셨다.

"내 아버지여 만일 내가 마시지 않고는 이 잔이 내게서 지나갈 수 없거든 아버지의 원대로 되기를 원하나이다"(마 26:42).

eXecution 사형 집행

제자들이 도망친 뒤, 예수님은 체포되어 끌려가셨고 밤새 다섯 차례에 걸쳐 심문을 받으셨다.

1차 심문 대제사장 가야바의 장인이자 대제사장을 역임했던 안나스에게 끌려가셨다(요 18:12-14, 19-23). 예수님의 심문과 죽음에 관련된 일련의 사건들을 그림으로 나타내 옆에 제시했으니 참조하기 바란다.

2차 심문 가야바와 산헤드린 공회의 심문받으셨다(막 14:53-65). 예수님은 거짓 증인들의 증거에는 아무 말씀도 하지 않으셨지만, 대제사장 앞에서는 자신이 하나님의 아들이며 그리스도라는 사실을 당당히 밝히셨다(마 26:59-68). 새벽 무렵에 산헤드린 공회는 예수님이 신성 모독 죄에 해당한다며 공식적으로 유죄 판결을 내렸다(눅 22:66-71).

3차 심문 로마 총독 빌라도에게 재판을 받으셨다(눅 23:1-5). 유대 법정은 로마 당국에 그리스도를 사형시켜달라고 청원했다. 그리스도께서는 빌라도 앞에서도 자신이 유대인의 왕임을 밝히셨지만, 빌라도는 아무 혐의를 발견하지 못했다.

4차 심문 로마의 분봉왕이자 빌라도의 정적(政敵)인 헤롯에게 호송되셨다(눅 23:6-12). 헤롯과 로마 병사들은 예수님을 조롱한 뒤에 다시 빌라도에게 보내 최종 판결을 위임했다.

5차 심문 빌라도에게 2차로 심문을 받으셨다(눅 23:13-25). 빌라도는 그리스도에게 죄가 없다는 것을 재확인했다.

그러나 결국 빌라도는 유대 지도층의 환심을 사기 위해 예수님을 내어주었다. 예수님은 로마 병사들에게 조롱과 고문을 당한 다음, 금요일 아침 9시쯤 갈보리로 향하셨다. 그리고 예루살렘 외곽의 언덕에서 일반 죄수로서 두 강도와 함께 십자가에 못 박히셨다(막 15:25 ; 눅 23:26-33).

예수님이 십자가에 매달려 있는 처음 세 시간 동안(오전 9시에서 정오까지) 주님의 머리 위에 있는 패가 그분이 "유대인의 왕"이라는 것을 선포했으며, 십자가에 함께 달렸던 강도들 두 사람 가운데 한 사람이 예수님을 구주(救主)로 영접했다(눅 23:33-43). 그리고 그 다음 세 시간 동안(정오에서 오후 3시) 짙은 어둠이 땅을 뒤덮어 하나님의 아들이 세상의 죄를 짊어지셨음을 나타냈다. 영원 전부터 존재하신 예수님이 아버지께 버림받았다는 것을 처음으로 느끼면서 우리를 대신해 그렇게 돌아가셨다(눅 23:44-46).

그림으로 보는 예수님의 심문과 죽음

설명을 참조하기 전에 번호와 그림을 따라가며 사건의 내용을 떠올려보라.
일련번호는 성경에 나타난 사건 순서를 따랐다.

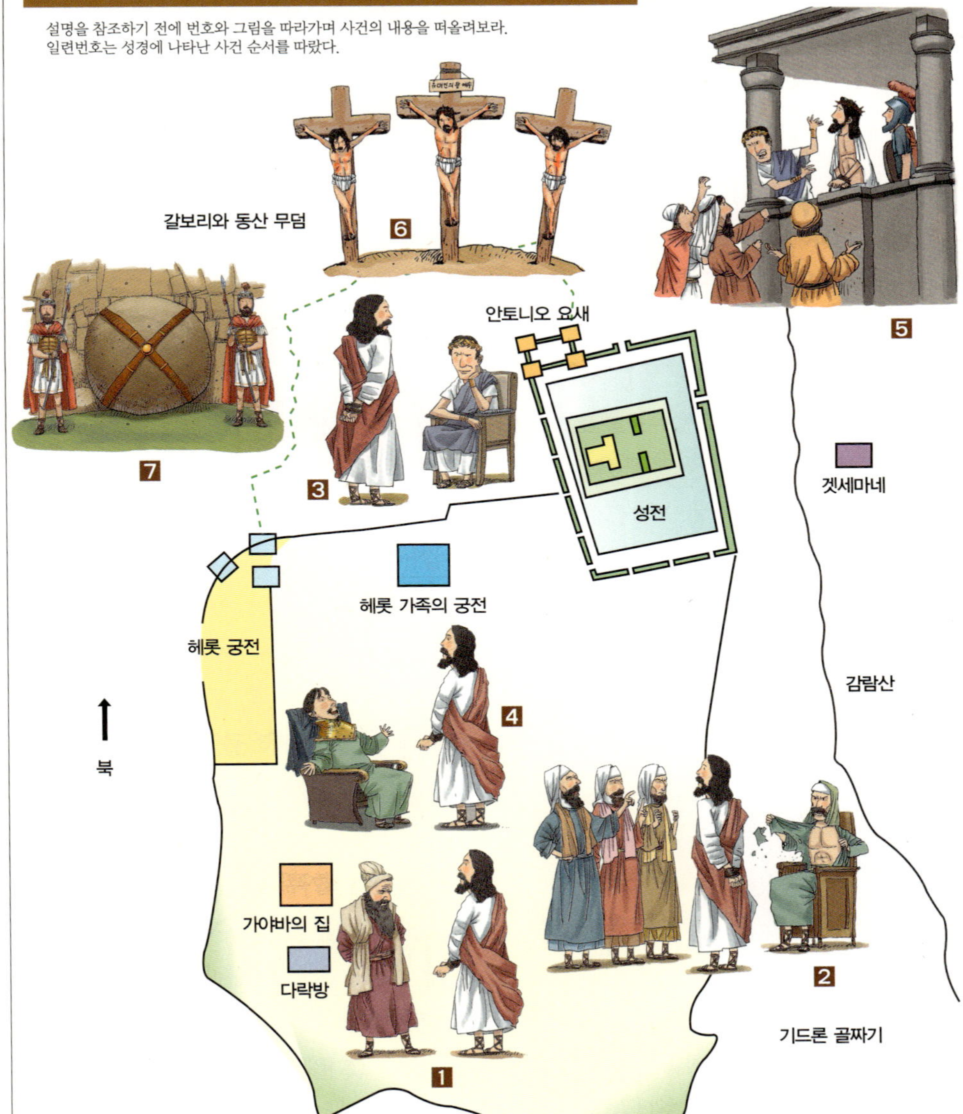

1 안나스에게 심문을 받으심(요 18:12-14, 19-23)
2 가야바와 산헤드린 공회의 심문을 받으심(막 14:53-65)
3 빌라도에게 심문을 받으심(눅 23:1-5)
4 헤롯에게 심문을 받으심(눅 23:6-12)
5 빌라도에게 다시 심문을 받으심(눅 23:13-25)
6 갈보리에서 십자가에 달려 죽으심(요 19:17-30)
7 요셉이라는 사람이 소유한 동산의 무덤에 묻히심(눅 23:50-54)

그림으로 보는 십자가 시대

설명을 참조하기 전에 번호와 그림을 따라가며 사건의 내용을 떠올려보라. 일련번호는 성경에 나타난 사건 순서를 따랐다.

❶ 가룟 유다가 예수님을 팔기 위해 대제사장들과 거래함(눅 22:3-6)
❷ 예수님이 제자들의 발을 씻기심(요 13:1-20)
❸ 제자들과 최후의 만찬을 나눔(눅 22:7-23)
❹ 겟세마네 동산에서 기도하심(눅 22:39-46)
❺ 체포되어 밤새 심문을 받으심(요 18:12-24)
❻ 로마 병사들이 예수님을 채찍질하고 조롱함(마 27:26-31)
❼ 두 명의 강도와 함께 십자가에 못 박히심(마 27:38)
❽ 어둠이 온 땅을 뒤덮음(마 27:45)
❾ 성전 휘장이 위에서부터 아래까지 두 폭으로 찢어짐(마 27:51)
❿ 경비병들이 예수님의 무덤 입구를 단단히 지킴(마 27:66)

예수님의 영혼이 육신을 떠나자 성전의 성소와 지성소를 구분하던 휘장이 위에서부터 아래로 쭉 찢어져 둘로 갈라졌다. 이는 누구든지 하나님께 직접 나아갈 수 있다는 것을 선포하는 매우 중대한 사건이었다(마 27:51-56). 동시에 지진이 일어나 바위들이 갈라졌고 무덤이 열려 잠자던 많은 성도들의 몸이 살아났다. 이 광경을 보고 로마 병사들과 주위에 있던 사람들이 겁에 질려 "이는 진실로 하나님의 아들이었도다"(마 27:54)라고 소리쳤다.

예수님의 죽음은 보통 사람들의 죽음과는 전혀 다른 매우 특별한 죽음이었다. 첫째, 예수님은 자발적으로 죽으셨다. 죽음의 원인은 죄인데 예수님은 죄가 없으셨다. 예수님은 십자가에서 죽지 않으셔도 되었다. 예수님은 자신의 목숨을 버리기로 선택한 최초의 유일한 인간이셨다.

둘째, 예수님의 죽음은 다른 사람들을 위한 대속(代贖)의 죽음이었다. 예수님이 흘리신 순결한 생명의 보혈은 모든 시대 모든 인간의 죄 값을 치르기에 충분했다. 그러나 이 말이, 예수님의 피 흘림의 공로가 자동적으로 우리 모두에게 적용된다는 의미는 아니다. 우리 각자는 예수님이 베푸신 구속(救贖)의 선물을 받겠다고 믿음으로 선택해야 한다. 열심히 노력하거나 선행을 베푸는 것으로는 하나님의 용서를 얻을 수 없다. 죄의 용서는 하나님이 주시는 선물이요, 우리 모두는 믿음으로 그 선물을 받아야 한다.

예수님의 숨이 끊어진 것을 확인한 로마 당국은 요셉이라는 제자에게 시신을 내주어 장사 지내게 했다(눅 23:50-54). 서기관들과 바리새인들은 예수님의 제자들보다 기억력이 훨씬 뛰어났던 것 같다. 생전에 예수님이 죽었다가 사흘 만에 살아나리라 말씀하신 것을 기억하여 돌을 봉인하고 경비병을 배치하여 무덤 입구를 단단히 지키게 했으니 말이다.

Yes! "네!"

그렇다! 예수님은 하나님이시다! 예수님은 약속하신 그대로 죽은 지 사흘 만에 강력한 능력으로 부활하셨다.

부활은 예수 그리스도가 하나님이라는 사실을 입증하는 가장 강력한 증거이다. 사도 바울은 그리스도의 부활을 도외시할 경우에 기독교의 신빙성이 맥없이 무너지게 된다는 것을 분명히 깨닫고 있었다(고전 15장). 그러나 그리스도께서는 죽은 지 사흘째 되는 날 새벽에 분명히 죽은 자들 가운데서 일어나셨다. 이는 인류 역사에서 가장 확실하게 검증된 사실의 하나였다.

부활하신 그리스도께서는 40일 동안 땅에 계시며 아홉 차례(다섯 차례는 부활하신 그날)에 걸쳐 500명이 넘는 사람들에게 모습을 나타내셨다.

무덤 옆의 막달라 마리아에게 (요 20:11-18)

그녀가 예수님 시신이 없어진 것을 보고 슬퍼하고 있을 때, 예수님이 나타나셔서 위로하셨다.

예루살렘의 다른 여자에게 (마 28:9,10)

막달라 마리아와 다른 여인 하나가 예수님의 부활 소식을 제자들에게 전하려고 달려갈 때, 부활하신 예수님이 두 여인에게 나타나셨다. 제자들 대부분은 예수님의 부활 소식을 믿지 않았지만, 베드로와 요한은 빈 무덤으로 달려갔다. 요한이 먼저 무덤에 도착했다(요 20:2-10).

엠마오로 가는 두 제자에게 (눅 24:13-32)

부활하신 예수님이 엠마오로 가는 두 제자에게 나타나셔서 구약을 강론하며 동행하셨고, 그들과 함께 음식을 잡수신 뒤에 마음이 뜨거워진 제자들을 남겨놓고 홀연히 떠나셨다.

시몬 베드로에게 (눅 24:33-35)

열한 제자 가운데 부활하신 예수님을 가장 먼저 만난 사람은 시몬 베드로였다. 주님은 죄인을 아버지께 다시 데려오기 위해 언제나 먼저 손을 뻗으신다. 에덴에서도 그러셨고 베드로에게도 그러셨으며 우리에게도 그렇게 하신다.

도마가 빠진 열 제자에게 (눅 24:36-43)

부활하신 그리스도께서 열 제자에게 나타나(눅 24:36-43 ; 요 20:24,25) 십자가에서 입은 손과 발의 상처를 보여주셨고, 자신이 유령이나 환상이 아니라는 증거로서 그들 앞에서 생선 한 토막을 드셨다. 나중에 이 소식을 들은 도마는 확실한 물증을 보기 전까지는 믿지 못하겠다고 고집을 부렸다.

다시 열한 제자 특별히 도마에게 (요 20:26-31)

예수님은 도마가 확실한 물증을 보기 전까지는 믿지 못하겠다고 말할 당시에 현장에 계시지 않았지만, 그의 마음을 아시고 그로부터 여드레 후에 찾아오셔서 상처를 직접 만져보라고 하셨다. 예수님의 상처를 만져본 도마는 "나의 주시며 나의 하나님이시니이다"라고 고백했지만, 예수님은 "너는 나를 본 고로 믿느냐 보지 못하고 믿는 자들은 복되도다"(요 20:29)라고 말씀하셨다.

산에서 500명이 넘는 사람들에게 (마 28:16-20 ; 고전 15:6)

예수님이 이때 지상명령을 주신 것이 아닌가 추측된다.

예수님의 동생 야고보와 모든 사도에게 (고전 15:7)

승천하시기 직전 제자들에게 (눅 24:44-53 ; 행 1:3-12)

예수님은 제자들에게 예루살렘과 유대와 사마리아와 땅끝까지 이르러 증인이 되라고 명하시면서 또한 이 지상명령을 완수하려면 성령님의 임재를 기다려야 할 것이라고 말씀하셨다.

요한복음의 기자 요한은 예수님의 능력과 뜻을 재차 강조하면서 복음서의 끝을 맺는다.

"예수께서 제자들 앞에서 이 책에 기록되지 아니한 다른 표적도 많이 행하셨으나 오직 이것을 기록함은 너희로 예수께서 하나님의 아들 그리스도이심을 믿게 하려 함이요 또 너희로 믿고 그 이름을 힘입어 생명을 얻게 하려 함이니라"(요 20:30,31).

Zion 시온

시온은 시온산에 세워진 예루살렘의 다른 이름이다. 예수님은 예루살렘 동쪽 감람산에서 승천하실 때 제자들 앞에서 하늘로 올라간 것처럼 장차 다시 올 것이라고 약속하셨다.

그리스도께서 재림하시면 자신의 백성들을 불러 모으실 것이며 자신의 권세에 저항하는 모든 세력을 진압하고 세상을 통치하실 것이다. 예수님을 구세주로 영접한 우리는 하나님나라에서 주님과 함께 영원히 다스릴 것이다.

신약성경의 내용은 그리스도의 초림으로 시작되어 재림으로 끝난다. 아래 표 '그리스도의 초림과 재림'을 참조하며 각각의 주요 내용을 대조해 보기 바란다. 구약의 선지자들은 "메시아께서 오실 것이다!"라고 선포했고, 신약의 사도들은 "메시아께서 다시 오실 것이다!"라고 선포했다.

그리스도의 초림과 재림

초림	재림
구유에 누우심	천군천사의 호위 가운데 강림하심
어린양으로 오심	주님으로 오심
멸시와 거부를 당하심	모든 사람이 무릎을 꿇고 경배함
낮고 비천함	권세 있고 전능하심
죄인들을 위해 죽으심	죄인들이 망함
사탄에게 시험을 받으심	사탄이 무저갱에 갇힘
불의한 세상에서 살아가심	세상을 의의 길로 인도하심
죄 때문에 죽었다가 다시 살아나심	영원히 통치하심
특정 지역에 성육신	온 천하에 자신을 드러내심

21
CHAPTER

성령의 역사로 그리스도의 교회가 세워지다

교회 시대 : 사도행전

A New Body

1 교회 시대 교회 시대(행 2-12장)

당신의 특별한 친구가 특별한 까닭이 무엇인가? 자주 연락을 하기 때문에? 자주 도와주기 때문에? 멋진 선물을 사주기 때문에?

데오빌로(눅 1:3 ; 행 1:1, 누가복음과 사도행전의 수신자로 그 이름의 뜻은 "하나님의 친구"이다)에게는 매우 특별한 친구가 있었다. 그 특별한 친구는 바로 그를 위해 그리스도의 생애에 관한 논문 한 편과 교회 역사에 관한 논문 한 편을 작성한 누가였다. 의사 누가가 데오빌로를 위해 방대한 자료를 조사하여 총 52장, 2,158절로 이루어진 논문 두 편을 기록했으니 데오빌로에게 그는 좋은 친구 이상이었을 것이다.

아무튼 개인적인 편지 형식으로 쓴 이 두 편의 논문 내용이 너무도 좋아 나중에 누군가가 누가복음과 사도행전이라는 제목으로 각각 출판했다.

2 교회 시대 초대교회 역사

신약성경 처음 5권은 역사책이다. 사복음서는 그리스도의 생애에 관해 기록하고, 사도행전은 초대교회의 역사에 관해 기록한다. 그리스도께서 지상 사역을 수행하시는 동안 함께 생활하며 강도 높은 훈련을 받았던 사도들은 그리스도께서 승천하신 후에 교회의 지도자가 되었고, 성령의 능력을 힘입어 그리스도께서 하신 일들을 세상에 전하는 대표자가 되었다.

복음서와 사도행전이 각각 30년의 기간을 포괄하고 있다는 것이 흥미롭다. 복음서에서는 그리스도께서 구원 사역을 성취하신다. 사도행전에서는 교회가 그리스도의 구원 사역을 선포한다.

앞에서 우리는 신약성경 전체를 영어 알파벳 'C'로 시작하는 열두 시대로 나누고 각각의 시대를 나타내는 상징들을 지도 위에 표시해보았다. 그리고 지금까지는 사복음서가 기록하고 있는 예수님 생애의 다섯 시대(목수 시대, 주장 시대, 선택 시대, 교육 시대, 십자가 시대)를 간략하게 살펴보았다. 이제 우리가 살펴보려고 하는 신약성경의 다섯 번째 책인 사도행전은 그 다음 다섯 시대를 포괄한다.

교회 시대 예루살렘에 최초의 교회가 세워짐, 교회가 팔레스타인과 수리아(시리아)로 확산됨(행 2-12장)

1차 전도여행 시대 바울의 첫 번째 전도여행, 갈라디아 지역(행 13-15장)

2차 전도여행 시대 바울의 두 번째 전도여행, 그리스 지역(행 16-18장)

3차 전도여행 시대 바울의 세 번째 전도여행, 소아시아 지역(행 19-21장)

옥중 시대 바울이 팔레스타인과 로마의 감옥에 갇힘(행 22-28장)

사도행전의 다섯 시대 가운데 네 시대가 바울에게 집중되어 있다는 점을 주목하기 바란다. 이번 장부터 24장까지 이 다섯 시대 각각(2차 전도여행 시대와 3차 전도여행 시대는 23장에서 한데 묶어)에 대하여 살펴볼 것이다.

본격적으로 공부를 시작하기에 앞서 다음에 제시한 '그림으로 보는 교회 시대'를 보면서 이 시대에 발생한 사건을 몇 가지나 맞힐 수 있는지 점검해보라.

3 교회 시대 사도행전 교회의 사도들

Acts – Apostles of Church

사도행전 1장 8절을 읽어보면 이 책에 어떤 사건들이 펼쳐질지 짐작할 수 있다.

"오직 성령이 너희에게 임하시면 너희가 권능을 받고 예루살렘과 온 유대와 사마리아와 땅끝까지 이르러 내 증인이 되리라."

우리는 이 구절을 통해 예수님의 체포와 죽음에 사색이 되어 도망쳤던 제자들이 주께서 하신 일들을 담대하게 전할 수 있게 된 비결이 무엇인지 알 수 있다. 그것은 바로 그들이 성령의 능력을 힘입었기 때문이다. 또한 우리는 이 구절을 통해 사도행전의 주인공이 누구인지(성령), 제자들이 무슨 일을 하게 될 것인지(그리스도를 증거하는 증인으로서의 일), 그들이 언제부터 증인의 사명을 감당할 것인지(성령을 받은 이후에), 어디로 갈 것인지(예루살렘과 온 유대와 사마리아와 땅끝까지)를 알아챌 수 있다.

그림으로 보는 교회 시대

⚜ 설명을 참조하기 전에 번호와 그림을 따라가며 사건의 내용을 떠올려보라. 일련번호는 성경에 나타난 사건 순서를 따랐다.

❶ 그리스도의 승천(행 1:6–11)
❷ 성령 강림(행 2:1–13)
❸ 예수의 이름으로 걸으라(행 3:1–10)
❹ 성령을 속인 부부가 죽음(행 5:1–11)
❺ 사도들이 석방됨(행 5:17–25)
❻ 사도들을 구제하는 사람들(행 6:1–7)
❼ 스데반의 변론과 죽음(행 7장)
❽ 빌립의 여행(행 8:26–40)
❾ 바울을 받아들임(행 9:23–31)
❿ 이방인들을 신자로 받아들임(행 10:17–48)
⓫ 안디옥에 복음을 전함(행 11:19–30)
⓬ 시몬 베드로가 가까스로 죽음을 모면함(행 12:1–19)

오순절에 성령이 강림하자 그리스도의 몸인 교회가 형성되기 시작했다. 신자들로(베드로와 요한을 주축으로) 이루어진 이 '새로운 몸'은 처음에는 예루살렘과 유대 지역으로 그 지경이 한정되어 있었다. 그런데 유대인들이 교회를 박해하기 시작하면서 교회가 날로 확장되기 시작했다. 빌립이 박해를 피해 사마리아에 가서 복음을 전했고, 핍박을 피해 곳곳에 흩어진 제자들이 수리아의 안디옥까지 가서 복음을 전했기 때문이다. 그리고 안디옥교회는 나중에 바나바와 바울이 더욱 튼튼하게 영적 기반을 다지면서 예루살렘을 대신하여 복음 전도의 중심지가 되었다.

4 하나님의 영

교회 시대

예수님은 승천하시기 직전, 제자들에게 성령이 임하면 능력을 받게 될 것이라 약속하셨다. 성령께서 그들에게 힘을 주어 다른 사람들에게 그리스도에 대해 증거할 수 있게 하실 것이었다(행 1:8). 사도행전 1장의 제자들은 하나님의 계획에 대해 알고 싶은 만큼 다 알지 못했지만, 그 계획을 이루는 데 필요한 모든 능력을 받았다.

베드로는 예수님 말씀에 순종하여 기도하며 기다리는 가운데 구약의 예언이 이루어져야 한다는 것을 깨달았다. 그 예언이란 가룟 유다의 자리를 대신할 사도를 선발하는 것이었다(행 1:15-26). 제자들이 그리스도의 명령에 순종하여 하나가 되어 기도하면서 기다렸을 때, 하나님께서는 그들에게 필요한 능력과 일꾼 모두를 공급하셨다.

예수님이 부활하신 지 50일이 지나 오순절이 되었다. 제자들은 여느 때처럼 예루살렘의 한 다락방에 모여 한마음으로 기도하고 있었다. 그런데 그때 성령께서 극적으로 그들에게 강림하셨고 절기를 지키기 위해 예루살렘을 방문한 수많은 사람들이 그 놀라운 장면을 보기 위해 모여들었다. 성령의 능력이 임하자 제자들이 (외국어를 배우지 않았음에도) 여러 나라의 언어로 말하기 시작했고, 변덕이 심하던 베드로는 담대하게 복음을 전하는 전도자로 변모했다(행 2:1-41).

이때 유대인들이 보인 다양한 반응은 예수님의 지상 사역에 대해 보였던 반응과 다르지 않았다. 이에 베드로가 의심하는 사람들 앞에 나서서, 구약을 인용하여 예수님이 하나님으로부터 오신 유일한 구세주라는 것을 입증했다. 하늘 아버지께서 베드로와 다른 무명의 일꾼들을 담대한 복음전도자로 변모시키신 것이었다. 성령께서 그들을 인도하여 당대에 알려진 세상 끝까지 복음을 전하게 하셨다.

당대의 땅끝에 있던 교회의 중심지 '수리아'의 'ㅅ'을 대할 때마다 2천여 년 전에 교회를 시작하시고 지금도 여전히 강력한 능력을 주고 계신 '성령님'을 상기하도록 하자.

의사 누가는 사도행전에서 초대교회의 그리스도인들이 하나님 말씀을 담대히 전했다고 26차례나 기록했다. 그리고 그런 구절이 나오는 문맥에는 거의 대부분 성령님이 언급되어 있다. 우리는 여기서 한 가지 원칙을 배울 수 있다. 하나님의 능력이 성령님에 의해 하나님 백성들 안에서, 하나님 백성들을 통하여 나타난다는 것이다.

하나님께서는 "술 취하지 말라 이는 방탕한 것이니 오직 성령의 충만을 받으라"(엡 5:18)라고 명령하신다. 술에 취한다는 것은 우리의 신체를 제어할 힘을 외부 세력에 맡겨버린다는 의미이다. 성령으로 충만해진다는 것은 성령의 지배를 받는다는 의미다. 성령은 하나님 백성들을 위한 하나님의 능력의 원천이다. 그러나 이 능력이 저절로 우리에게 임하는 것이 아니다. 우리는 이 능력의 원천을 사용해야 한다. 문제는 우리가 성령을 더 많이 받아야 한다는 게 아니라 성령께서 우리를 더 온전히 소유하고 더 온전히 지배하며 우리를 통해 온전히 역사하시도록 성령께 순복해야 한다는 것이다.

5 교회 시대 거룩한 공동체

사도행전 2장은 오순절 성령 강림 사건에 대해 보도할 뿐만 아니라 나중에 '교회'라 불리게 된 신자들의 공동체에 대해 최초로 언급한다(마태복음 16장과 18장에 "교회"라는 말이 나오지만 이는 미래의 교회를 지칭한 것이다).

나중에 바울은 이방인과 유대인의 차별이 없는 그리스도의 이 '새로운 몸'에 대해 자세히 설명했다(엡 2,3장). 그러나 그로부터 약 300년이 지난 뒤, 혹자가 예배당 건물을 교회라 지칭함으로써 "세상에 있는 신자들의 모임"이라는 교회의 본래 의미가 퇴색하고 말았다.

보편교회(세상에 있는 신자들의 모임을 통칭하는 총체적 개념)가 시작되던 바로 그날, 최초의 지역교회(특정 지역에 위치한 특정 교회)인 예루살렘교회에 3천 명의 회심자(回心者)가 들어왔다는 사실이 매우 흥미롭다. 사도행전의 나머지 부분에는 주님의 일꾼들이 로마제국 여러 지역에 새 교회를 개척하는 과정이 기록되어 있다.

그리스도의 교회는 완벽한 인간들의 공동체가 아니다. 오히려 주님의 돌보심이 여전히 필요한 용서받은 죄인들의 공동체이다. 주님은 모든 신자들이 그리스도의 모습을 닮아 안전하게 천국에 이를 때까지 그들을 지키고 돌보고 가르치실 것이다. 그동안 신자들은 지역교회에 모여 말씀을 배우고 예배하고 교제하고 봉사해야 할 것이다(행 2:42-47). 주님은 마지막 날이 다가오는 것을 볼수록 모이기를 중단하지 말라고 명하셨다(히 10:25). 우리에게는 교회가 필요하다. 그리고 교회에는 당신과 내가 필요하다.

어떤 사람이 그리스도를 구세주로 영접하고 의지할 때 하나님 가족의 양자(養子)로 입양된다. 그 사람은 더 이상 고아도 외아들도 외동딸도 아니다. 영적 형제자매들이 수없이 많은 대가족의 일원이 되기 때문이다. 교회는 궁극적으로 하나님의 영광을 지향하는 한편 그리스도인으로서 우리 모두의 성장을 지향하기도 한다.

6 교회 시대 날로 흥왕해지는 말씀

오순절 이후에 교회는 주로 유대인들에 의해 예루살렘을 중심으로 돌아갔고, 성령께서는 사도들을 통해 이적을 일으켜 그들이 전하는 메시지가 진리임을 입증하셨다.

어느 날, 다리를 못 쓰는 거지가 성전 미문에 앉아 베드로와 요한에게 돈을 구걸했다. 그러나 베드로와 요한은 돈을 주는 대신 "예수 그리스도의 이름"이라는 새로운 다리를 선물했다(행 3:1-10). 베드로의 그림자조차 치유의 능력을 발휘하기도 했다(행 5:12-16).

그러자 예수님을 십자가에 못 박았던 유대 종교 지도자들이 이번에는 예수님의 부활을 전한다는 이유로 사도들을 박해하기 시작했다. 그러나 감옥의 철창으로는 사도들의 믿음을 막을 수도, 그들의 열정을 차갑게 식힐 수도 없었다(행 4,5장). 교회는 핍박을 받을수록 더욱 굳게 결속했고 신자들의 믿음은 더욱 담대해졌다.

사도행전 4장 29-35절을 읽으면서 초대교회 신자들의 뜨거운 영적 생명력을 맛보기 바란다. 초대교회 신자들은 하나님께 거짓말을 한 죄로 갑작스럽게 죽은 아나니아와 삽비라 부부의 사건을 통해 하나님을 더욱 두려워하게 되었고, 거짓말을 하기 전에 하나님 앞에서 한 번 더 생각하게 되었다(행 5:11).

초대교회 지도자들은 나중에 '집사'(집사는 "종"이라는 뜻임)라 불리는 조력자들을 임명함으로써 잠재해 있던 교회 문제를 해결함과 동시에 구제는 그들의 손에 맡기고 기도와 말씀 전파 사역에 전념했다. 그 결과 많은 사람들이 그리스도인이 되었고, 그들 가운데는 유대 제사장들도 다수 포함되어 있었다(행 6:1-7).

7 교회 시대 바울의 회심

스데반은 은혜와 능력이 충만한 사람으로 사도들을 돕는 조력자 중 한 명이었다. 그가 놀라운 이적을 베풀면서 설득력 있는 말씀으로 사람들을 교회로 이끌자 산헤드린 공회는 거짓 혐의를 씌워 그를 기소했다(행 6:8-15). 스데반은 구약 성경을 인용하고 하나님 백성들을 향한 하나님의 뜻을 설명하면서 자신의 입장을 변론했다. 그리고 결론 부분에 이르러서는 메시아를 살해한 유대 종교 지도자들의 죄를 엄중히 지적했다. 그러자 그들이 격분하여 즉각 사형 판결을 내렸다.

돌에 맞아 죽어가던 스데반은 예수님이 하나님 우편에 서서 그의 영혼을 하나님의 영광으로 데려가기 위해 기다리고 계시는 것을 보았다(행

그림으로 보는 바울의 생애

▶ 바울의 생애 한눈에 보기

설명을 참조하기 전에 번호와 그림을 따라가며 사건의 내용을 떠올려보라. 일련번호는 성경에 나타난 사건 순서를 따랐다.

1 사울(바울)이 다소에서 출생함(행 22:3)
2 예루살렘에서 스데반의 처형에 동참함(행 8:1)
3 다메섹으로 가는 길에서 그리스도에 의해 회심함(행 9:1-9)
4 자기를 반대하는 유대인들이 있었기 때문에 얼마 동안 아라비아 광야에서 지냄(갈 1:17)
5 광주리를 타고 다메섹 성벽에서 내려와 도망침(행 9:23-25)
6 예루살렘에서 바나바가 바울을 그리스도인들에게 소개함(행 9:26-31)
7 안디옥이 바울의 세 차례 전도여행의 본거지가 됨(행 13:1, 15:23, 18:22)
8 바나바와 함께 안디옥을 출발해 해로(海路)를 이용하여 1차 전도여행을 감행함(행 13:1-3)
9 구브로에서 로마 총독이 회개하고 그리스도인이 됨(행 13:4-12)
10 1차 전도여행 중 루스드라에서 유대인들에게 돌로 맞음(행 14:19)
11 안디옥에서 실라를 데리고 2차 전도여행을 떠남(행 15:40)
12 드로아에서 밤에 환상 중에 마게도냐 사람이 나타나 도움을 청함(행 16:9)
13 빌립보에서 루디아가 최초의 유럽인 개종자가 됨(행 16:11-15)
14 바울이 고린도에서 사역함(행 18:1-17)
15 바울이 3차 전도여행 중 에베소에 교회를 세우고 3년 동안 머물며 보살핌(행 19:1-20)
16 동족 앞에서 자신의 입장과 복음을 변론함(행 21:37-22:29)
17 배가 좌초되어 멜리데섬에 상륙함(행 28:1-10)
18 로마 당국에 의해 2년 동안 가택 연금을 당함(행 28:30,31)

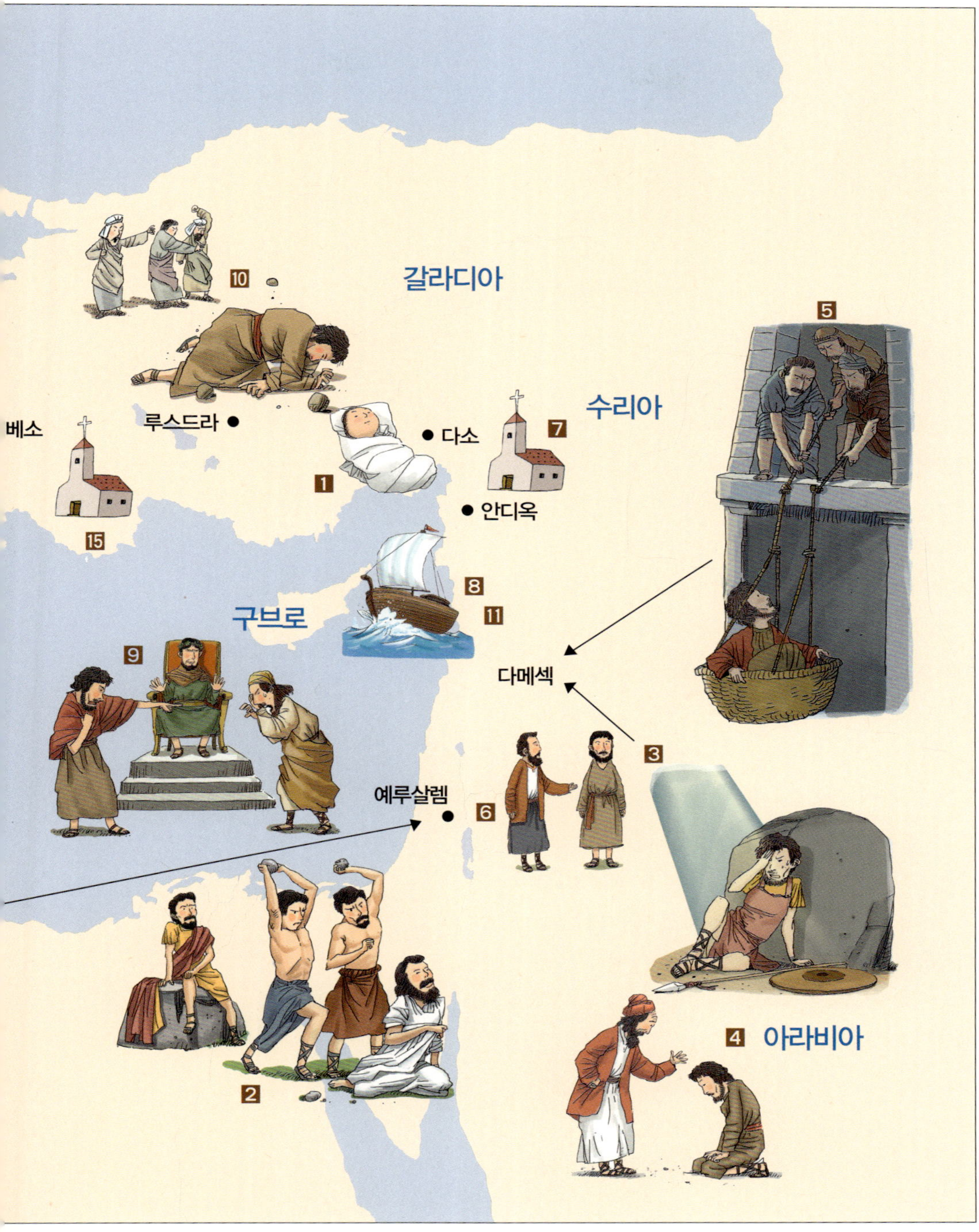
10
갈라디아
5
수리아
베소
루스드라
다소
7
1
안디옥
15
8
구브로
11
9
다메섹
3
예루살렘
6
2
4
아라비아

7:54-60). 마지막 숨을 거두기 직전에 스데반은 그들이 무지하여 자기를 죽이는 것이니 그 죄를 용서해달라고 하나님께 기도했다. 그리고 하나님께서는 그 현장에 참석하여 처형에 찬동했던 다소 출신의 사울이 다메섹으로 가는 길에서 회심하게 하심으로써 그의 기도에 응답하셨다(행 9장).

이때 교회에 대한 박해가 심해지자 빌립이 북쪽으로 방향을 전환하여 영적으로 목말라 있던 사마리아 사람들에게 말씀을 전함으로써 복음을 확산시켰다. 또한 빌립은, 병거를 타고 이사야서의 한 대목을 읽으며 본국으로 돌아가고 있던 에디오피아 내시를 만나 복음을 전하기도 했다(행 8:29-39). 하나님께서 그리스도에 대해 한 번도 들어보지 못한 이방인에게 과연 어떤 일을 행하셨을까? 사도행전 8장은 누가 어디에서든 빛에 반응하면 하나님께서 더 밝은 빛으로 인도하신다는 사실을 입증한다.

하나님의 역사는 참으로 오묘하다. 그도 그럴 것이 교회의 지경을 가장 넓게 확장시킨 사람이 바로 교회를 가장 지독하게 핍박하던 장본인, 다소 출신의 사울(나중에 바울로 이름이 바뀜)이었기 때문이다. 그는 '회심할 가능성이 제일 희박한 사람'을 뽑는 투표에서 유대인들과 그리스도인들에게 1등으로 선출되고도 남았을 인물이다. 그러나 예수님은 자신의 교회를 가장 악독하게 핍박하던 사람을 다메섹 도상에서 만나 이방인에게 복음을 전하는 큰 사도로 변화시키셨다(행 9장).

그로부터 얼마간의 세월이 흐른 뒤, 바울은 이렇게 말했다.

"미쁘다 모든 사람이 받을 만한 이 말이여 그리스도 예수께서 죄인을 구원하시려고 세상에 임하셨다 하였도다 죄인 중에 내가 괴수니라 그러나 내가 긍휼을 입은 까닭은 예수 그리스도께서 내게 먼저 일절 오래 참으심을 보이사 후에 주를 믿어 영생 얻는 자들에게 본이 되게 하려 하심이니라"(딤전 1:15,16).

바울의 생애에 발생한 주요 사건과 해당 지역을 앞의 지도에 표시했으니 이 기회에 사울(바울)과 친해지기 바란다.

8 교회 시대 예수님의 방법

유대 종교 지도자들은 거듭난 바울을 몹시도 싫어하여 살해할 계획을 짰다. 이에 바울은 광주리를 타고 성벽을 내려와 다메섹에서 도망쳐야 했다(행 9:23-25). 바울이 거듭나긴 했지만 예루살렘의 신자들은 여전히 그를 두려워하고 있었다. 이때 바나바(초대교회의 신실한 사역자로 그 이름의 뜻은 "위로의 아들"임)가 나서서 예루살렘 신자들이 바울을 용서하고 받아들이도록 힘썼다(행 9:26-31). 나중에 바나바는 바울의 전도여행을 돕기도 했다(행 11:25,26).

하나님은 유대인들이 주류를 이루고 있던 교회가 바울의 이방인 전도에 보조를 맞추도록 준비시키기 위해 베드로에게 환상을 보여주셨다. 베드로는 환상 속에서 부정한 짐승을 잡아먹으라는 음성을 들었고, 그 결과로 이방인 고넬료에게 복음을 전하게 되었다(행 10장).

이는 예루살렘교회가 유대인이 아닌 이방인에게 최초로 손을 뻗은 매우 중대한 사건이었다. 유대인의 전통은 이방인을 방문하는 것조차 금하고 있었으니 말이다. 베드로는 고넬료에게 "내가 참으로 하나님은 사람의 외모를 취하지 아니하시고 각 나라 중 하나님을 경외하며 의를 행하는 사람은 하나님이 받으시는 줄 깨달았도다"(행 10:34,35)라고 말했다.

날로 거세진 유대인들의 박해는 오히려 교회를 멀리 북쪽으로 수리아의 안디옥까지 확산시키는 결과를 낳았다. 그리고 이 안디옥교회에서 최초로 제자들이 '그리스도인'(Christians, "그리스도께 속한 사람들")이라 불려졌다. 안디옥은 곧 이방인의 선교를 위한 중심지로 자리를 잡았다(행 11장). 3차에 걸친 바울의 전도여행 역시 이 도시를 근거지로 시작되었다.

사도행전은 사람들을 통하여 주님 사역을 증대시키는 주님의 방법이 꽤 효과가 있었음을 보여준다. 오늘도 주님은 그런 방법을 사용하신다. 그리고 성령님은 우리가 예수님의 제자와 증인으로서 사명을 능히 감당할 수 있도록 능력을 부어주신다. 하나님께서 우리에게 요구하시는 것은 단 하나, 성령의 능력을 의지하라는 것이다.

22
CHAPTER

한 사람의 변화된 선교사가 첫 번째 전도여행을 떠나다

1차 전도여행 시대 : 행 / 갈 / 약

Traveling with Paul

1 1차 전도여행 시대
1차 전도여행

(행 13–15장)

장기간 여행을 할 때는 잠옷(Pajamas 혹은 PJ)을 챙기는 것이 중요하다. 성경을 많이 읽은 독자들은 바나바가 첫 번째 전도여행을 떠날 때 'PJ', 즉 바울(Paul)과 마가 요한(John Mark)과 동행했다는 이야기를 하려고 내가 이런 말을 꺼냈다는 것을 금세 알아차렸을 것이다.

안디옥에 세워진 첫 번째 교회는 바나바와 바울과 마가 요한을 선교사로 파송했다. 이 삼총사는 구브로섬을 지나 여행하면서 많은 영혼들을 구원했지만 또한 고된 시련을 겪기도 했다.

마가 요한이 버가에서 집으로 돌아간 뒤, 바나바와 바울은 계속 내지로 들어가 갈라디아 지방의 주요 도시들에 이르렀다. 두 사람은 수많은 영혼들을 회개시켜 많은 교회들을 세웠지만 사탄 역시 부지런히 하나님의 일을 훼방했다. 결국 바울이 루스드라에서 돌에 맞아 거의 죽게 된 상태로 성 밖에 내쳐지는 시련을 당했지만 주님이 살려주셨다(행 14:19).

두 사람은 커다란 반원을 그리며 더베까지 이르렀지만 바울은 이전까지 세운 교회들에 돌아가 신자들의 믿음을 더욱 굳게 하기로 결심했다. 그리하여 두 사람은 다시 수리아의 안디옥으로 돌아왔다.

1차에서 3차까지 바울의 전도여행 경로를 지도에 표시하기는 어렵지 않다. 1차 전도여행의 경로가 영문 대문자 'C' 모양을, 2차 전도여행의 경로가 땅콩 모양을, 3차 전도여행의 경로가 국자 모양을 나타내기 때문이다. 다음 '그림으로 보는 1차 전도여행 시대'는 바울의 1차 전도여행 경로와 당시에 일어난 주요 사건들과 해당 지역을 지도에 표시한 것이다. 바울과 함께 여행하면서 이 시기에 발생한 사건들을 확인해보기 바란다.

2 1차 전도여행 영적 성장의 비결

이제부터는 바울의 1차 전도여행의 중심지인 갈라디아(Galatia)의 첫 글자 'G'를 대할 때마다 '성장'(Growth)이라는 단어를 떠올리기로 하자. 새로 회심한 사람들에 대한 바울의 주요 관심사가 바로 영적 성장이었기 때문이다. 바울은 새신자들에 대한 사후 관리가 절대적으로 필요하다고 느끼고 있었으므로 돌팔매질 같은 지독한 박해로 강제로 쫓겨나지 않는 한 그들 곁에 머무르며 가르쳤으며, 신변에 위협을 무릅쓰고라도 가능한 한 빨리 그들을 다시 방문했다. 심지어 그는 방금 자신을 돌로 쳐 죽이려고 한 도시로 다시 들어가기도 했다!

바울은 안디옥으로 돌아가 선교 보고를 마친 뒤, 갈라디아 지역의 형제들에게 편지(갈라디아서)를 보내 그들을 위해 기도하고 있음을 확신시키는 한편 구원을 위해 오직 하나님의 은혜에만 매달려야 한다고 촉구했다. 거짓 교사들이 갈라디아 성도들에게 율법을 지키고 선한 행위를 함으로써 구원을 얻을 수 있다고 가르치고 있었기 때문이다.

바울은 예루살렘에서 열린 최초의 교회 총회에 참석하여 유대인 반대자들 앞에서 이방인 회심자들을 변호했다. 그 후 그는 1차 여행 때 전도한 성도들을 다시 만나기 위해 2차 전도여행을 떠났다.

죄를 회개하고 그리스도께 돌아오는 것은 평생 일구어야 할 과업인 영적 성장 가운데 첫 단계이다. 이는 초대교회의 신자들에게나 오늘날 우리에게도 마찬가지다. 하나님의 영께서 우리 삶에서 하나님 말씀을 사용하시도록 순복할 때 그리고 다른 그리스도인들과 지속적으로 모여 예배하고 교제하고 격려할 때 우리의 영혼은 성장한다. 시뻘겋게 타오르는 숯 더미에서 숯 한 덩이를 꺼내면 이내 식어버리고 말지만 다른 숯 덩이들과 함께 있는 숯은 더욱 뜨겁게 타오른다. 다시 말해 성장하려면 서로 자극하고 격려하는 것이 필요하다. 우리는 그리스도를 향해 타오르는 숯 더미에 파묻혀 계속 활활 타올라야 한다.

그림으로 보는 1차 전도여행 시대

설명을 참조하기 전에 번호와 그림을 따라가며 사건의 내용을 떠올려보라. 일련번호는 성경에 나타난 사건 순서를 따랐다.

1 안디옥에서 바나바와 바울과 마가 요한이 최초의 선교사로 파송을 받음(행 12:25–13:3)
2 살라미의 회당에서 복음을 선포함(행 13:5)
3 구브로섬을 다스리던 로마 총독 서기오 바울이 믿고 신자가 됨(행 13:6–12)
4 버가에서 마가 요한이 바울과 바나바를 떠나 예루살렘으로 돌아감(행 13:13)
5 비시디아 안디옥을 비롯한 갈라디아 지방에 교회들이 세워짐(행 13:14–14:23)
6 믿는 사람들의 수가 계속 증대됨(행 13:42–49)
7 루스드라에서 앉은뱅이가 고침을 받고, 바울이 돌에 맞아 거의 죽게 됨(행 14:8–19)
8 바울과 바나바가 이고니온과 루스드라와 버가를 다시 방문하고 안디옥으로 돌아옴(행 14:19–26)
9 바울과 바나바가 안디옥교회에 돌아와 선교 보고를 함(행 14:26–28)

3 갈라디아서 자유의 복음

1차 전도여행

Galatians – Gospel of liberty

바울은 갈라디아 지방에서 돌아오자마자 최근 회심한 그곳 신자들에게 편지를 보냈다. 그 편지가 바로 신약의 갈라디아서이다. 바울이 '1차' 전도여행과 관련하여 기록한 편지가 이 '1통'뿐이라고 생각하면 기억하기 쉬울 것이다. 갈라디아서는 유명한 복음전도자가 기록한 '사후 관리용' 편지라 할 수 있다.

갈라디아서는 우리에게 좋은 소식을 전하는데, 그것은 우리가 그리스도 안에서 죄의 속박으로부터 풀려날 수 있다는 것이다. 그리스도께서 우리를 구약의 율법으로부터 자유롭게 하셨다. 구약 율법만으로는 하나님과 우리의 관계를 올바로 세울 수 없다(갈 3,4장). 우리는 구약 율법에서 놓여 자유롭게 그리스도를 섬길 수 있으며 세상에서 우리의 잠재력을 최상으로 실현할 수 있다(갈 5,6장).

그러나 참된 자유는 방종을 의미하지 않는다. 우리 입맛에 맞게 아무렇게나 살라고 하나님께서 우리에게 자유를 주신 것이 아니라 우리를 사랑하셔서 우리를 위해 자기 몸을 버리신 그리스도를 위해 살라고 자유를 주신 것이다(갈 2:20). 하나님께서 우리를 이전의 노예 상태에서 해방시켜주신 까닭은 새로운 주인이신 그리스도를 자발적으로 섬기라는 데 있다.

우리는 성령을 따라(육체를 따르는 것이 아니라) 살고 행할 수 있는 새로운 능력을 얻었다. 이 능력의 값을 우리 예수님이 갈보리 십자가에서 치르셨다는 사실을 기억하라. 그리스도께서는 옛 본성과 옛 생활에 우리를 얽어매던 사슬을 끊어버리셨다. 그런데 그리스도께서 끊어버리신 사슬을 다시 이으려고 애쓸 까닭이 무엇인가?

4 1차 전도여행 야고보서 믿음과 행위의 일치
James – Join belief & behavior

대다수의 성경학자들은 야고보서가 신약의 초기 서신서 중에 하나로서 갈라디아서와 같은 시기에 기록되었다고 간주한다.

갈라디아서는 오직 믿음으로만 구원을 얻을 수 있다는 점을 강조한다. 반면 야고보서는 구원에 이르는 믿음이라면 당연히 행위로 그 열매가 나타나야 한다는 점을 강조한다.

예수님의 동생인 야고보 사도는 소아시아 여러 지역에 흩어져 살고 있는 이스라엘 열두 지파의 유대인들에게 편지를 보냈다. 그는 예수님을 믿는 사람이라면 신자답게 행동해야 한다고 가르쳤다.

야고보 사도는 구원에 이르는 믿음이 신자의 삶에서 낳는 것을 몇 가지로 제시했다.

- ✓ 시련과 시험 가운데서의 승리(1:1-18)
- ✓ 하나님 말씀에 대한 순종(1:19-27)
- ✓ 타인을 차별 없이 대하는 태도(2:1-13)
- ✓ 아브라함과 라합과 같은 실천적 믿음(2:14-26)
- ✓ 말과 생각의 정결함(3:1-4:4)
- ✓ 계획을 세울 때 하나님 앞에서의 겸손함(4:5-5:6)
- ✓ 고난과 질병을 당할 때의 인내(5:7-20)

기독교 신앙은 하나님이 존재하신다는 사실을 인정하는 믿음 그 이상의 무엇이다. 귀신들도 하나님이 존재하신다는 사실을 믿기 때문이다. 그러나 귀신들은 알고 있는 것으로 인해 벌벌 떨지라도 구원받지는 못한다(약 2:19,20). 구원에 이르는 진정한 믿음은 성도의 변화된 삶으로 나타난다. 믿음은 그 열매로 알 수 있다.

5 1차 전도여행 서신서를 보라!

이 책 15장으로 돌아가 신약성경 27권을 주제별로 묶어 배열한 도표 '주제별로 본 신약성경'(169쪽)을 보라. 가운데 줄이 온통 편지 혹은 서신서(epistles)로 이루어져 있다는 사실을 알 수 있을 것이다[나는 그리스도인이 되고서 한참의 세월이 지난 뒤에야 비로소 'epistles'라는 단어가 'apostles'(사도들)의 아내들 이름을 나타내는 게 아니라는 것을 알았다].

신약성경에는 1,051개의 명령이 있는데 그 대부분이 이 '서신서'에 들어 있다. 어떤 명령은 과거에 해당하는 것들이고 또 어떤 명령은 미래에 해당하는 것들이지만, 대부분의 명령이 오늘날 우리를 위한 것이다. 신약성경의 체험서 21권의 주제를 한 단어로 줄이면 '권면'이라 할 수 있다. 신약의 서신서 안에는 우리가 일상에서 날마다 적용해야 할 경고와 충고가 가득하다.

하나님께서 당신에게 무엇을 원하고 계신지 알고 싶다면 신약의 서신서(로마서에서 유다서까지)를 꼼꼼히 읽어보라! 그리고 이 책들을 읽으면서 하나님의 명령이 나올 때마다 성경구절 옆에 느

신약의 열두 시대와 열두 상징

1 목수 시대

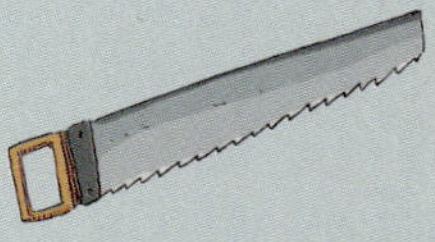

30년
눅 1,2장

2 주장 시대

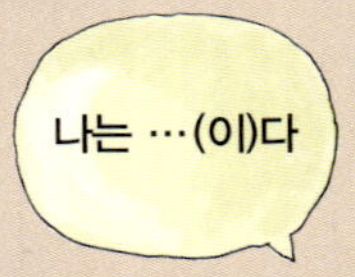

16개월
눅 3-6장

3 선택 시대

18개월
눅 6-9장

4 교육 시대

6개월
눅 10-19장

5 십자가 시대

47일
눅 19-24장, 행 1장

6 교회 시대

16년
행 2-12장

7 1차 전도여행 시대

2년 행 13-15장
갈라디아서, 야고보서

8 2차 전도여행 시대

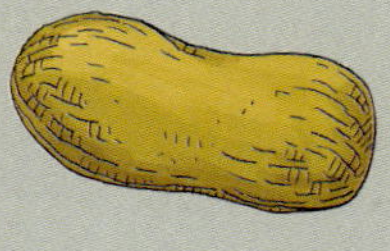

3년 행 16-18장
데살로니가전후서

9 3차 전도여행 시대

4년 행 19-21장
고린도전후서, 로마서

10 옥중 시대

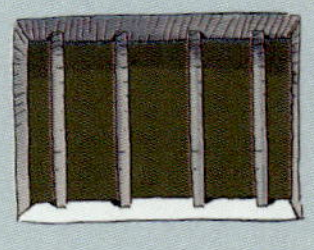

12년 행 22-28장
에베소서, 골로새서, 빌레몬서, 빌립보서, 디모데전후서, 디도서

11 마감기자 시대

27년
히브리서, 베드로전후서, 요한일이삼서, 유다서

12 완성 시대

?년
요한계시록

낌표 표시를 하거나 자기만의 독특한 기호를 표시해보라. 그러면 하나님께서 당신에게 얼마나 명확하게 명령하고 계시는지 깨달을 수 있을 것이다. 하나님의 계획은 그 계획을 읽고 듣고 지키는 모든 이들을 위한 것이다!

신약의 역사책 5권의 순서를 외우기는 어렵지 않다. 처음에 복음서 4권이 나오고 다음에 사도행전이 이어진다는 것은 주일학교 어린이들도 알고 있는 사실이다. 그러나 서신서의 경우에는 차례대로 외우기가 그렇게 쉽지 않다.

신약의 서신서 21권이 크게 두 그룹으로 나누어진다는 점(서신서 가운데 처음 13권은 바울이 기록한 것이고, 나머지 8권은 다른 기자들이 기록한 것이다)을 기억하면 조금 도움이 될지 모르겠다. 바울의 서신은 수신자의 이름을 따서 제목이 붙여졌고(일례로 에베소서는 에베소 교인들에게, 디모데전후서는 디모데에게 보낸 것이다), 다른 서신들은 기록자의 이름을 따서 제목이 붙여졌다(일례로 베드로전후서는 베드로가, 야고보서는 야고보가 기록한 것이다). 그러나 히브리서의 경우는 기자가 불확실하기 때문에 이런 틀에 맞출 수 없다.

6 새로운 독서법

1차 전도여행

앞서 제시한 '신약의 열두 시대와 열두 상징'은 신약의 열두 시대와 그 시대를 나타내는 열두 가지 상징들과 각 시대가 차지하는 기간과 그 시대에 기록된 서신들을 연대순으로 나타낸 것이다. 이 도식을 보면 신약의 서신서 21권이 '1차 전도여행 시대'에서 '마감기자 시대'까지 다섯 시대에 걸쳐 기록되었는데, 열 번째 시대와 열한 번째 시대에 각각 7권의 서신이 기록되었고 나머지 7권은 일곱째 시대에서 아홉째 시대까지 기록되었다(일곱째 시대에 2권, 여덟째 시대에 2권, 아홉째 시대에 3권)는 것을 알 수 있다.

복음서와 사도행전과 서신서를 처음부터 끝까지 차례대로 읽는 것도 좋은 방법이지만, 앞의 도식을 참조하면서 한 시대에 해당하는 책들을 모두 읽은 뒤에 다음 시대에 해당하는 책들로 넘어가면서 각 시대마다 하나님께서 무엇이라 말씀하셨는지 확인하는 방법도 무척 유익하다.

사도행전이 바울의 1,2,3차 전도여행에 각각 3장씩 할애하고 있다는 점과, 전도여행의 차례를 나타내는 숫자와 그 전도여행과 관련해 기록한 편지의 양(量)이 일치한다는 점(1차 전도여행과 관련해서는 1통의 편지, 2차 전도여행과 관련해서는 2통의 편지)을 기억하면 성경공부를 좀 더 흥미롭게 할 수 있을 것이다.

성경 읽기를 통해 더 많은 유익과 정보를 얻기 위한 최선의 방법은 각 장의 주제를 몇 단어로 요약하여 장 제목을 붙이는 것이다. 예를 들어, 로마서 1장은 '설상가상' 혹은 '불의한 자들에 대한 하나님의 진노'라고 제목을 붙여볼 수 있을 것이다.

그리고 장 제목의 첫 글자들을 이어 이합체 문장을 만들면 공부에 재미를 더할 수 있다.

로마서의 장별 제목

1장 **T**estimony about man's sinfulness 인간의 죄에 대한 증거

2장 **H**uman judgement of sin 죄로 인한 심판

3장 **E**vidence of God's justification 하나님의 칭의의 증거

4장 **G**od counts Abraham righteous 하나님께서 아브라함을 의롭게 여기심

5장 **O**btaining righteousness by Christ 그리스도로 말미암아 의롭다 함을 얻음

6장 **S**inful nature is crucified 죄의 본성이 십자가에 못 박힘

7장 **P**roblem of continued sin 계속되는 죄의 문제

8장 **E**xperiencing freedom in Christ 그리스도 안에서 자유를 체험함

9장 **L**ove shown for Israel 이스라엘에게 보여주신 사랑

10장 **O**pportunity for Jews' salvation 유대인의 구원을 위한 기회

11장 **F**ullness of the Gentiles 이방인의 충만한 수

12장 **J**oy in using gifts 은사를 활용하는 기쁨

13장 **E**stablished authorities of God 하나님께서 정하신 권세

14장 **S**trong and weak brethren 강한 형제와 약한 형제들

15장 **U**nity within the church 교회의 하나 됨

16장 **S**alutations given by Paul 바울의 인사

" The Gospel of Jesus"

(영어의 첫 철자를 다 합하면 이 주제가 만들어진다)

"예수님의 복음"

베리 허들스턴 작성

23
CHAPTER

바울 일행이 서쪽으로 순회하며 교회를 세우고 훈련시키다

2,3차 전도여행 시대 : 행 / 살전 / 살후 / 고전 / 고후 / 롬

Westward Ho

1 2,3차 전도여행 시대 (행 16–21장)
2차 전도여행

2 유럽으로
2차 전도여행

안디옥에서 보고를 마친 바울은 갈라디아 지방의 신자들을 격려하기 위해 실라와 디모데를 데리고 다시 안디옥을 떠났다. 이로써 그의 2차 전도여행이 시작되었다(행 16-18장).

그런데 성령께서 북쪽이나 남쪽으로 가는 것을 막으셨으므로 바울 일행은 서쪽으로 방향을 틀어 에게해 근방의 드로아로 향했다. 거기서 바울은 마게도냐 사람이 나타나 도움을 청하는 환상을 보았다. 바울 일행은 그 요청에 응하여 복음을 들고 그리스 반도로 향했다.

빌립보와 데살로니가와 고린도와 에베소 지역의 교회들이 모두 이 전도여행에서 탄생했다. 바울은 고린도에서 18개월 동안 머물며 하나님 말씀을 가르쳤는데 이때 브리스길라와 아굴라 부부가 동역자로서 바울의 사역을 적극 도왔다. 바울 일행은 예루살렘에 들러 그곳의 성도들에게 문안한 뒤에 다시 안디옥으로 돌아왔다.

바울의 2차 전도여행의 경로를 선으로 이으면 땅콩 모양이 된다. 다음에 제시한 '그림으로 보는 2차 전도여행 시대'를 참조하여 바울의 2차 전

도여행에 관련된 사건들과 해당 지역을 익히기 바란다.

3 그가 다시 오셨어!

2차 전도여행

바울 일행은 이번 여행의 대부분의 시간을 마게도냐와 아가야와 그리스에서 보냈다. 아가야(Achaia)의 첫 글자 'A'는 이 시기의 주제라 할 수 있는 '나타남'(Appearing)이란 단어를 연상시킨다. 이번이 바울의 두 번째 여행이요, 지난 여행을 통해 회심한 신자들에게는 바울의 두 번째 나타남이기 때문이다. 또한 바울이 이 시기에 기록한 두 통의 편지(데살로니가전후서) 역시 우리 주 예수 그리스도의 두 번째 나타나심에 초점을 맞추고 있다.

신자들은 그리스도께서 언제 어느 때라도 다시 오실 수 있다는 사실을 굳게 믿으며 경건한 삶을 영위해야 한다. 어쩌면 그리스도의 재림이 우리 생전에 있을지도 모른다. 그리스도께서 재림하셔서 우리를 불러 모으실 때까지 더 이상 이루어질 예언은 없다. 그러므로 우리는 신실하게 일하고 섬기며 주님의 재림을 기다려야 할 것이다. 당신이 다음 쪽으로 이 책을 넘기기 전에 그리스도께서 오셨으면!

4 데살로니가전서 재림 전의 승리

2차 전도여행

1Thessalonians – Triumph before Return

바울은 대부분의 편지에서 그랬던 것처럼 이번에도 수신자들에 대한 감사의 기도로 편지를 시작했다. 그들은 참된 구원의 열매인 사랑과 선한 행실을 보여주었다(1장). 바울은 그들에게 환대를 받았던 것을 회상한 뒤(2장), 디모데를 그들에게 보내 사역하게 하는 이유를 친절히 설명했다(3장).

처음에 데살로니가 신자 몇 사람은 주변의 그리스도인들이 죽기 전에 예수님이 재림하실 것이라 생각했다. 그러나 그리스도의 재림이 지체되고 또 주변의 그리스도인들이 죽자, 그들은 그리스도를 믿다가 죽은 자들이 어떻게 되는 것인지 늘 궁금히 여겼다. 이에 바울이 좋은 소식을 전해주었다. 그리스도 안에서 죽은 자들이 지금 주님과 함께 있다는 것이었다. 바울은 예수께서 재림하시면 그들의 살아 있는 영혼도 함께 이 땅에 내려올 것이며, 그들의 죽은 육신이 일어날 것이라고 말했다(4장).

그리스도께서 재림하실 때 살아 있는 성도들은 땅에서 이끌려 올라가 즉시 영적 존재로 변화될 것이며 공중에서 우리 주님과 사랑하는 사람들을 만나게 될 것이다. 그 후에 우리 모두가 본향으로 돌아가 주님과 함께 영원토록 살게 될 것이다. 너무 감격적이지 않을까?

그림으로 보는 2차 전도여행 시대

▶ 설명을 참조하기 전에 번호와 그림을 따라가며 사건의 내용을 떠올려보라.
일련번호는 성경에 나타난 사건 순서를 따랐다.

1 안디옥에서 바울과 실라가 갈라디아 지방의 신자들을 가르치기 위해 2차 전도여행을 떠남(행 15:40,41)
2 더베의 교회가 강성해짐(행 16:1,5)
3 루스드라에서 디모데가 바울의 전도 일행에 합류함(행 16:1-3)
4 비시디아 안디옥과 이고니온의 신자들이 격려를 받음(행 16:2,5)
5 드로아에서 바울의 환상에 마게도냐 사람이 나타나 도움을 청함, 누가가 일행에 합류함(행 16:9,10)
6 빌립보에서 자색 옷감 장수 루디아가 회개하고 믿음(행 16:13-15)
7 데살로니가에 복음을 전하고 교회의 기반을 다짐(행 17:1-4)
8 베뢰아 사람들이 복음을 열렬히 받아들임(행 17:10,11)
9 바울이 아덴(아테네)의 아레오바고 광장에서 철학자들에게 복음을 전함(행 17:16-34)
10 바울이 데살로니가전후서를 기록함
11 바울과 직업이 같은 브리스길라와 아굴라가 에베소에서 새신자를 돌봄(행 18:24-26)
12 바울이 안디옥으로 돌아가기 전에 예루살렘에서 교회의 안부를 묻고 선교 보고를 함(행 18:22)

그러므로 신자들이 세상을 떠날 때, 우리는 소망 없는 자처럼 슬퍼할 이유가 없다. 다만 이 땅에서 살아 있는 한 주님의 급작스러운 재림을 준비하며 언제나 경계하는 삶을 살아야 할 것이다. 주님이 다시 오실 날이나 시간을 아는 사람은 아무도 없다(5장). 우리는 그날이 올 때까지 그리스도의 재림을 소망하며 맡겨주신 사명을 다해야 할 것이다.

5 데살로니가후서 재림 전의 환난

2차 전도여행

2Thessalonians – Tribulation before Return

초대교회에 박해의 불길이 타오르기 시작했을 때, 일부 데살로니가 신자들은 자기들이 혹여 주님의 재림을 놓친 것이 아닌가 생각했다. 그들은 그리스도께서 종말의 때 일어날 것이라 말씀하셨던 대환란(전쟁과 재난과 박해의 시기)을 자기들이 겪고 있는 게 아닌지 겁을 먹었다(눅 21:5-33 ; 살후 1:3-10 참조).

성경을 토대로 판단해볼 때, 바울은 예수께서 두 단계로 재림하실 것이라 가르치는 것 같다. 첫째, 예수께서 공중에 재림하셔서 자기 백성들을 천국으로 데려가실 것이다. 그 다음, 대환란이 지난 뒤에 주께서 땅에 재림하셔서 자신의 나라를 세우시고 모든 성도들을 불러 모으실 것이다. 예수께서 땅에 재림하시기 전에 대환란이 있을 것이다.

바울은 데살로니가 교인들이 겪고 있는 박해가 성경이 말하는 대환란이 아니라고 거듭 안심시켰다(2장). 우리도 그리스도를 위해 시련과 박해를 겪어야 할 수도 있다(3장). 그러나 그리스도께서는 자신이 세상을 이겼으니 우리도 시련을 당할 때 더욱 담대해야 한다고 명하셨다(요 16:33).

6 3차 전도여행 3라운드 시작

바울 일행은 갈라디아 지방의 그리스도인들을 세 번째로 방문하여 격려한 뒤에 서쪽으로 진로를 정하여 에베소로 향했다(이번 여행에서 바울을 도왔던 동역자들은 모두 9명이다). 3차 전도여행 중에 바울은 에베소에서 총 3년을 머물렀다. 그가 전도여행을 하면서 한곳에 그렇게 오래 머물렀던 적은 없다. 이 시기 동안에 소아시아의 모든 지역 사람들이 하나님 말씀을 듣게 되었다.

바울은 마게도냐와 아가야와 그리스를 순방한 뒤, 오순절을 지키기 위해 예루살렘으로 가기로 했다. 이때 유대 종교 지도자들은 유대교를 혼란스럽게 한다는 이유로 바울을 체포할 준비를 하고 있었다(그들은 예수님을 싫어한 만큼이나 바울도 싫어했다). 이에 주변의 몇몇 사람들이 예루살렘에 가면 체포될 것이라 경고했지만 바울은 굴하지 않고 서둘러 예루살렘으로 발걸음을 재촉했다.

바울의 3차 전도여행 경로를 선으로 이으면 국자 모양이 된다. 사실 국자에서 국을 뜨는 둥근 부분은 미완의 상태로 끝나고 말았다. 바울이 예루살렘에서 이번 여행을 중단했기 때문이다.

7 3차 전도여행 영적 곱하기

바울이 3차 전도여행 대부분의 시간을 보냈던 에베소(Ephesus)의 첫 글자 'E'는 '전도 전략'(Evangelism strategy)이라는 단어를 연상시킨다. 바울의 전도 전략은 명백했다. 다른 사람들을 통해 자신의 사역을 증대시키는 게 바로 그것이었다. 주요 도시에 들어가 교회를 세우고 장로들을 훈련시킨 뒤에 그들에게 그 지역의 전도 사명을 맡기는 것이 그의 주된 전도 전략이었다. 이것은 예수님이 3년간의 공생애 기간 동안 열두 제자를 훈련시킨 다음 그들에게 복음을 맡기신 것과 동일한 전략이었다.

요한이 요한계시록을 기록할 당시에 소아시아에 일곱 교회가 있었다는 사실(계 2,3장)은 바울의 전도 전략이 확실한 효과를 나타냈음을 입증하는 명백한 증거이다. 바울이 이 일곱 교회 가운데 여섯 교회를 개인적으로 방문했다는 기록은 없지만, 그 교회들은 에베소를 중심으로 반원을 그리며 옹기종기 모여 있었다. 에베소의 신자들이 하나님의 일에 열심을 내어 인근 지방을 완전히 복음화한 것이 분명하다.

신자들이 영적 더하기만 사용하면 세상 모든 사람들이 그리스도께 돌아오는 일은 일어나지 않는다. 세상 사람들에게 구원의 손을 뻗으려면 초대교회 신자들이 그랬던 것처럼 영적 곱하기를 할 줄 알아야 한다. 이 말은 곧 영혼을 얻는 사람들을 훈련시키는 것이 영혼을 얻는 것 이상으로 중요하다는 것을 뜻한다. 한 사람보다는 두 사람이, 두 사람보다는 네 사람이 더 많은 영혼들을 그리스도께 데려올 수 있기 때문이다.

바울은 3차 전도여행에서 고린도전서, 고린도후서, 로마서(이 순서로 기록되었을 것이라 추정됨) 이렇게 3권의 편지를 기록했다.

8 고린도전서 교회 문제가 해결됨

3차 전도여행 1Corinthians – Church problems solved

오늘날 일부 신자들은 수심에 잠겨 "초대교회로 돌아갈 수 있다면 얼마나 좋을까!"라고 말하곤 한다. 초대교회에는 아무 문제가 없었을 것이라 생각하는 게 분명하다. 그러나 나는 과연 그들이 1세기 고린도교회로 돌아갔을 때 정말 행복해할지 의문스럽다.

고린도전서는 온통 고린도교회가 처한 문제에 관한 내용으로 이루어져 있다. 고린도교회는 교인들 사이의 불화, 교회 안에서 벌어진 근친상간 용인, 교인들끼리의 법정 소송, 간음, 이혼, 성만찬의 무질서, 예배 방식에 대한 논란, 십일조와 헌금을 드리지 않는 인색함 등의 문제로 몸살을 앓고 있었다. 물론 이것도 그들의 문제를 모두 나열한 것은 아니다.

전해지는 바에 의하면 바울이 대머리였다고 한다. 고린도교회는 아무리 머리숱이 많은 사역자라도 일주일 안에 대머리로 만들어버리기에 충분한 능력을 소유한 교회였다. 그러나 바울은 고린도전서에서 그들을 정죄하거나 판단하기보다 오히려 사랑과 관심을 보이며 잘못된 부분을 교정해주었다. 하나님께서는 교회나 가정이나 개인의 모든 문제에 대한 해결책을 갖고 계신다.

고린도교회는 모든 그리스도인들에게 절대적으로 필요한 한 가지 요소를 결(缺)하고 있었다. 그것은 바로 하나님의 사랑으로 서로 사랑하는 것이었다. 바울이 고린도전서 13장에서 기술한 그런 사랑을 고린도교회가 갖고 있었다면 애당초 문제가 발생하지 않았을 것이고, 혹 문제가 있더라도 바로 해결되었을 것이다.

"사랑은 오래 참고 사랑은 온유하며 투기하는 자가 되지 아니하며 사랑은 자랑하지 아니하며 교만하지 아니하며 무례히 행치 아니하며 자기의 유익을 구치 아니하며 성내지 아니하며 악한

그림으로 보는 3차 전도여행 시대

▶ 설명을 참조하기 전에 번호와 그림을 따라가며 사건의 내용을 떠올려보라. 일련번호는 성경에 나타난 사건 순서를 따랐다.

1 안디옥에서 바울이 3차 전도여행을 떠남(행 18:22)
2 바울이 갈라디아와 브루기아 지역의 제자들을 격려하고, 에베소에서 사역함(행 18:23-19:20)
3 우상의 모형을 만들어 돈을 벌던 은 세공업자가 바울 때문에 수입이 떨어진 것에 격분,
사람들을 선동하여 바울을 죽이려 함(행 19:23-41)
4 바울이 고린도전후서를 기록함
5 로마서를 기록함
6 드로아에서 바울과 누가가 일행과 합류함(행 20:5,6)
7 드로아에서 바울이 죽은 유두고를 살림(행 20:9-12)
8 밀레도로 온 에베소의 장로들이 바울로 인해 슬피 욺(행 20:17-38)
9 두로에서 제자들로부터 예루살렘에 들어가지 말라는 경고를 받음(행 21:4)
10 가이사랴에서 아가보 선지자가 바울이 예루살렘에서 체포될 것이라 예언함(행 21:10,11)
11 바울을 적대하던 유대인들이 폭동을 일으키자 로마 당국이 바울을 체포함(행 21:27-36)

것을 생각지 아니하며 불의를 기뻐하지 아니하며 진리와 함께 기뻐하고 모든 것을 참으며 모든 것을 믿으며 모든 것을 바라며 모든 것을 견디느니라 사랑은 언제까지든지 떨어지지 아니하나 예언도 폐하고 방언도 그치고 지식도 폐하리라" (고전 13:4-8).

9 3차 전도여행 고린도후서 부당한 평판 바로잡기

2Corinthians – Clearing Paul's Reputation

바울이 고린도교회의 문제에 관여하자 그의 메시지에 불만을 품은 일부 세력들이 그를 폄하하기 시작했다. 그러므로 바울이 고린도교회에 두 번째로 보낸 편지에서 자신에 대한 부당한 평판을 바로잡으려 했다는 것은 당연한 결과라 할 것이다.

신약의 어떤 서신보다 기자의 자기 고백적 어조가 짙게 배어나는 이 편지에서 사도 바울은 영혼의 창을 활짝 열고 솔직한 심정을 토로한다. 평소 논리적이고 차분했던 바울은 이 편지에서 자신 또한 감정적인 사람이라는 것을 드러낸다. 그가 새신자들의 믿음을 파괴하려는 거짓 교사들에게 얼마나 무섭게 화를 냈는지 우리는 잘 알고 있다.

그러나 바울은 이렇게 화가 났음에도 의심 많은 고린도 교인들을 주님의 길로 인도하기 위해 사랑으로 호소했다.

"마음으로 우리를 영접하라 우리가 아무에게도 불의를 하지 않고 아무에게도 해롭게 하지 않고 아무에게도 속여 빼앗은 일이 없노라 내가 정죄하려고 이 말을 하는 것이 아니라 이전에 말하였거니와 너희로 우리 마음에 있어 함께 죽고 함께 살게 하고자 함이라"(고후 7:2,3).

바울은 하나님께 사도의 권위를 받았지만 고린도 교인들에게 '사도권'을 행사하기보다는 그들이 자발적으로 순복해주기를 바랐다. 그는 고린도 교인들이 주께 충성하고 믿음 안에서 성장할 수만 있다면 자신의 개인적 권리는 물론 세간의 평판까지도 기꺼이 포기할 각오가 되어 있었다.

10 로마서 하나님의 의

3차 전도여행

Romans – Righteousness of God

로마서는 사도 바울이 기록한 13통의 편지 가운데 사람들에게 가장 으뜸으로 인정받고 있는 서신서이다. 왜냐하면 로마서가 '하나님의 의(義)'를 주제로 복음의 전체적인 그림을 전개하고 있기 때문이다. 로마서는 복음에 관해 가장 체계적으로 기술한 책이다.

하나님의 능력과 거룩하심이 창조 역사와 사람들의 양심을 통해 계시되었고 또 성경이 있기 때문에 인간이 하나님을 아는 데는 아무 문제가 없다. 그러나 모든 인간은 하나님의 의의 표준에 도달하지 못했고, 그로 인해 하나님과의 관계가 단절되고 말았다. 결국 하나님의 완전하신 어린 양이 십자가에 달려 죽으심으로써 하나님의 의를 만족시켜드렸다. 그러므로 우리는 오직 이 은혜의 선물(구원)을 받아 하나님과의 관계를 바로 할 수 있다. 우리가 일단 하나님과의 관계를 바로 정립해주는 이 선물을 받으면, 하나님께서 우리를 용서하시고 그리스도를 닮아 성장하도록 도와주신다.

바울의 서신이 모두 그런 것처럼 로마서 역시 믿음과 행위의 조화에 대해 언급한다. 진정한 믿음은 일상의 행위에서 변화를 보인다. 우리가 구원받은 것은 하나님과 이웃을 섬기기 위함이다.

“그러므로 형제들아 내가 하나님의 모든 자비하심으로 너희를 권하노니 너희 몸을 하나님이 기뻐하시는 거룩한 산 제사로 드리라 이는 너희의 드릴 영적 예배니라 너희는 이 세대를 본받지 말고 오직 마음을 새롭게 함으로 변화를 받아 하나님의 선하시고 기뻐하시고 온전하신 뜻이 무엇인지 분별하도록 하라”(롬 12:1,2).

바울은 로마서 마지막 장에서 31명의 성도들을 일일이 거명하며 그들에게 안부를 전했다(롬 16:1-23). 아직 로마에 가보지는 못했지만 로마제국의 여러 지역에서 그들을 만났기 때문이다. 바울은 대중에게 복음을 전했을 뿐 아니라 신자들 개개인과도 친밀한 관계를 유지하며 그들을 자상하게 보살폈다.

24
CHAPTER

바울이 로마로 압송되어 감옥에서 복음을 전하다

옥중 시대 : 행 / 엡 / 골 / 몬 / 빌 / 딤전 / 딤후 / 딛

Preaching from Prison

1 옥중 시대 옥중 시대(행 22-28장)

바울의 네 번째 전도여행은 이전의 세 차례 여행과는 달리 자발적으로 간 여행이 아니었다. 이번에는 로마 당국이 여행의 모든 경비를 부담했다. 바울이 죄수로서 로마에 압송되고 있었기 때문이다.

이 시기에 발생한 주요 사건들과 해당 지역을 다음에 나오는 '그림으로 보는 옥중 시대'에 표시했으니 번호를 따라가면서 사건들의 내용을 확인해보기 바란다.

바울이 3차 전도여행을 마치고 예루살렘을 방문하자 바울을 반대하는 과격한 유대인들이 그를 모함해 돌로 쳐 죽이려고 했다(행 21:29,30). 오순절을 지키기 위해 아시아로부터 온 유대인들이 성전에서 군중을 선동하여 바울에게 덤벼들자 로마 당국이 그를 급히 체포했다. 바울은 몇 해 동안 이런저런 심문과 살해 음모에 시달린 뒤, 마침내 자신의 사정을 로마 황제에게 호소하기로 결심했다.

이렇게 해서 그의 네 번째 전도여행이 시작되었다. 이번 여행은 수리아의 안디옥에서 시작되었던 이전의 세 차례 여행과 달리 예루살렘에서 시작되었다.

그런데 바울과 다른 많은 죄수들을 태우고 로마로 가던 배가 광풍을 만나 좌초되었고, 난파된 배가 간신히 시실리 남쪽 멜리데섬에 닿아 배에 탄 사람들이 안전하게 해안에 상륙했다.

로마에 도착한 바울은 2년 동안 가택 연금 생활을 하게 되었지만, 자기에게 찾아오는 모든 사람을 맞아들여 어떠한 방해도 받지 않고 예수 그리스도의 복음을 전파할 수 있는 자유를 누렸다.

2 옥중서신
옥중 시대

바울은 4차 전도여행 동안 에베소서, 골로새서, 빌레몬서, 빌립보서(이 순서로 기록된 것으로 추정됨) 이렇게 4통의 편지를 기록했다.

이번 여행의 목적지 로마(Rome)의 첫 글자 'R'은 '기쁨'(Rejoicing)이라는 단어를 연상시킨다. 바울이 이 기간 내내 기쁨을 잃지 않았기 때문이다. 배가 좌초되어 표류하던 선원들에게 그가 건넨 격려의 메시지를 보라(행 27:21-26). 우리는 이 부분을 통해 그가 죄인의 몸으로 끌려가면서도 기쁨을 잃지 않았음을 알 수 있다. 그의 기쁨은 로마의 감옥에 감금된 상태에서 기록한 편지들에서 더욱 생생하게 빛난다.

바울은 가택에 감금된 이 시기에 필요한 것들을 조달해준 빌립보의 교인들에게 감사의 뜻을 전하기 위해 빌립보서를 기록했다. 빌립보서는 처음부터 끝까지 격려의 메시지로 가득하다. 바울은 사슬에 결박되어 있으면서도 기뻐했다. 그런 일을 당하지 않았다면 로마 사람들에게 그리스도를 전하지 못했을 것이라는 게 그 이유였다. 바울은 빌립보 교인들에게 주님 안에서 항상 기뻐하라고 권고했다.

에베소서와 골로새서와 빌립보서는 그리스도의 영광과 기쁨의 찬양으로 가득하다. 빌레몬서는 용서에 관한 고전(古典)으로 손색이 없다. 그러나 이 네 통의 편지는 바울이 고난 가운데서 기록한 것들이다.

바울이 고난을 당하면서도 기뻐할 수 있었던 비결이 무엇일까? 자신을 체포한 사람들이나 자신의 힘으로 극복할 수 없는 힘든 상황보다 하나님이 훨씬 더 크신 분이라는 것과 선하신 하나님께서 자기뿐 아니라 모든 성도들을 책임져주실 것이라 믿어 의심하지 않았기 때문이다.

하나님께서는 우리를 위해서도 그렇게 해주신다. 이 사실을 깨달을 때 기뻐하지 않을 수 없을 것이다. 우리는 할 수 있는 일을 먼저 해야 한다. 그런 다음, 우리가 하늘에 계신 사랑이 풍성하신 아버지의 자녀라는 것과 그 아버지께서 오직 자녀들을 향한 사랑으로 모든 지혜와 능력을 아낌없이 사용하신다는 것을 믿어 의심하지 말아야 한다.

3 에베소서 그리스도 안에서 높아짐
옥중 시대

Ephesians – Exaltation in Christ

그리스도 안에 있는 모든 신자들은 그리스도께서 소유하신 은혜의 풍성함을 소유하고 있다. 하나님께서는 우리를 하늘에 계신 그리스도와

그림으로 보는 옥중 시대

▶ 설명을 참조하기 전에 번호와 그림을 따라가며 사건의 내용을 떠올려보라. 일련번호는 성경에 나타난 사건 순서를 따랐다.

1 바울이 산헤드린 공회에서 자신을 변론함(행 22:29–30:10)
2 벨릭스와 베스도와 아그립바에게 심문을 받음(행 24–26장)
3 로마로 압송되어 가는 길에 시돈 땅에 들러 친구들에게 대접 받음(행 27:1,2)
4 미항에서 겨울을 나자는 바울의 권고를 선장과 선주가 무시함(행 27:8–11)
5 배가 광풍을 만나 좌초됨(행 27:12–44)
6 바울 일행이 멜리데섬에 상륙하여 목숨을 건지고, 바울은 독사에게 물리고도 죽지 않음(행 28:1–6)
7 가택 연금 상태의 바울이 방문객들에게 그리스도에 대해 가르치고 서신을 기록함(행 28:30,31)
8 – 10 에베소와 골로새와 빌립보교회에 편지를 보냄
11 빌레몬(빌레몬의 집이 골로새교회였음)에게 편지를 보내 도망친 종 오네시모를 형제로 받아주라고 권면함(골 4:9)

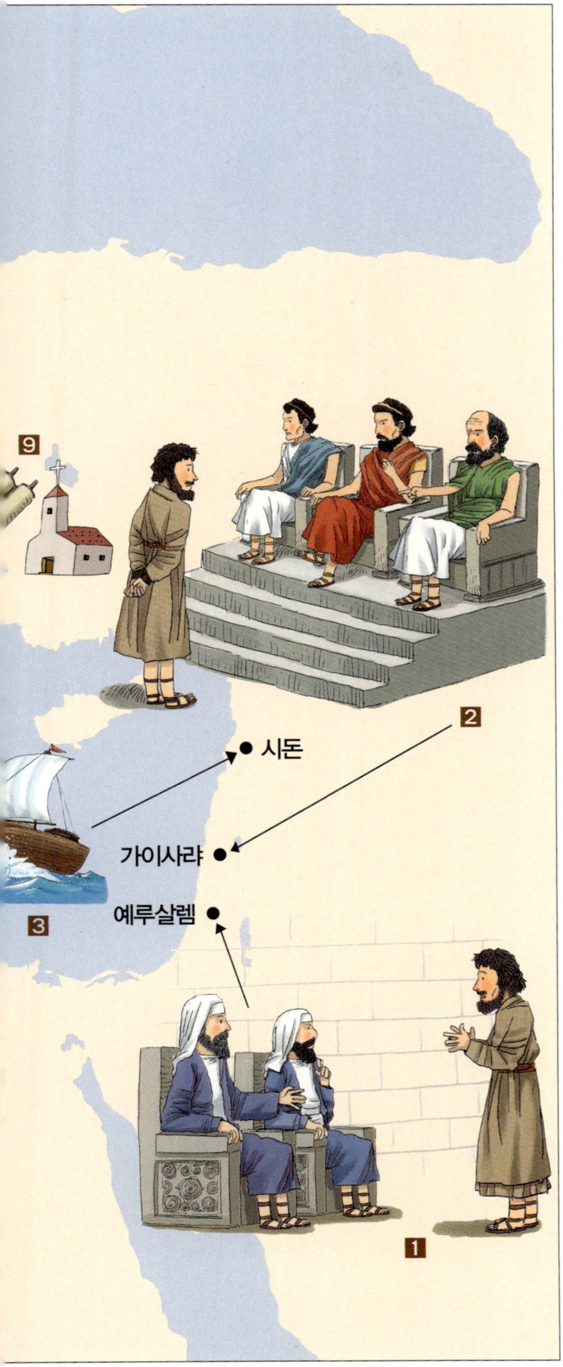

함께 존중해주신다. 우리는 더할 나위 없는 지위를 소유하고 있다!

하나님께서 우리를 얼마나 지극히 사랑하시는지 우리를 회복시키는 일에 성삼위(聖三位) 하나님께서 모두 관여하셨다. 우리는 전에 죄 가운데 죽었던 자들이지만 지금은 그리스도 안에서 살아 있다.

그리스도께서는 십자가 희생을 통해 하나님과 우리의 관계를 온전히 회복시키셨을 뿐 아니라 그리스도의 교회 안에 있는 사람들 사이의 장벽도 허물어버리셨다. 교회 안에는 유대인과 이방인의 구별이 없다. 그리스도를 믿는 모든 사람들이 하나님나라의 가족 구성원이다.

하나님의 영(성령)께서는 교회가 주 안에서 하나가 되도록 하셨는데, 바울은 이것을 강조함과 아울러 그 상태를 계속 유지하는 것은 우리의 책임이라는 것을 상기시킨다. 승천하신 그리스도께서는 하나님의 사역을 위해 우리에게 영적 은사를 주신다. 그러므로 우리는 그것을 발견하여 유익하게 활용해야 한다.

바울은 우리가 그리스도의 능력을 사용할 수 있지만 오직 빛의 자녀로서 살기 위해 그 능력을 구해야 한다고 기록했다(5장).

성령의 지배를 받으면 우리의 가정과 일터와 인간관계가 모두 변할 것이다. 또한 바울은 우리가 하나님의 전신갑주를 입고 마귀를 무찌를 수 있지만 그 옷을 입는 것은 우리의 선택에 달린 문제라고 설명했다(6장).

4 옥중 시대 골로새서 승천하신 교회의 머리

Colossians – Church's ascended Head

부활하시고 승천하신 그리스도께서는 성령을 보내어 '교회'라 불리는 신자들의 새 몸을 만드셨다. 그리스도께서는 땅에 있는 이 몸의 머리시다. 심해 잠수부가 자기 머리 위 높이 떠 있는 배에서 생명유지 장치를 통제하는 사람들을 전적으로 의지하는 것처럼, 교회는 그리스도를 전적으로 의지한다. 죄를 제압하고 승리하는 데 필요한 모든 것, 땅에서의 사역을 감당하는 데 필요한 모든 것, 장차 하늘나라에 안전하게 당도하는 데 필요한 모든 것이 그분으로부터 흘러나오기 때문이다.

바울은 그리스도 안에 있는 순전한 믿음을 훼손하려는 사람들을 그냥 보고만 있지 않았다. 우리의 믿음은 '예수님과 …'를 지향하는 믿음이 아니라 '오직 예수님만'을 바라보는 믿음이 되어야 한다. 일단 예수님을 우리 인생의 왕으로 모시면 위에 있는 것을 사모하게 되고, 죄의 옛 본성을 죽이게 되고, 새로운 피조물이 되어 우리의 모든 것을 예수님과 공유하게 될 것이다.

예수님의 몸인 우리는 땅에 있는 예수님의 도구이다. 우리의 손이 예수님의 손이며 우리의 발이 예수님의 발이다. 우리의 손과 발은 예수님의 것이 되어야 한다. 우리는 예수께 쓰임 받기 위해 항상 준비되어 있어야 한다.

5 옥중 시대 빌레몬서 오네시모를 용서함

Philemon – Pardon of Onesimus

오네시모는 주인에게서 도망친 노예였는데 로마에서 바울을 만나게 되었다. 그리고 바울을 통해 예수 그리스도를 영접한 뒤 완전히 새로운 사람으로 변화되었다. 그런데 우연히도 오네시모의 주인인 빌레몬은 바울이 잘 아는 신실한 동역자였다. 그래서 바울은 도망친 노예를 용서하라는 내용이 담긴 편지와 함께 오네시모를 빌레몬에게 돌려보냈다.

바울은 그저 오네시모를 용서하라고 부탁했지 그가 갖고 도망친 돈까지 탕감해달라고 부탁하지 않았다. 대신 오네시모가 끼친 경제적 손실은 자기가 갚겠다고 말했다. 우리가 거저 받은 구원을 상기시키는 참으로 감동적인 대목이 아닌가? 하나님께서는 우리를 값없이 용서해주신다. 우리의 모든 죄 값을 하나님의 아들이 대신 치르셨기 때문이다. 이런 은혜를 받고 복음에 빚진 우리가 주님을 위해 사는 것이 마땅하지 않은가?

6 옥중 시대 빌립보서 겸손이 제일이다

Philippians – Priority of Humility

'겸손으로 하나 됨', 이것이 바울이 빌립보 교인들에게 보내는 이 편지의 주제이다. 지역교회의 모든 신자들이 개별적으로 그리스도와 하나가 되고 또 서로 하나가 될 때 기쁨이 흘러넘치지만, 분열되고 갈라질 때 기쁨이 파괴된다.

지역교회의 구성원 각자가 복음을 전하는 일에 전념할 때, 그 교회는 자연스럽게 단결되고 조화를 이룬다. 바울은 감옥에서 복음을 전함으로써 먼저 모범을 보였다.

그리스도는 인간이 하나님과 하나가 되는 데 절대적으로 필요한 '겸손'의 모범이시다. 우리가 그리스도 안에서 하나님의 의를 얻을 수 있도록 스스로 영광의 옷을 벗으셨기 때문이다.

바울은 인간이 아무리 많은 선행을 베푼다 해도 하나님의 인정을 받을 수 없다는 점을 명백히 강조했다. 하나님 앞에 올바로 서려면 우리는 하나님께서 예수 그리스도를 통해 거저 주시는 은혜의 선물(구원)을 받아야 한다. 우리는 하나님으로부터 오는 평강에 푹 젖음으로써 주님 안에서 항상 기뻐할 수 있다.

7 옥중 시대 바울의 5차 전도여행

바울은 로마의 셋집에서 2년 동안 감금 생활을 했다. 로마법에 의하면 원고(原告) 측이 18개월 이내에 진술을 하지 않으면 피고(被告)는 무죄로 방면되었다. 사도행전은 유대인들이 로마까지 달려와서 진술하지는 않았다는 것을 암시하며 막을 내린다. 대부분의 역사학자들은 바울이 가택 연금 상태에서 석방되어 스페인, 에베소, 마게도냐, 그레데 등의 지역으로 5차 전도여행을 떠났다가 로마로 다시 돌아온 것으로 추론하고 있다.

이 시기에 바울은 두 가지 목표를 갖고 있었다. 하나는 복음을 스페인까지 전하는 것이었고, 다른 하나는 젊은 목회자 디모데와 디도를 격려하는 것이었다. 디모데는 에베소에서 새신자들을 돌보고 있었고 디도는 그레데섬에서 사역하고 있었다.

바울의 다섯 번째 전도여행의 주요 방문지였던 그레데(Crete)의 첫 글자 'C'와 에베소(Ephesus)의 첫 글자 'E'는 '기독교 교육'(Christian Education)이라는 단어를 연상시킨다. 바울이 이번 여행의 동쪽 지역에서 주로 수행한 임무가 바로 그것이었기 때문이다.

그림으로 보는 5차 전도여행 시대

▶ 설명을 참조하기 전에 번호와 그림을 따라가며 사건의 내용을 떠올려보라. 일련번호는 성경에 나타난 사건 순서를 따랐다.

1 바울이 로마에서 2년 동안의 감금 상태에서 풀려나 5차 전도여행을 떠남
2 스페인에서 복음을 전하고 교회를 세움
3 그레데섬을 방문하여 젊은 목회자 디도를 격려함
4 에베소를 방문하여 젊은 목회자 디모데를 격려함
5 마게도냐와 아가야와 그리스 지역의 교회들을 굳건하게 함
6 로마로 돌아와 다시 투옥되어 순교함

바울은 언제나 "모든 족속으로 제자를 삼아라!"라는 그리스도의 지상명령을 수행하는 것에 관심을 갖고 있었다. 그렇다면 어떻게 제자를 삼아야 할까? 세례를 베풀고 가르쳐야 한다. 세례는 전도 과정의 일부로서 다른 사람들을 데려와 예수 그리스도를 인생의 주님과 구세주로 영접하겠다는 확고한 다짐을 받는 것이며, 가르침은 신자들이 예수 그리스도의 몸 안에서 영적으로 성장하도록 도와 그들이 세상에 나가 다른 사람들을 제자로 삼게 하는 것이다.

그러나 소위 '전문가'(목회자와 교역자)들의 힘만으로는 이 중대한 사명을 완수하기 어렵다. 그래서 바울은 다른 사람들을 가르칠 만한 믿음직한 사람들을 양육하라고 디모데에게 명령했다(딤후 2:2).

앞으로 3년 동안 당신의 교회에 목회자나 교사들이 부재한다면 어떻게 해야 할까? 그들이 없는 동안 교회를 유지시킬 뿐 아니라 더 성장시키기 위해 우리가 할 수 있는 일은 무엇일까? 그리스도와 바울이 사용했던 방법, 즉 제자들을 양육하여 사역을 증대시키는 것보다 더 나은 방법은 없을 것이다.

바울이 디모데와 디도에게 보낸 세 통의 편지(목회서신)는 사도행전에 나오지 않는 바울의 활동을 암시해준다. 이 서신서들은 다음 순서대로 기록되었을 것이다.

8 디모데전서 디모데에 대한 신뢰

옥중 시대

1Timothy - Trust in Timothy

바울은 지난 3차 전도여행에서 에베소교회의 성장을 위해 거의 3년을 투자했고, 2차와 3차 전도여행 때 동행한 디모데를 훈련하는 데에도 많은 시간을 투자했다. 그리고 이제 이 젊은 사역자에게 에베소교회의 목양을 맡기고 있는 것이다.

젊은 목회자는 어떻게 처신해야 할까? 다양한 배경을 가진 다양한 연령층의 교인들의 필요를 어떻게 다 채워줄 수 있을까? 어디에서 사역에 필요한 도움을 얻을 수 있을까? 이런 질문들이 바로 바울이 디모데에게 보낸 편지 내용의 중요 골자였다.

목회자는 기도하는 일과 말씀 전하는 일에 전념해야 하며, 신실한 사람들을 지목하여 하나님 백성들을 돌보는 지도자와 일꾼으로 세워야 하며, 늘 깨어 거짓 가르침을 경계해야 한다.

그러나 무엇보다 목회자는 강단에서 외친 대로 사는 본을 보여야 한다.

"누구든지 네 연소함을 업신여기지 못하게 하고 오직 말과 행실과 사랑과 믿음과 정절에 대하여 믿는 자에게 본이 되어"(딤전 4:12).

아무리 젊은 목회자라도 이런 일을 신실하게 행하면 누구도 업신여기지 못할 것이다.

9 디모데후서 교회를 가르쳐라

옥중 시대

2Timothy - Teach the Church

바울은 디모데의 주된 임무가 그리스도와 자신을 대리(代理)하는 것임을 상기시켰다. 목회자들이 다른 많은 일들 때문에 본래의 궤도에서 이탈하기 쉽다. 그러나 교회가 가장 필요로 하는 것은 하나님 말씀, 즉 진리에 대한 명백하고도 실제적인 가르침이다.

진리는 배교(하나님을 버리는 것)에 대한 최상의 치료제이다. 목회자는 거짓 교사들이 교회 안으로 슬며시 기어들지 못하게 항상 경계해야 함과 동시에 하나님 백성들을 성경에 명시된 하나님의 뜻대로 인도해야 한다.

바울은 디모데의 나이가 어릴지라도 담대하게 진리를 전하라고 권고하면서 신실하게 가르치는 목회자의 본을 여덟 가지로 제시했다(2장). 진리를 거부하는 자들은 디모데와 싸우려 들겠지만, 지속적으로 신실하게 가르치면 하나님의 정하신 때가 이르렀을 때 합당한 열매를 거둘 수 있을 것이다.

10 옥중 시대 디도서 건전한 교리를 가르쳐라
Titus – Teach sound doctrine

거짓 교사들이 초기의 각 지역교회에 침투했기 때문에 바울은 그들에게 강력히 맞섰다. 교회 지도자들은 거짓 교사들의 정체를 폭로하여 하나님 자녀들이 곁길로 빠지지 않게 해야 한다. 오늘날에도 거짓 교사들이 불순한 동기로 거짓 메시지를 유포하여 교회의 질서를 어지럽히는 일들이 간혹 일어나고 있다.

거짓 교사들과의 싸움에서는 최선의 방어가 최선의 공격이다. 그러므로 목회자의 가장 중요한 임무 중 하나는 믿을 만한 신실한 일꾼을 선발하여 그들을 훈련시키고 양 떼들을 감독하는 장로로 세우는 것이다. 그들은 목회자가 올바른 교리를 가르치도록 그리고 그 말씀을 지역교회 교인들이 자신들의 필요에 적용하도록 도울 것이다.

거짓 교사들은 인간의 선행이 구원의 조건이라 가르침으로써 하나님의 은혜의 복음과 인간의 행위를 섞어버렸다. 그러나 하나님의 은혜의 복음은 선한 행실을 낳는 구원으로 우리를 데려간다. 하나님의 용서의 선물을 거저 받은 사람은 감격에 겨워 선한 일을 하려고 할 것이며 또한 선한 일을 할 수 있는 능력을 받을 것이다.

"우리 구주 하나님의 자비와 사람 사랑하심을 나타내실 때에 우리를 구원하시되 우리의 행한 바 의로운 행위로 말미암지 아니하고 오직 그의 긍휼하심을 좇아 중생의 씻음과 성령의 새롭게 하심으로 하셨나니 … 이 말이 미쁘도다 원컨대 네가 이 여러 것에 대하여 굳세게 말하라 이는 하나님을 믿는 자들로 하여금 조심하여 선한 일을 힘쓰게 하려 함이라 이것은 아름다우며 사람들에게 유익하니라"(딛 3:4,5,8).

25
CHAPTER

네 명의 마감기자가 일곱 권의 편지를 쓰다

마감기자 시대 : 히 / 벧전 / 벧후 / 요일 / 요이 / 요삼 / 유

The Last Seven

1 마감기자 시대 마감기자 시대
(히브리서 ; 베드로전서-유다서)

당신은 신약성경 기자들에 대해 얼마나 많이 알고 있는가? 신약성경을 기록한 사람 아홉 명의 이름을 다 알고 있는가? 그들은 마태, 마가, 누가, 요한, 바울, 야고보, 베드로, 유다 그리고 익명의 기자 한 명이다.

본격적으로 이번 장의 내용에 들어가기에 앞서 그들에 관한 다음 문제들을 풀어보라.

- ✓ 자기가 기록한 편지의 제목을 자기 이름을 따서 붙이지 않은 한 사람은? 바울
- ✓ 분량을 가장 짧게 기록한 사람은? 유다
- ✓ 분량을 가장 길게 기록한 사람은? 바울과 누가(바울은 가장 많은 책과 가장 많은 장을 기록했고 누가는 가장 많은 절과 단어를 기록함)
- ✓ 한 권씩만 기록한 네 사람은? 마태, 마가, 야고보, 유다
- ✓ 두 권씩 기록한 두 사람은? 누가, 베드로
- ✓ 요한은 총 몇 권을 기록했는가? 5권
- ✓ 바울은 총 몇 권을 기록했는가? 13권 혹은 14권

신약의 서신서 가운데 우리가 앞에서 살펴본 바울서신과 야고보서를 제외한 나머지 일곱 권은 네 명의 기자(베드로, 요한, 유다, 익명의 히브리서 기자)에 의해 기록되었다. 이 일곱 권은 모두 바울의 죽음(AD 68년)에서 1세기가 끝나기 전까지의 시기에 기록되었는데, 어떤 순서로 기록되었는지는 정확히 알 수 없으므로 성경에 배열된 순서대로 살펴보기로 하겠다.

2 마감기자 시대 히브리서 성숙을 촉구함

Hebrews – Hasten to maturity

어떤 사람이 예수 그리스도를 믿는 믿음을 통해 거듭날 때 그는 새로 태어난 영적 아기로서 하나님의 가족이 된다. 그러므로 그 사람은 성장해야 하며 또 당연히 성장하리라 기대된다. 그러나 신자들 가운데는 마땅히 성장해야 함에도 그러지 못하는 사람들이 더러 있다.

심지어 어떤 사람들은 성장하기는커녕 영적 삶의 초기 단계로 퇴보하기도 한다. 히브리서를 받은 사람들이 바로 그런 사람들이었다. 그래서 익명의 히브리서 기자는 수신인들에게 성장 궤도로 복귀하라고 촉구하고 있는 것이다.

히브리서 기자는 예수 그리스도와 유대 역사에 등장했던 '위대한 인물들'을 비교하면서 예수 그리스도가 천사나 선지자나 모세나 여호수아나 아론을 비롯한 모든 제사장들보다 훨씬 더 우월하시다는 것을 입증한다. 예수 그리스도는 구약의 율법이나 그 모든 희생제물을 능가하신다. 이처럼 완전하신 분이 오셨는데도 하나님 계획의 부분적이고 미숙한 상태로 돌아가려는 까닭이 무엇인가?

믿음의 원칙은 새로운 것이 아니다. 구원과 섬김은 언제나 믿음에 근거했다. 하나님의 '믿음의 명예 전당'(히 11장)에는 모든 시대의 믿음의 종들이 보여준 능력의 증거들이 넘쳐난다.

3 마감기자 시대 베드로전서 고난 중의 인내

1Peter – Patience in trials

우리가 사복음서에서 확인하는 베드로는 인내의 사람이 아니다. 그러나 성령께서 오순절에 강림하여 다혈질의 변덕스러운 그를 완전히 다른 사람으로 바꾸어놓으셨다.

성령께서는 베드로에게나 우리에게 "사랑과 희락과 화평과 오래 참음과 자비와 양선과 충성과 온유와 절제"(갈 5:22,23)의 열매를 맺게 해주신다.

그리스도께서 승천하시고 나서 수십 년의 세월이 흐른 뒤, 베드로는 복음을 위해 고난을 당하고 있는 성도들에게 인내에 관한 편지를 썼다. 그는 편지의 수신자들에게(그리고 우리에게) 현재의 고난이 극심할지라도 구원의 확신 가운데 흔들리지 말아야 하며, 사랑이 충만하고 전능하신 하늘 아버지께서 고난을 허락하시고 또 고난당하는 우리의 모습을 보고 계시다는 사실을 깨달아야 한다고 역설했다.

고난으로부터 얻는 유익이 무엇인가? 하나님의 사랑과 말씀을 새롭게 깨달을 수 있으며, 그

깨달음을 통해 영적으로 성장할 수 있으며, 박해하는 자들의 손에 돌아가신 예수 그리스도의 고난에 참예할 수 있다는 것이다.

베드로는 자유인들과 종들과 아내들과 남편들에게 특별한 지침을 주는 한편 모든 신자들이 교회의 머리이신 예수 그리스도에 의해 "산 돌"(living stone)이 되어 거룩한 일에 쓰임을 받아야 한다고 가르쳤다. 선한 일을 하고도 고난을 당할 때 그리고 인내로 고난을 이겨낼 때, 우리는 구세주께서 보이신 본을 따르게 될 것이며 하나님의 이름을 영화롭게 할 것이다. 우리는 우리의 목자께서 사탄을 압도하는 권세를 소유하셨다는 것과 양 떼에게 약속하신 그대로 다시 돌아오시리라는 것을 믿어 의심하지 말아야 한다.

4 마감기자 시대 베드로후서 거짓 교사들을 추방하라
2Peter – Purge false teachers

베드로 시대의 거짓 교사들은 오늘날 우리 시대의 거짓 교사들과 다르지 않았다. 그들의 가르침이라는 것이 결국은 방탕한 삶과 하나님의 뜻에 대한 무시를 조장하는 것이었기 때문이다. 그들은 주님의 재림 약속의 실현이 지체되는 것을 비웃으며 쾌락을 추구하라고 부추겼다.

"흥청망청 먹고 마시며 놀아요. 내일 죽을지 누가 압니까? 인생을 즐기세요. 하고 싶은 대로 하세요. 내세 따위는 없어요. 지금이나 나중이나 아무도 당신을 심판하지 않을 거예요!"

교회 지도자들은 이런 그럴 듯한 주장에 맞서 어떻게 싸워야 할까? 하나님의 말씀 안에서 성장하는 것이야말로 신자 개인의 삶이나 지역교회에 거짓 가르침이 슬며시 침투하지 못하게 막는 최선의 방책이다. 그리고 교회 지도자들은 반드시 거짓 교사들의 정체를 폭로하여 교회 밖으로 내쫓아야 한다. 왜냐하면 그들이 그리스도의 몸을 좀먹는 암세포와 같기 때문이다. 어떤 사람이 참된 신자인지 아닌지는 그리스도께서 약속하신 재림을 순전한 마음과 인내로 기다리는지 아닌지를 통해 분별할 수 있다.

우리가 그리스도의 재림을 기다리는 동안 하나님께서도 사람들이 하나님의 아들을 구세주로 영접하기를 기다리고 계신다. 개인적인 고백이지만, 내가 예수님을 내 인생의 주인과 구세주로 영접하기 전에 예수님이 재림하시지 않은 것이 얼마나 다행스럽고 기쁜지 모르겠다. 당신의 경우는 어떤가? 예수님이 재림하시기를 기다리고 있는가? 아니면 그분께서 당신이 돌아오기를 기다리고 계신가?

5 마감기자 시대 요한일서 교제의 기쁨
1John – Joy in fellowship

노래로 부르는 신약성경

1절 : 마태복음	말하네	왕이신	예수님		**5절 :** 젊은 디도	들어라	진리만을	가르쳐
마가복음	나타내	섬기시는	예수님		빌레몬은	들어라	오네시모	용서해
누가복음	보여줘	인간이신	예수님		히브리서	말하네	예수님이	최고다
요한복음	그리네	신인(神人)이신	예수님		야고보서	외치네	말씀 듣고	행하라
2절 : 사도행전	기록해	교회의	간증을		**6절 :** 베드로는	말하네	참고 견뎌	승리해
로마서는	외치네	하나님의	의로움		거짓 교사	조심해	거룩하게	살아라
고린도서	알려줘	교회의	바로 섬		요한일서	노래해	하나님은	사~랑
사도 바울	변호해	자신의	위치를		요한이서	외치네	거짓 가르침	속지마
3절 : 갈라디아	교인들	율법에서	자유해		**7절 :** 요한삼서	기록해	전도자를	도와라
에베소서	말하네	은혜의	구원을		유다서는	강조해	거짓 교사	경계를
빌립보서	외치네	기뻐하라	기뻐해		사도 요한	보았네	환상 중에	예수님
골로새서	나타내	머리이신	예수님		그리스도	주셨네	요한에게	계시를
4절 : 데살로니가	전후서	이렇게	말하네		**(후렴)** 날마다	읽자!	날마다	읽자!
그리스도	이제 곧	도적같이	온다고		날마다	읽자!	하나님	말~씀
사도 바울	편지해	충성하라	디모데					
모든 성경	유익해	하나님의	감~동					

찬송가 411장(새찬송가 563장) '예수 사랑하심은'의 곡조에 맞추어 불러보자.

요한이 기록한 세 통의 편지는 교제("함께 나누다"라는 뜻임)에 관한 3부작을 이룬다.

요한은 첫 번째 편지에서 하나님과 교제해야 한다고 가르치고, 두 번째 편지에서 거짓 교사들과 교제하지 말라고 가르치고, 세 번째 편지에서 참된 교사들과 교제하라고 가르친다.

요한은 하나님께서 하나님과 교제하는 신자들에게 주시는 기쁨에 대해 감격스러운 어조로 기록했다.

"우리가 보고 들은 바를 너희에게도 전함은 너희로 우리와 사귐이 있게 하려 함이니 우리의 사귐은 아버지와 그 아들 예수 그리스도와 함께 함이라 우리가 이것을 씀은 우리의 기쁨이 충만케 하려 함이로라"(요일 1:3,4).

하나님과 교제하는 신자들은 하나님의 빛과 사랑과 심지어 하나님의 생명(영생)까지도 함께 나눈다. 빛 가운데 행한다는 것은 세상을 좇지 않고 거짓 교사들의 말에 귀 기울이지 않으며 대신에 하나님의 말씀에 순종하여 산다는 것을 뜻한다.

하나님을 향한 사랑 안에서 행하는 성도는 다른 사람들을 향한 사랑으로 그 사실을 입증한다. 참된 성도는 하나님의 생명을 함께 나누기 때문이다.

"또 증거는 이것이니 하나님이 우리에게 영생을 주신 것과 이 생명이 그의 아들 안에 있는 그것이니라 아들이 있는 자에게는 생명이 있고 하나님의 아들이 없는 자에게는 생명이 없느니라 내가 하나님의 아들의 이름을 믿는 너희에게 이것을 쓴 것은 너희로 하여금 너희에게 영생이 있음을 알게 하려 함이라"(요일 5:11-13).

6 요한이서 거짓 교사들을 분별하라

마감기자 시대

2John – Judge false teachers

요한은 두 번째 편지에서 한 여인을 칭찬했다. 그 여인의 자녀들이 진리 안에서 행했기 때문이다. 또한 요한은 당시의 모든 순회 전도자들이 참된 복음을 가르치는 것은 아니라는 점을 그녀에게 분명히 일렀다. 그래서 요한은 그녀에게 한 가지 표준을 제시하면서 그것에 근거하여 교사들을 분별하라고 가르쳤다. 그 표준이란 다름 아니라 '그들이 예수 그리스도를 육신으로 세상에 오신 하나님이라고 말하는가'라는 것이었다. 요한은 그들이 이 기본적인 테스트를 통과하지 못하면 숙소 제공 등의 어떤 도움도 일절 주지 말라고 가르쳤다. 심지어 요한은 그들에게 인사하는 것조차 금하면서 그것이 그들의 악한 일에 동참하는 것이라고 단언했다.

우리는 종종 서로 사랑하라는 예수님의 명령을 지나치게 확대 해석하는 경향이 있다. 그러나 주님의 사랑의 법은 분명한 한계를 설정하고 있다. 주님의 사랑의 법은 다른 사람들을 곁길로 이끌어 하나님으로부터 멀어지게 하는 거짓 교사들까지도 돕는 것을 포함하지 않는다.

7 요한삼서 환대의 기쁨

마감기자 시대

3John – Joy of hospitality

요한은 이 세 번째 편지에서 거짓 교사에게는 절대 주지 말아야 할 것을 참된 교사에게는 주어야 한다고 설명한다. 신자들은 예수 그리스도를 올바른 시각으로 보는 사역자들과 선교사들을 후하게 대접해야 한다. 요한은 가이오를 칭찬했다. 그가 경건한 환대의 본을 보였기 때문이다. 그러나 교만한 디오드레베는 정반대의 평가를 받았다. 성도들을 접대하기를 거부했을 뿐 아니라 기꺼이 접대하려는 사람들까지도 방해했기 때문이다.

우리는 하나님을 사랑하는 마음으로 다른 사람들을 선대했던 데메드리오를 본받아야 한다. 경건한 사람은 다른 사람들로부터 좋은 평을 받는다.

8 유다서 배교자들에 대한 심판

마감기자 시대

Jude – Judgement on Apostates

유다서의 주제는 베드로후서나 요한이서의 주제와 유사해보이지만 유다는 그들보다 훨씬 더 강력한 어조로 거짓 교사들을 규탄한다. 심지어 유다는 교회 안에 살며시 들어와 그리스도를 부정하는 불의한 무리에 대해 경고하기 위해 애당초 쓰려고 계획한 내용을 수정하기도 했다.

타락한 천사나 소돔과 고모라의 죄인들이나 이스라엘 역사의 몇몇 사람들처럼 하나님께 등을 돌린 이들은 하나님의 무서운 진노를 피하지 못했다. 오늘날 하나님의 진리를 저버리는 사람들 역시 하나님의 진노를 피하지 못할 것이다.

어쩌면 하나님의 진리를 왜곡하는 그런 지도자들이 아름답게 꾸민 말로 교인들의 마음을 얻을 수 있을지 모른다. 그러나 그들은 허울 좋은 가식의 이면에 사악한 본성을 감추고 있다. 그들 삶에는 성령이 없다. 이와 반대로 진실한 성도들은 육신을 따라 행하는 대신 성령으로부터 오는 것을 행한다. 하나님의 영(靈)이 그들 안에 살고 있기 때문이다.

9 마감기자 시대 열두 사도의 최후

요한은 신앙을 지키려다 유배되긴 했어도 열두 제자 가운데 유일하게 자연사(自然死)한 사람이었다. 가룟 유다와 야고보 사도가 어떤 운명을 맞이했는지에 대해서는 사도행전 1장과 12장이, 나머지 열 제자들이 어떤 운명을 맞이했는지에 대해서는 교회사(敎會史)의 기록이 말한다.

안드레 그리스에서 'X'자 모양의 십자가에 달려 죽음

요한의 형제 야고보 헤롯 왕에게 참수형을 당함

알패오의 아들 야고보 애굽에서 십자가에 달려 죽거나 톱으로 잘려 죽음

요한 독배(毒杯)를 마시고도 살아나 밧모섬에 유배됨

알패오의 아들 유다 화살에 맞아 죽음

가룟 유다 목매달아 자살함

마태 에디오피아에서 죽임을 당함

나다나엘(바돌로매) 인도에서 산 채로 살가죽이 벗겨져 죽음

베드로 십자가에 거꾸로 매달려 죽음

빌립 교수형을 받고 파피루스로 둘둘 말아짐

열심당 시몬 십자가에 못 박혀 죽음

도마 인도에서 창에 찔려 죽음

참고로 가룟 유다를 대신해 제자로 뽑힌 맛디아는 에디오피아에서 복음을 전하다가 유대 지방에서 순교한 것으로 전해진다.

이들이 순교한 까닭은 예수 그리스도가 하나님이심을 믿은 데 있다. 누구라도 예수님의 시신을 날조하여 제시하거나 부활을 부정하거나 예수님의 이름을 저주하면 죽음을 면할 수 있었지만, 이들 가운데 단 한 사람도 그렇게 하지 않았다.

우리는 이것을 통해 예수님이 하나님이라는 사실을 사도들이 얼마나 굳게 확신했는지 알 수 있다. 당신도 그렇게 확신하는가?

26
CHAPTER

승리하신 주인공이 다시 오실 것이다!

완성 시대 : 요한계시록

Where Will It All End?

1 완성 시대 완성 시대(계 1-22장)

요한계시록을 읽어보라. 그러면 다른 많은 소식 가운데서도 "최악의 날이 오고 있다!"와 "최선의 날이 오고 있다!"라는 소식을 접할 수 있을 것이다. 마치 요한이 우리 귀에 대고 "나쁜 소식과 좋은 소식이 있어!"라고 말하는 것 같은데 그게 사실이다!

요한계시록은 완성 시대, 즉 이 땅의 교회를 향한 하나님의 계획이 완성되었을 때 나타날 일들에 대해 말한다. 그때가 이르면 선과 악의 세력이 이 땅 위에서 맹렬하게 대립할 것이다. 끔찍한 전쟁과 재앙이 있을 것이며 사람들 대부분이 죽을 것이다. 그러나 거기서 살아남은 사람들은 이런 재앙을 겪고도 전능하신 하나님 앞에 무릎 꿇고 용서를 구하기를 거부할 것이다.

세상에 가장 끔찍한 재앙이 일어나는 동안 궁극적으로 승리하신 예수 그리스도께서 나타나시어 하나님과 하나님 백성들을 대적하는 모든 세력을 진압하실 것이다. 그리스도께서는 자신의 거룩한 나라를 세우실 것이며, 이 세상을 하나님께서 창조 때 의도하신 그대로 회복시키실 것이다.

2 완성 시대 요한계시록 미래에 대한 계시
Revelation - Revelation of future

노년의 사도 요한이 유배지 밧모섬에서 이 책을 기록하고 있을 때, 그는 신약성경을 끝마치고 있었을 뿐 아니라 세상을 끝내기 위한 하나님의 계획을 기술하고 있었다.

요한은 예수님이 명령하신 대로 기록했다.

"그러므로 네 본 것과 이제 있는 일과 장차 될

일을 기록하라"(계 1:19).

그러므로 이 책은 과거에 대한 기록(1장)과 현재에 대한 기록(2,3장)과 미래에 대한 기록(4-22장)으로 구성되어 있다.

요한계시록이 숫자 '7'로 이루어진 여러 가지 것들을 포함하고 있으므로 이 책을 일곱 부분으로 나누어 공부해보고자 한다.

3 하늘에 계신 구세주(1장)

완성 시대

요한계시록 19장 10절은 "예수의 증거는 대언의 영"이라고 말한다. 그러므로 이 책이 부활하신 그리스도에 대한 환상(1장)에서 시작되어 승리의 재림과 영원한 의의 통치(19-22장)로 끝난다는 것은 놀랄 일이 아니다. 그리스도는 자신의 몸, 즉 교회의 머리시다. 사도 요한은 요한계시록 1장에서 하늘에 계신 그리스도의 장대하신 모습(불꽃 같은 눈에 일곱 별을 손에 쥐고 계시며 많은 물소리와 같은 음성을 지니신 분)에 대해 기술한다. 요한은 그리스도를 보자마자 죽은 사람처럼 그 발 앞에 엎드렸다. 그러나 주께서 요한을 안심시키며 말씀하셨다.

"내가 볼 때에 그 발 앞에 엎드러져 죽은 자같이 되매 그가 오른손을 내게 얹고 가라사대 두려워 말라 나는 처음이요 나중이니 곧 산 자라 내가 전에 죽었었노라 볼지어다 이제 세세토록 살아 있어 사망과 음부의 열쇠를 가졌노니"(계 1:17,18).

4 아시아의 일곱 교회(계 2,3장)

완성 시대

예수님은 1세기 소아시아 지역에 있던 일곱 교회에 요한을 통해 편지를 보내셨다. 실제로 존재했던 이 교회들은 세상의 종말 때까지 존속할 교회(그리스도인의 내적 성전)의 일곱 가지 유형을 예시한다. 예수님은 각 교회의 상태에 따라 명령하셨다.

에베소교회 (계 2:1-7)

영적 생명력이 서서히 식고 있는 제2세대 교회

"그러므로 어디서 떨어진 것을 생각하고 회개하여 처음 행위를 가지라 만일 그리하지 아니하고 회개치 아니하면 내가 네게 임하여 네 촛대를 그 자리에서 옮기리라"(계 2:5).

서머나교회 (계 2:8-11)

박해를 당하는 교회

"네가 장차 받을 고난을 두려워 말라 … 네가 죽도록 충성하라 그리하면 내가 생명의 면류관을 네게 주리라"(계 2:10).

▲아시아의 일곱 교회

버가모교회 (계 2:12–17)

죄를 묵인하는 게으르고 세속적인 교회

"회개하라"(계 2:16). 죄를 묵인하는 짓과 거짓 가르침을 따르는 짓을 중단하라!

두아디라교회 (계 2:18–29)

우상숭배와 타협한 교회

(신실한 소수에게) "다만 너희에게 있는 것을 내가 올 때까지 굳게 잡으라"(계 2:25).

사데교회 (계 3:1–6)

잠들거나 혹은 죽은 교회

"너는 일깨워 그 남은 바 죽게 된 것을 굳게 하라 … 그러므로 네가 어떻게 받았으며 어떻게 들었는지 생각하고 지키어 회개하라"(계 3:2,3).

빌라델비아교회 (계 3:7–13)

소명에 합당하게 부흥하는 교회

"내가 속히 임하리니 네가 가진 것을 굳게 잡아 아무나 네 면류관을 빼앗지 못하게 하라"(계 3:11).

라오디게아교회 (계 3:14–22)

뜨뜻 미지근하고 부유한 교회

"무릇 내가 사랑하는 자를 책망하여 징계하노니 그러므로 네가 열심을 내라 회개하라"(계 3:19).

왼쪽 끝에 '차가움' 표시가 있고 오른쪽 끝에 '뜨거움' 표시가 있는 영적 눈금자에 당신의 신앙 상태를 표시한다면 어디쯤 될까? 만일 당신의 경우, 중간 어디쯤이라면 지금 즉시 요한계시록 3장 15-22절을 읽어보기 바란다.

5 완성 시대 하늘 주권자의 심판 (계 4,5장)

그 다음에 이어지는 이 두 장은 보좌에 앉아 계신 주님의 놀라운 영광과 위엄을 살짝 맛보여 준다. 하나님의 어린양께서 번개의 섬광과 천둥의 굉음 가운데 천군천사의 예배를 받으시며 기이한 생물들에 둘러싸여 계신다. 그 생물들과 천사들이 노래한다.

"죽임을 당하신 어린양이 능력과 부와 지혜와 힘과 존귀와 영광과 찬송을 받으시기에 합당하도다"(계 5:12).

오직 그리스도만이 일곱 인(印)을 떼시고 책을 펴 땅에 심판을 쏟아붓기에 합당하시다.

"책을 가지시고 그 인봉을 떼기에 합당하시도다 일찍 죽임을 당하사 각 족속과 방언과 백성과 나라 가운데서 사람들을 피로 사서 하나님께 드리시고"(계 5:9).

6 완성 시대 대환란(계 6-18장)

성경은 얼마 동안 전 세계적인 파괴와 고통이 있을 것이며, 이 괴로움의 시기 동안 악의 세력이 세상에서 가장 악한 일을 하도록 허락받을 것이라고 말한다. 그리고 이 시기에 세상을 숭배하는 자들에게 일곱 봉인, 일곱 나팔, 일곱 대접의 21가지 두려운 심판이 임할 것이라고 말한다.

처음 일곱 가지 심판이 임하는 동안 전 세계적인 전쟁이 일어날 것이며(계 6:3,4), 더욱 많은 사람들이 믿음을 지키려다가 순교할 것이며(계 6:9-11), 자연 재해가 일어날 것이다(계 6:12-17).

그 다음 일곱 심판은 각각 하늘에서 나팔 소리가 울린 뒤에 일어날 것이다. 이때 내륙에 있는 강과 호수의 3분의 1이 독으로 변할 것이며(계 8:10,11), 해와 달과 별의 3분의 1이 어두워질 것이며(계 8:12), 마귀들이 아프게 쏘는 전갈처럼 사람들을 공격하여 죽기를 갈망하게 만들 것이며(계 9:1-11), 땅의 인구 3분의 1이 또 죽임을 당할 것이다(계 9:13-21).

그래도 사람들이 회개하기를 거부할 것이요(계 9:20,21), 그러면 일곱 대접에 담긴 재앙들이 차례로 쏟아질 것이다. 이로 인해 질병과 바다 생물의 죽음과 뜨거운 열과 암흑과 전쟁 등의 재앙들이 일어날 것이다.

그때까지도 살아 있는 불신자들은 어떤 반응을 보일까? 죄를 회개하고 하나님께 돌아올 기회가 있었지만 그렇게 하는 대신 그들은 오히려 하나님을 저주할 것이다(계 16:21). 지금 이 은혜의 시대에 그리스도를 거부하는 자들은 심판이 임할 그때에도 완강히 거부할 것이다.

7 완성 시대 그리스도의 재림(계 19장)

땅에 있는 악한 세력들의 군대가 최후의 전쟁을 위해 집결할 때, 그리스도께서 승자의 모습으로 재림하시어 자기에게 저항하는 모든 세력들을 진압하시고 천 년(오랜 기간이지만 끝이 있는 기간) 동안 지속될 왕국을 세우실 것이다. 그때는 요한이 묘사한 그대로 기쁨이 넘칠 것이다.

"할렐루야 주 우리 하나님 곧 전능하신 이가 통치하시도다 우리가 즐거워하고 크게 기뻐하여 그에게 영광을 돌리세"(계 19:6,7).

괴로움과 재앙과 죽음이 다 지나간 뒤에 지상에 오랜 기간 동안 평화가 임할 것이다.

8 완성 시대 메시아의 나라에서 성도의 통치(계 20장)

메시아의 왕국에서는 구약이 예언한 그대로 세상이 한 언어를 사용하게 될 것이며(습 3:9), 모든 사람이 주님을 알게 될 것이며(사 2:2-4), 사나운 짐승들이 유순하게 되어 어린아이들과 함께 뛰어놀 것이며(사 11:6-8), 아담의 타락으로 땅에 내려졌던 저주가 걷히고(사 65:21-23) 사막이 즐거워서 백합화를 피울 것이며(사 35:1), 질병이 정복될 것이며(렘 30:17), 수명이 연장되어 일백 세 먹은 사람이 어린아이처럼 보일 것이다(사 65:20).

9 완성 시대 영원의 상태(계 21,22장)

하나님의 영원한 약속은 소망으로 넘쳐난다.

"하나님의 장막이 사람들과 함께 있으매 하나님이 저희와 함께 거하시리니 저희는 하나님의 백성이 되고 하나님은 친히 저희와 함께 계셔서 모든 눈물을 그 눈에서 씻기시매 다시 사망이 없고 애통하는 것이나 곡하는 것이나 아픈 것이 다시 있지 아니하리니 처음 것들이 다 지나갔음이러라"(계 21:3,4).

악의 세력은 끔찍한 전쟁을 일으켜도 결단코 승리하지 못할 것이다. 예수 그리스도께서 여전히 역사의 주인공이시기 때문이다. 그리고 그분께서는 반드시 다시 오셔서 땅의 역사를 완성하시겠다고 약속하셨다. 성경은 예수 그리스도의 약속으로 끝난다.

"내가 진실로 속히 오리라 하시거늘 아멘 주 예수여 오시옵소서!"(계 22:20).

요한계시록은 '역사의 완성'(History's completion)에 대해 말한다. 그리고 두 단어의 첫 철자 'HC'는 "그분께서 다시 오실 것이다!"(He's coming)라는 말을 연상시킨다.

10 완성 시대 구원의 문

하나님께는 천 년이 하루 같으므로(벧후 3:8) 하나님의 시계로 따지면 예수께서 땅 위를 걸으신 날부터 지금까지 겨우 이틀밖에 지나지 않았다.

요한계시록에 나오는 일곱 교회

교회	칭찬	책망	명령	약속
에베소교회	수고와 인내, 악과 거짓 가르침에 대한 단호한 태도, 부지런함(2:2,3)	처음 사랑을 버림(2:4)	회개하고 처음 행위를 가지라(2:5)	생명나무의 과실(2:7)
서머나교회	환난과 궁핍 가운데서 영적으로 부요함(2:9)	×	네가 죽도록 충성하라(2:10)	생명의 면류관(2:10)
버가모교회	믿음을 굳게 지킴(2:13)	우상숭배와 행음의 유혹에 빠짐(2:14,15)	회개하라(2:16)	숨겨진 만나, 새 이름을 새긴 흰 돌(2:17)
두아디라 교회	처음 행위보다 나중 행위가 나음(2:19)	우상숭배와 행음에 빠져 회개하지 않음(2:20,21)	회개하라, 너희가 가지고 있는 것을 굳게 잡으라(2:22,25)	만국을 다스리는 권세, 새벽별(2:26,28)
사데교회	죄악에 물들지 않고 깨끗하게 살아가는 몇 사람이 있음(3:4)	죽은 자와 다름없음, 하나님 보시기에 행위가 선하지 않음(3:1,2)	죽어가는 남은 것을 굳게 하라, 회개하라(3:2,3)	흰옷, 생명책에서 이름을 지워버리지 않으심(3:5)
빌라델비아 교회	말씀을 지켜 배반하지 않음, 인내함(3:8,10)	×	가진 것을 굳게 잡아 면류관을 지켜라(3:11)	시험을 면케 하심, 하나님 성전에서 기둥으로 삼으심, 새 예루살렘의 이름과 주님의 새 이름을 그 사람 위에 기록하심(3:10,12)
라오디게아 교회	×	차지도 뜨겁지도 않음, 물질적 풍요에 길들여져서 자신의 영적 가난을 알지 못함(3:15-18)	열심을 내어 회개하라(3:19)	주님 안에 거함, 주와 더불어 왕 노릇 함(3:20,21)

오늘 우리 눈에 예수님의 재림이 지체되는 것처럼 보이는 것은 주께서 모든 사람이 회개하여 진리를 아는 데 이르기를 기다리며 인내하고 계시기 때문이다(벧후 3:9). 주께서 참고 기다리시는 하루하루가 인간들에게는 하나님의 은혜로운 구원의 선물을 받을 수 있는 더없는 기회가 된다. 하지만 그 구원의 문이 언제까지나 열려 있지는 않을 것이다.

장차 어느 날, 믿지 않는 모든 사람들(그날에 살아 있든 죽어 있든)이 하늘로 끌려 올라가 위엄의 흰 보좌에 앉아 계신 심판자 앞에 서게 될 것이다(계 20:11-15). 그들은 무릎을 꿇고 그분을 주님이라 고백하며 하나님을 영화롭게 할 것이지만(빌 2:9-11) 그때는 이미 늦은 것이다.

기회는 단 한 번뿐, 이생이 다하면 더 이상의 기회는 없다(히 9:27). 그날까지도 어린양의 생명책에 이름이 기록되지 않은 사람들은 저주를 받아 영원토록 불못에서 고통을 받게 될 것이다(계 20:11-15).

지금의 땅과 하늘이 맹렬한 불에 타 녹을 때(벧후 3:10), 메시아의 나라는 새 하늘과 새 땅으로 들어갈 것이며 오직 의로운 성도들만이 거기서 영원히 거할 수 있을 것이다(계 20-22장).

신약의 열두 시대	적용 원리
1. 목수 시대(Carpenter)	우리는 예수님처럼 신체적, 영적, 정신적, 사회적으로 성장해야 한다.
2. 주장 시대(Claims)	우리는 언행일치의 삶을 살아야 한다.
3. 선택 시대(Choices)	사람은 누구나 그리스도를 받아들일 것인지 거부할 것인지 선택해야 한다.
4. 교육 시대(Classes)	예수님의 제자들은 언제나 스승에게 배워야 한다.
5. 십자가 시대(Cross)	인간들이 스스로의 능력으로 갚지 못할 빚을 졌기 때문에 예수님이 그 빚을 대신 갚아주려고 십자가에 달리셨다.
6. 교회 시대(Church)	하나님의 능력이 성령에 의해 그리스도인들 안에서 그리고 그리스도인들을 통해 나타난다.
7. 1차 전도여행 시대(Circuit one)	주님을 믿는 것도 중요하지만 믿음 안에서 성장하는 것도 중요하다.
8. 2차 전도여행 시대(Circuit two)	우리는 늘 주님의 재림에 대비해야 한다.
9. 3차 전도여행 시대(Circuit three)	전도는 영적 더하기일 뿐 아니라 영적 곱하기이기도 하다.
10. 옥중 시대(Custody)	우리가 통제할 수 없는 일들을 하나님께서 주관하시므로 우리는 고난 가운데서도 기뻐할 수 있다.
11. 마감기자 시대(Closing writers)	진리의 가르침은 거짓 가르침에 대한 경고를 포함한다.
12. 완성 시대(Completion)	세상 최악의 사건과 최선의 사건은 아직 발생하지 않았지만, 그리스도 안에 있는 신자들은 이미 '승리한 팀'에 속했다.

11 완성 시대 시작과 끝

창세기에서 시작된 것들이 요한계시록에서 완성된다. 성경은 하나의 이야기다. 처음에 나오는 책에서 처음 시작된 이야기가 마지막 책의 마지막 부분에서 끝나고 있기 때문이다. 성경은 우주의 주권자이신 하나님께서 악의 세력의 방해를 받지 않고 세상을 창조하신 것으로 시작된 것처럼 끝날 때에도 새 하늘과 새 땅을 창조하시는 것으로 끝난다.

창세기는 하나님을 제외한 모든 것의 시작에 관해 말하며, 요한계시록은 땅에 있는 모든 것의 끝에 관해 기술한다. 창세기에서 사탄과 죄에 의해 파괴되었던 완전한 나라가 요한계시록에서 회복된다.

성경은 시작할 때와 마찬가지로 끝나지만 끝이 시작보다 더 감격스럽고 장엄하다. 시작할 때에는 아담과 하와 두 사람만 창조주 하나님과 교제했지만, 끝날 때에는 수많은 성도들이 그런 특권을 누릴 것이다. 시작할 때에는 오직 두 사람이 하나님을 향한 '검증되지 않은' 순전한 사랑으로 에덴동산에서 살았지만, 끝날 때에는 자아 의존과 죄에서 돌이켜 자신들을 위해 목숨을 버리신 주님의 사랑을 의지하기로 엄숙히 결단한 수많은 성도들이 하나님의 동산에 가득할 것이다.

12 완성 시대 하나님을 기쁘시게 하라!

구약의 목적은 인간들을 준비시켜서 예수 그리스도께서 오셨을 때 영접하게 하는 것이었다. 그렇다면 예수 그리스도께서 오셨다가 다시 하늘로 올라가신 지금, 당신은 그분께 어떻게 하고 있는가? 그분을 거절하면 그분께 거절을 당할 것이요, 그분을 영접하면 그분께 영접을 받을 것이다.

신약성경은 주께서 다시 오시기 전에 우리가 주님을 위해 할 수 있는 일들로 가득하다. 우리가 주님의 세상에서 주님을 위해 해야 할 일들이 실로 많다. 그리고 우리같이 평범한 사람들이 주님의 일에 매진하고 있다. 그렇다면 당신은 주께서 주신 시간과 달란트와 보화를 가지고 지금 무엇을 하고 있는가? 주님을 가장 기쁘시게 할 수 있는 일 한 가지를 오늘 할 수 있다면 무엇을 하겠는가?

과연 우리는 백 년 이후의 세상에 어떤 영향을 끼칠 수 있을까?

앞에 신약의 열두 시대와 그 시대의 적용 원리들을 서로 연결해놓았다. 그 열두 가지 원리 가운데 당신에게 가장 와 닿는 것 한 가지를 택하라. 그리고 그 원칙을 생활에 적용하기 위한 구체적인 행동 지침 두세 가지를 기도하는 중에 정하고 신실하게 실천하기 바란다.

성경 익스프레스

초판 1쇄 발행 2008년 12월 19일
초판 42쇄 발행 2025년 9월 12일

지은이 테리 홀
옮긴이 배응준

펴낸이 여진구
책임편집 안수경 김도연
편집 이영주 최현수 구주은 김아진 배예담
책임디자인 마영애 노지현 조은혜 정은혜 남은진
홍보 · 외서 진효지
마케팅 김상순 강성민 마케팅지원 최영배 정나영
제작 조영석 허병용 경영지원 김혜경 김경희

303비전성경암송학교
이슬비전도학교 / 303비전성경암송학교 / 303비전꿈나무장학회

펴낸곳 규장

주소 06770 서울시 서초구 매헌로 16길 20(양재2동) 규장선교센터
전화 02)578-0003 팩스 02)578-7332
이메일 kyujang0691@gmail.com 홈페이지 www.kyujang.com
페이스북 facebook.com/kyujangbook 인스타그램 instagram.com/kyujang_com
카카오스토리 story.kakao.com/kyujangbook
등록일 1978.8.14. 제1-22

책값 뒤표지에 있습니다.
ISBN 978-89-6097-090-8 03230

규 | 장 | 수 | 칙

1. 기도로 기획하고 기도로 제작한다.
2. 오직 그리스도의 성품을 사모하는 독자가 원하고 필요로 하는 책만을 출판한다.
3. 한 활자 한 문장에 온 정성을 쏟는다.
4. 성실과 정확을 생명으로 삼고 일한다.
5. 긍정적이며 적극적인 신앙과 신행일치에의 안내자의 사명을 다한다.
6. 충고와 조언을 항상 감사로 경청한다.
7. 지상목표는 문서선교에 있다.

하나님을 사랑하는 자 곧 그의 뜻대로 부르심을 입은 자들에게는 모든 것이 合力하여 善을 이루느니라(롬 8:28)

ecpa Member of the Evangelical Christian Publishers Association

규장은 문서를 통해 복음전파와 신앙교육에 주력하는 국제적 출판사들의 협의체인 복음주의출판협회(E.C.P.A:Evangelical Christian Publishers Association)의 출판정신에 동참하는 회원(Associate Member)입니다.